Le management territorial
à l'ère des réseaux

Editions d'Organisation
1 rue Thénard
75240 Paris Cedex 05
Consultez notre site :
www.editions-organisation.com

DU MÊME AUTEUR

• *Le guide du knowledge management,* Dunod, 2000.
• *Manager la connaissance dans l'entreprise,* INSEP, 1997.

ISBN : 2-7081-2802-7

Collection service public
dirigée par Geneviève Jouvenel

Jean-Yves Prax

Le management territorial
à l'ère des réseaux

Éditions
d'Organisation

CHEZ LE MÊME ÉDITEUR
DANS LA MÊME COLLECTION

Le service public a fortement évolué au cours des dernières années dans ses missions, ses structures et dans sa culture. Il est aujourd'hui en recherche :
- de sens, en particulier sur la contribution propre de l'action publique, sur ce qui la rendait plus performante sans l'appauvrir ;
- de méthodes et d'instrumentations particulières. Les analogies avec le secteur privé atteignent leurs limites ;
- de communication enfin. Bon nombre d'expérimentations ou de changements pourtant réalisés avec succès ces dernières années dans le secteur public n'ont pas été suffisamment analysés ni valorisés avant d'être éventuellement généralisés.

La collection «Service Public» veut répondre à ces besoins. Elle est dirigée par Geneviève JOUVENEL de l'Institut de la Gestion Publique et du Développement économique.

- Serge ALECIAN et Dominique FOUCHER,
  Le management dans le service public, 2e édition 2002.
- Jean-Paul BASQUIAT,
  Les administrations et les autoroutes de l'information, 1996.
- André BARILARI,
  Animer une organisation déconcentrée, 2002.
- Yolande FERRANDIS,
  La rédaction administrative en pratique, 2e édition 2000.
- Daniel HARMAND,
  Les métiers techniques de la fonction publique, 1996.
- Yves JONCOUR et Pascal PENAUD,
  L'achat public, 2000.
- Jacques LE MENESTREL et Marc SCHPILBERG,
  Au revoir et merci, Monsieur Taylor !, 1999.
- Frédéric PETITBON,
  Le guide d'action du manager public, 2e édition 2000.
- Jean-Yves PRAX,
  Le management territorial à l'ère des réseaux, 2002.
- Bertrand de QUATREBARBES,
  Usagers ou clients ? Marketing et qualité dans les services publics, 2e édition 1998.
- Sylvie TROSA,
  Quand l'État s'engage. La démarche contractuelle, 1998.
- Sylvie TROSA,
  Le guide de la gestion par programmes, 2002.

TABLE DES MATIÈRES

GUIDE DE LECTURE

Le livre est composé de chapitres qui peuvent être lus indépendamment les uns des autres.

L'introduction situe *les enjeux stratégiques et politiques*.

Les quatre chapitres suivants décrivent *l'évolution du management territorial et les méthodologies de mise en œuvre* dans quatre différents périmètres ou niveaux d'action : celui des pays et des collectivités locales, celui de l'État et des services déconcentrés, celui des systèmes productifs locaux, celui des villes numériques.

Le *chapitre 2* traite de l'aménagement du territoire à l'ère du numérique et donne une méthodologie complète et détaillée, fiche par fiche, de développement d'un *projet de pays*. Il s'adresse à tous les lecteurs.

Le *chapitre 3* fournit un apport conceptuel, méthodologique et technique sur la conception et l'animation des portails d'information publique ; il comprend les portails des collectivités et les *SIT* (système d'information territorial) de l'État et des collectivités. Ce chapitre s'adresse plus particulièrement aux chefs de projet, chargés de mission impliqués dans le développement de sites Internet publics ou des *SIT* de l'Etat.

Le *chapitre 4* évoque de nouvelles formes d'organisation productive : les communautés. Il analyse particulièrement les SPL (systèmes productifs locaux) : les districts industriels, les grappes et les technopoles, à la lumière des flux d'information et de connaissance. Il s'adresse à tous les lecteurs.

Le *chapitre 5* traite des *villes numériques* et du gouvernement métropolitain. Il évoque les notions de gouvernance et de développement durable. Il s'adresse bien entendu aux élus et à tous les acteurs des collectivités urbaines.

Les deux derniers chapitres évoquent la conduite du changement :

Le *chapitre 6* donne une *méthodologie de pilotage de projet* générique ; comment piloter le changement, comment concevoir des projets mobilisant les acteurs dans un contexte d'innovation sociale et d'usage ?

Le *chapitre 7* s'adresse à tous les lecteurs ; il tente de cerner *l'évolution des modes de management à l'ère des réseaux et de la société du savoir* ; son objectif est de répondre à trois questions fondamentales :

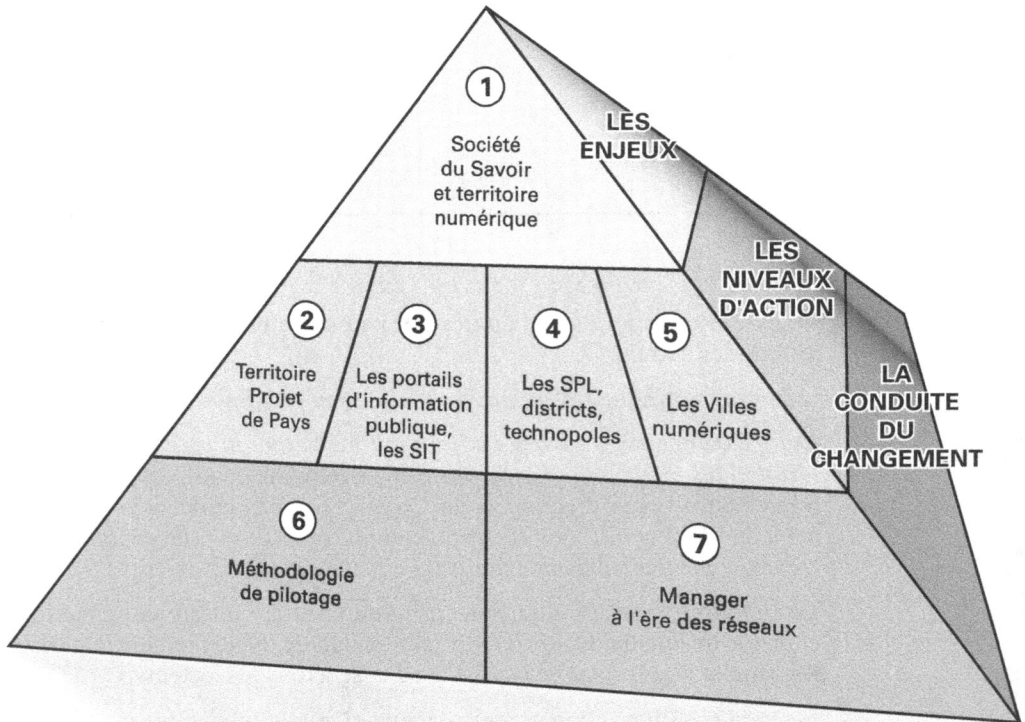

Figure 1. Plan général de l'ouvrage (les chiffres indiquent les numéros de chapitre)

- Qu'est-ce que la performance collective en environnement complexe ?
- Comment manager à l'ère des réseaux ?
- Quel peut être le rôle des pouvoirs publics dans ce nouveau contexte ?

L'annexe 1 s'adresse principalement au lecteur peu familier des nouvelles technologies ; elle dresse un panorama des usages de ces technologies par trois catégories d'acteur : le secteur public, le secteur privé et la société civile.

L'annexe 2 donne des méthodes et outils de diagnostic permanent de territoire. Elle est issue des documents publiés dans le cadre du projet européen Leader.

À tout moment, j'ai essayé d'alterner apports conceptuels et théoriques et recommandations pratiques et méthodologiques, illustrés par des exemples concrets proposés en encadré (zoom sur…).

① Société du Savoir et territoire numérique

LES ENJEUX

LES NIVEAUX D'ACTION

② Territoire Projet de Pays

③ Les portails d'information publique, les SIT

④ Les SPL, districts, technopoles

⑤ Les Villes numériques

LA CONDUITE DU CHANGEMENT

⑥ Méthodologie de pilotage

⑦ Manager à l'ère des réseaux

Chapitre 1

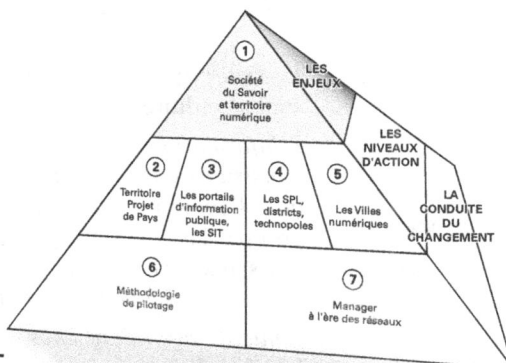

L'espace et le temps numériques

Le changement de millénaire restera marqué par deux mutations d'échelle planétaire : la mondialisation des activités économiques et l'avènement des réseaux d'échange d'informations électroniques.

Rien n'est épargné : ces mutations modifient les stratégies, les organisations et le travail lui-même, secouent les institutions, bouleversent les cultures, redistribuent richesse et pauvreté, offrent des opportunités de gains et créent de nouvelles fractures sociales.

Elles instaurent une culture de la virtualité diffusée par un système de médias diversifiés qui modifient les deux dimensions fondamentales de notre vie collective : l'espace et le temps.

L'espace et le temps numériques, voilà les territoires que nous voulons explorer dans ce livre, essentiellement consacré aux formes émergentes d'organisations sociales, économiques et politiques résultant de l'interaction entre la mondialisation et les réseaux, d'une part, et les dynamiques collectives locales, d'autre part.

NOUVELLES FRONTIÈRES

Le vrai pays que nous habitons est l'imaginaire collectif, ses frontières sont sa culture, sa langue, son identité collective.

L'information n'est pas seulement un message, c'*est le ciment qui sert à construire une société*. Elle précède tout : la culture, la langue, l'éducation, l'économie ; elle rend possible les consensus nécessaires à la vie en groupe, les rapports quotidiens entre les êtres, les projets communs, la naissance des communautés d'intérêts, l'implication des citoyens dans la vie sociale, la démocratie, la mémoire collective.

> L'information c'est le ciment qui sert à construire une société.

Véhicule des micro-changements dans la trame des comportements collectifs, *elle est à la base des plus grandes mutations et ruptures* ; elle modifie les représentations.

Après l'effondrement de l'étatisme soviétique, le capitalisme a achevé de conquérir la planète et, en dépit de profondes disparités culturelles, on aurait pu croire que, pour la première fois dans notre histoire, la totalité du globe allait obéir au même système économique.

Mais j'écris « on aurait pu croire » car tout système qui tente d'imposer son hégémonie engendre ses propres déviances : on le voit avec le renforcement de mouvements terroristes, nationalistes, de défenses d'identités locales, de séparatisme ethnique, de fondamentalisme religieux et, surtout, avec le déploiement du crime organisé, capable d'imposer sa propre économie criminelle à l'échelle mondiale.

C'est un capitalisme[1] fort différent du système keynésien de l'État providence, ou du modèle de marché ultralibéraliste imposé par les Américains auquel notre société aspire : il s'agit d'un *capitalisme du savoir, où la création de valeur passe par la reconnaissance du pluralisme des compétences et des savoirs, par l'innovation, par la créativité et la compétitivité planétaire, par la participation.* Cultures et technologies s'y retrouvent, reliées au sein de réseaux mondiaux de savoir.

LA SOCIÉTÉ DU SAVOIR

> L'importance accrue du rôle du savoir est maintenant largement reconnue comme une des caractéristiques de la mutation actuelle de l'économie mondiale

L'importance accrue du rôle du savoir est maintenant largement reconnue comme une des caractéristiques de la mutation actuelle de l'économie mondiale : l'avenir des entreprises, des travailleurs et des économies est largement fonction du développement, de l'acquisition, de la diffusion et de l'utilisation des connaissances.

Les économistes classiques, comme Marx ou Schumpeter, étaient déjà

---

1. Peter Drucker n'hésite pas à le nommer « post-capitalisme ».

conscients de *l'importance de l'accumulation de connaissances et du progrès technologique.* Solow avait démontré que, dans un contexte de rendement décroissant du capital, dû à l'usure de l'outillage et à l'émiettement des marges concurrentielles, les progrès technologiques étaient essentiels : des hausses de production étaient possibles par des investissements axés sur les connaissances.

Mais *c'est surtout le caractère de « non-rivalité » de la connaissance qui est le facteur décisif de la mutation actuelle* : la consommation d'une unité de savoir par une personne n'en prive pas les autres : le fait que je regarde une émission de télévision n'empêche personne d'en faire autant. Paradoxalement, la tendance serait presque inverse : si nous sommes peu nombreux à regarder cette émission, elle risque fort de disparaître…

De plus, *la transmission du savoir* d'un individu à un autre peut être effectuée à un coût quasiment nul et mutuellement bénéfique[2].

Contrairement aux marchandises comme les matières premières ou les biens de consommation, plus on partage le savoir, plus il prend de la valeur ! Et le réseau Internet vient nous offrir une infrastructure de partage à l'échelle planétaire, sans précédent.

La première conséquence est que la connaissance incorporée dans les processus, les outils et les organisations humaines peut devenir un véritable facteur accélérateur de développement et de rentabilité : ce qui compte désormais, c'est *l'avantage compétitif dynamique*, c'est-à-dire la capacité des entreprises et des territoires à utiliser *les facteurs intangibles tels que le savoir comme facteur d'accélération de leur propre développement.* Cela suppose de raisonner *en termes de flux et non en termes de stocks.*

La deuxième conséquence, qui est le cœur même du sujet de cet ouvrage, réside dans *le caractère synergique des organisations basées sur le savoir* : partout, on parle d'entreprise étendue ou élargie, d'organisations apprenantes et en réseau, de management participatif, d'innovation basée sur la fertilisation croisée, etc.

La troisième conséquence touche au *mode de management* et d'animation des équipes : lorsque le manager ne détient plus le pouvoir par statut ou par un accès privilégié au savoir, il doit nécessairement changer son mode de leadership : de petit chef hiérarchique et autoritaire, cultivant le secret et la division, *il devient coach, pédagogue, animateur, communiquant…*

La quatrième conséquence est que, *dans une économie du savoir, la concurrence joue, d'abord et avant tout, au niveau de l'innovation.* Or le

---

2. Ces propos sont également détaillés dans mon livre *Le guide du Knowledge Management*, Dunod, Paris, 2000, où je cite notamment Thomas Jefferson : « Celui qui apprend quelque chose de moi enrichit son savoir sans réduire le mien, tout comme celui qui allume sa chandelle à la mienne se donne de la lumière sans me plonger dans l'obscurité. »

bénéfice d'une innovation dépend de la taille du marché où elle est distribuée. La science moderne exige des capitaux considérables et un marché important ; à défaut, l'innovation devient une entreprise périlleuse. Face à ces mutations, les politiques publiques doivent se défaire de leur attachement chronique au statu quo. Les politiques tournées vers l'intérieur peuvent évidemment préserver la paix sociale et le statu quo pendant encore quelque temps, mais seulement en privant les Français des nouvelles opportunités et nouveaux emplois que pourrait engendrer une économie véritablement concurrentielle au niveau international. Les tentatives faites pour conserver une pseudo-identité nationale fondée sur la redistribution du revenu en vue de préserver le statu quo sont non seulement improductives, mais elles mettent en danger la santé économique de notre pays, face à l'émergence d'une économie mondiale basée sur le savoir.

Soulignons enfin un des rôles majeurs que les institutions pourraient jouer dans cette société du savoir : *mettre en œuvre des infrastructures facilitant cette diffusion du savoir*. Le mot infrastructure n'est pas pris ici au sens restrictif de la technologie (câblage ou opérateur de télécommunication), bien que cela soit important, mais dans un sens large intégrant tous les facteurs autorisant et habilitant[3] ces flux immatériels, notamment :

— une évolution du *cadre juridique et réglementaire*[4], intégrant la protection des connaissances techniques et des savoir-faire ;
— une évolution de la *mentalité des institutions financières* au regard des investissements immatériels ; reconnaissance du capital immatériel dans la valorisation des entreprises ;
— la création de *filières de formation et de sensibilisation* aux nouvelles technologies, au management du savoir ;
— la mise en place de *mesures soutenant la mutualisation des investissements* en R & D et l'innovation, le soutien aux Systèmes productifs locaux (SPL[5]), aux technopoles et aux autres formes d'organisations fécondes basées sur les échanges de savoir ;
— la création d'agences et d'observatoires régionaux de la *veille* et de *l'intelligence économique*, des portails thématiques, offrant aux acteurs, et notamment aux PME et TPE, un accès aux informations stratégiques sur leur environnement économique ;
— l'incitation à créer une *culture de l'échange*, de la reconnaissance mutuelle des compétences, de la participation sociétale.

---

3. Les Anglo-Saxons utilisent le mot *enabling* : rendre possible.

4. Dans le Code de la propriété intellectuelle, le titre 1 décrit en 2 500 pages le droit relatif aux droits d'auteurs, marques et brevets ; le titre 2, relatif à la protection des connaissances techniques, ne comporte qu'un chapitre : secrets de fabrique, lequel ne comporte qu'une seule mention « absence de dispositions réglementaires » !

5. Les systèmes productifs locaux seront détaillés dans le chapitre 4 de ce livre.

⊃ Zoom sur... le management de la connaissance et le développement durable à la Banque mondiale

Qui aurait cru, il y a cinq ans, que la Banque mondiale, l'un des temples mondiaux de la bureaucratie, allait s'engager dans l'une des voies les plus avant-gardistes du développement durable : le knowledge management ! Sous l'impulsion de son nouveau président, James D. Wolfenson, la Banque mondiale a même failli être rebaptisée « The Knowledge Bank » !

Celui ci a effectivement compris que c'était du gaspillage que de continuer à soutenir financièrement les pays en développement, si on ne leur donnait pas, en même temps, la possibilité d'accéder à un niveau accru de connaissance.

« Être pauvre, ce n'est pas seulement avoir moins d'argent, c'est aussi avoir moins de connaissances. Le savoir éclaire chaque activité économique, révèle les préférences, donne de la transparence aux échanges, informe les marchés, certifie la qualité des produits. Les pays en développement n'ont pas à réinventer l'ordinateur, ni le traitement contre le paludisme, ils doivent pouvoir acquérir une bonne partie des connaissances disponibles dans les pays riches. »

Au cœur de l'Intranet de la banque, développé depuis 1996, on trouve les « échanges de pratiques » : tout consultant à son retour de mission est prié d'alimenter ce forum d'échange en racontant son histoire. Il est aidé pour cela par des « facilitateurs » qui structurent l'interview de façon à pouvoir extraire des classes communes de problèmes, classes communes de solutions, afin de constituer une base de connaissances pertinente, vivante, à jour.

Récemment en mission en Afrique, un responsable d'équipe projet de la banque a eu à répondre rapidement à un ministre de l'Éducation sur l'installation d'un système d'apprentissage à distance. Il n'y a pas si longtemps, il lui aurait fallu attendre son retour au siège, pour pouvoir y consulter la bibliothèque, les bases de données et discuter avec ses collègues. Grâce au système de gestion du savoir de la banque, il a pu interroger à distance le réseau « développement humain », consulter les sources, identifier les autres consultants ayant une expérience sur le sujet, et déceler que la même question s'était déjà posée dans d'autres pays ; il a été ainsi en mesure de fournir une réponse complète à son client en quarante-huit heures avec les informations suivantes :

– Qui d'autre l'a déjà fait et à quel prix ?
– Quels ont été les facteurs clés de succès ?
– Quels sont les standards techniques et le cadre juridique et législatif ?
– Quel impact a été mesuré ?
– Quelle est la bonne politique de communication ?
– Quelles sont les aides financières ?

LES TROIS ACTEURS DU CHANGEMENT : LE MARCHÉ, LES INSTITUTIONS, LA SOCIÉTÉ CIVILE

Nous sommes au cœur d'une lutte entre trois forces : celle du *marché planétaire* – globalisation économique, cybernétique et mondiale, où triomphent l'entreprise, le commerce planétaire, la consommation électronique –, celle de *l'État et de ses institutions* – qui tentent de conserver, par l'organisation de l'espace, un pouvoir légitimé par la loi – et celle des *identités culturelles* – citoyens qui subissent le changement sans le comprendre, voudraient bien freiner cette accélération et assistent, impuissants, à l'effritement de leurs valeurs : la famille, le travail, la culture, l'humanité… la « bonne bouffe » !

Les promoteurs du changement technologique à marche forcée n'ont aucune vision à long terme ; ce sont des techniciens en déficit de réflexion. Ils veulent faire du monde un supermarché uniformisé réduisant tout aux seules lois des bits et des réseaux. Les méga-majors américains ont vite fait d'assimiler la révolution technologique au marché du siècle : une possibilité de contrôler la distribution de l'information dans tous les bureaux, les écoles, les foyers.

D'ici cinq ans, au rythme actuel des alliances, le monde entier sera sous contrôle de quatre ou cinq majors[6]. Une nouvelle élite qui manipulera les informations, les images et les symboles, et qui maîtrisera parfaitement les financements, l'accès aux marchés, les réglementations, pour imposer un modèle médiatique unique au service d'une pensée unique.

▶ *Il y a un abîme entre notre sur-développement technologique et notre sous-développement social.*

Dans la conclusion de son imposante œuvre[7], Manuel Castells déclare :

« *Il y a un abîme entre notre sur-développement technologique et notre sous-développement social.* Notre vie économique, sociale et culturelle est bâtie sur des intérêts, des valeurs, des institutions et des systèmes de représentation qui, au total, brident la créativité collective, confisquent les fruits de la technologie de l'information et dévient nos énergies vers des confrontations destructrices. »

LA RÉFORME DE L'ÉTAT

Face à ces mutations et ces menaces, l'État ne peut pas rester indifférent. Non seulement parce que la fusion des modèles économiques et l'avènement des réseaux signifient une *redistribution complète des territoires politiques et administratifs, c'est-à-dire des frontières du pouvoir.*

▶ *Faute d'un projet ambitieux, mobilisateur et à la hauteur de ces enjeux, l'État se transformera en une coquille vide, vidée de tout pouvoir par une culture et une économie mondialisées.*

Mais aussi parce que cette industrie est tellement *porteuse d'opportunités* faciles, de richesses et d'emplois, que, si elles n'en tenaient pas compte, les politiques de planification gouvernementale sur la langue, la culture, l'éducation et le travail seraient vite du ressort de la muséographie.

Faute d'un projet ambitieux, mobilisateur et à la hauteur de ces enjeux, l'État se transformera en une coquille vide, vidée de tout pouvoir par une culture et une économie mondialisées.

---

6. On peut déjà facilement identifier une poignée de prétendants : Bill Gates de Microsoft, Michael Eisner de Disney, Ted Turner de CNN, Rupert Murdoch de News Corp., les présidents de Sony, AT & T, Bertelsman, DreamWorks, Matsushita…

7. Manuel Castells, *L'ère de l'information*, tome 3 : Fin de millénaire, Fayard, Paris, 1999, spn.

Mais si l'État doit réagir d'urgence, il ne doit pas le faire selon des valeurs périmées, des critères obsolètes, des mouvements régressifs... tentatives désespérées de lutter contre le changement à coup de lignes Maginot.

Dans *The Nation-State and violence*, le sociologue Anthony Giddens donne de l'État la définition suivante :

« L'État-nation, qui existe au sein d'un complexe d'autres États-nations, est un ensemble de formes institutionnelles de gouvernement qui maintient un monopole administratif sur un territoire aux frontières bien définies, sa domination étant consacrée par la loi et par le contrôle direct des instruments de la violence intérieure ou extérieure.[8] »

Que se passe-t-il alors quand les frontières disparaissent ?

Aujourd'hui, le pouvoir de l'État sur l'espace et le temps s'effondre, contourné par des flux mondiaux, soit parce qu'il n'arrive plus à les contrôler : capitaux, main-d'œuvre, médias, technologies, criminalité..., soit parce qu'ils le dépassent : environnement, exclusion, démographie, pauvreté. La mainmise qu'il a tenté d'établir sur la temporalité culturelle, en s'appropriant l'Histoire, la tradition, l'éducation et en construisant une « identité nationale », est régulièrement contestée par des groupes autonomes, revendiquant leur « identité plurielle ».

La communication électronique inaugure une nouvelle ère de communication extra-territoriale qui échappe complètement au contrôle de l'État-nation. En janvier 1996, le ministre français des Technologies de l'information avait annoncé l'intention du gouvernement français de proposer à l'Union européenne une série de mesures visant à limiter la libre circulation des informations sur Internet ; en réalité, ce projet de censure était en fait tout à fait conjoncturel : il s'agissait de défendre la vie privée de la famille de François Mitterrand, le livre publié par son médecin ayant été interdit en France, mais chacun pouvant le lire sur Internet.

Le contrôle de l'information constitue depuis toujours la base du pouvoir de l'État. Mais, aujourd'hui, les flux d'informations ignorent les frontières !

Certains rapports récents signés par des hommes politiques sont accablants : ils laissent à penser que c'est le retard dans l'aménagement des infrastructures de réseau, du câblage, des serveurs qui serait le principal responsable de la stagnation des services rendus par les administrations... aucune remise en question profonde de la vision politique, du rôle et des missions de ces institutions, de leur relation avec les citoyens ! Certains arrivent même à rendre notre opérateur de télécommunication national responsable de l'impossibilité de nos institutions à se réformer !

---

8. University of California Press, 1987.

Pour réagir, l'État doit d'abord comprendre et se comprendre.

Dans notre histoire, les plus grandes mutations sociales se sont souvent accompagnées de mouvements de fanatisme et de violence, que nous n'aimons pas spontanément associer à l'idée d'évolution positive ; c'est pourtant aussi cela que nous devons comprendre pour les affronter et les vaincre, en leur donnant du sens.

On observe aujourd'hui de puissantes manifestations d'identités collectives, extrêmement diversifiées, qui puisent leur forme dans les racines culturelles et historiques, dans un mode de vie centenaire, ou qui se barricadent au nom de Dieu, de la famille, de l'environnement, de la « bonne cuisine », de la langue française, etc.

Pris entre le marteau et l'enclume, et sous le seul prétexte d'appliquer la loi et de conserver sa souveraineté représentative, *l'État ne doit pas réagir en condamnant mais en comprenant, puis en expliquant et animant*.

Il est temps de restaurer une visibilité et une confiance en l'avenir : *les mutations actuelles peuvent être vécues comme un projet de société et non comme une série de crises* ; pour cela, il faut redonner du sens, une vision partagée et un leadership.

L'AMÉNAGEMENT DU TERRITOIRE

Une rétrospective sur le dernier demi-siècle peut nous permettre de mieux comprendre le « tournant » actuel, l'action à engager et les rôles respectifs des différents acteurs.

Dans les années 1960 à 1975, on a cru que le progrès technique allait donner réponse à tous les maux ; les politiques d'aménagement du territoire se sont inscrites dans une logique de passage d'une société agraire, organisée par un maillage urbain de villes moyennes, à *une société industrielle* s'appuyant sur *le centralisme français*.

Ces politiques ont réussi à faire de la France la quatrième puissance économique, le deuxième exportateur agricole, la première destination touristique mondiale, une puissance scientifique de premier plan. Et elles se sont plus souvent réalisées dans le conflit que dans le consensus.

L'État omniscient, « rationnel » et planificateur, concevait un espace national fort, abondant, bon marché, disponible aux besoins de la production. *C'est la période des grands aménagements* dictés par l'État, comme Sophia-Antipolis, Fos-sur-mer, les villes nouvelles, les canaux de Provence et du Bas-Rhône-Languedoc, etc.

La période suivante, de 1975 à 1990, est marquée par *la crise* ; la montée du chômage, la «tension sociale»; elle freine les ambitions des grands projets nationaux et souligne les limites des politiques publiques centralisées.

Avec les modèles tatchériens et rhénans, l'Europe nous montre d'autres scénarios. La chute du mur de Berlin et le vide que les régimes communistes laissent favorisent la montée en puissance d'un marché européen, susceptible de jouer le rôle de régulateur face à l'autoritarisme d'État.

La création en 1982 du contrat de plan État-Région, suivie par la loi Montagne en 1985, la loi du Littoral en 1986, organise de *nouvelles relations entre l'État et les collectivités locales, qui tiennent enfin compte des disparités territoriales.*

Pendant la décennie 1990-2000, le territoire devient progressivement une structure active, créatrice d'organisations, apte à accueillir des investissements ou à réaliser des projets.

Les politiques d'aménagement, impactées par la globalisation et l'avènement des réseaux numériques, découvrent que *le territoire n'est pas l'espace* : la notion d'«espace» est purement fonctionnelle, c'est une construction intellectuelle : on parle d'espace aérien, d'espace hertzien, d'espace maritime. Les espaces évoluent, interfèrent, se superposent, voire s'opposent.

La notion de «territoire», elle, renvoie au «vécu», à des réalités historiques, à l'imaginaire collectif, au monde symbolique. *Les territoires sont des lieux de mémoire et de patrimoine,* conservant les traces du passé, des aires de sociabilité plus ou moins intense selon la proximité, le voisinage, la parenté, des ensembles de représentations citoyennes où s'exercent la démocratie locale et la responsabilité collective, des facteurs de production économique, du fait de leurs ressources et de la dynamique de leurs acteurs.

À l'heure de la mondialisation et de l'intégration européenne, les territoires, localisation des hommes et des activités, ressurgissent face aux espaces. Et ni l'État, ni le marché, ni une quelconque autre force ne peut s'imposer, de façon impérative.

Pris en tenailles entre le processus d'intégration européenne – qui, «par le haut», leur confisque des compétences – *et le processus de décentralisation-régionalisation* – qui, «par le bas», revendique plus d'autonomie –, tous les gouvernements des pays européens redécouvrent la *mission de l'aménagement du territoire.*

LA NOUVELLE MAILLE TERRITORIALE

Les mutations économiques et sociales et l'arrivée des réseaux de communication ont fait naître *de nouvelles aires de pouvoir, de nouveaux sys-*

▷ **Les mutations économiques et sociales et l'arrivée des réseaux de communication ont fait naître de nouvelles aires de pouvoir, de nouveaux systèmes d'interrelations.**

tèmes d'interrelations qui s'organisent en quatre échelons de régulation, traduction des nouvelles réalités territoriales :

— *le niveau européen*, transnational, espace de structuration et de performance à partir de projets européens et mondiaux, qui pousse vers une coopération *interrégionale* ;

— *le niveau national*, espace incarnant les missions régaliennes de l'État, qui s'appuie sur la maille *départementale* des services déconcentrés ;

— *le niveau régional*, espace démocratique et décentralisé de mise en œuvre des politiques de *développement durable* des territoires ;

— *le niveau local*, espace d'action, de proximité et de citoyenneté participative, qui associe les communes dans des projets d'agglomérations et de pays, et dans la gestion du quotidien : *pays, associations de quartiers, communes en campagne.*

Dans le contexte actuel d'évolution rapide des rapports entre la société et le territoire émergent ainsi de nouvelles conceptions du territoire.

Des territoires de projet

> *« Jadis, les cerveaux suivaient les entreprises,*
> *désormais les entreprises suivent les cerveaux. »*

Cette conception s'appuie sur un territoire considéré comme facteur de compétitivité, d'initiatives, de développement durable, de création de richesses.

Les spécialisations territoriales et urbaines changent de contenu : elles portent de moins en moins sur des secteurs d'activité (par exemple, le charbon dans le Nord-Pas-de-Calais, l'acier en Lorraine ou l'automobile à Sochaux) et de plus en plus sur le niveau de qualification, l'aptitude à l'innovation, la qualité des équipements et des ressources disponibles. *La spécialisation n'est plus fondée sur des données naturelles, mais sur des facteurs produits par l'activité des hommes.*

À titre d'exemple, en 1996, la concentration des cadres et professions intellectuelles est de 22 % en Île-de-France et 12,5 %, en Provence-Alpes-Côte-d'Azur, pour seulement 7,5 %, en Basse-Normandie et 8,2 %, en Poitou-Charentes.

Des territoires « systémiques »

> *« Passer de la géographie des lieux à la géographie des flux »*

Une conception nouvelle se fait jour : le territoire « systémique ». La nouveauté réside dans une modification profonde de l'attachement viscéral de la population à son territoire local, au profit d'un *sentiment de « mul-*

▶ **Une modification profonde de l'attachement viscéral de la population à son territoire local, au profit d'un sentiment de «multiappartenance» à plusieurs espaces de vie.**

tiappartenance» *à plusieurs espaces de vie* : ceux où l'on réside, ceux où l'on travaille, ceux que l'on visite, ceux que l'on traverse, ceux où l'on se détend, ceux où l'on prend sa retraite…

Favorisées par les possibilités de déplacement et les technologies de communication, ces nouvelles formes de «multiallégeance» obligent à embrasser d'un même regard l'avenir de tous les territoires et à organiser leurs interrelations, sans opposer le rural et l'urbain, le littoral et la montagne, le centre et la périphérie, mais en promouvant les *territoires intégrés et diversifiés.*

Il est important de souligner que cette logique d'interdépendance s'inscrit dans un mouvement que l'on a déjà pu observer depuis plus de dix ans dans le monde de l'entreprise, et qui a été décrit par le concept d'«entreprise élargie» ou d'«entreprise étendue» [9] : dans un monde de globalisation économique, de complexité croissante et d'abolition des frontières spatiales et temporelles, l'entreprise découvre qu'elle ne peut plus assurer toute seule sa survie ou son développement, mais que sa performance dépend de sa capacité à *s'inscrire dans un jeu de coopération «gagnant-gagnant» avec les autres entreprises.* Ce phénomène a été particulièrement visible dans l'industrie automobile avec l'arrivée massive de l'informatique embarquée et la création, par exemple, de la Xzara Windows CE, fruit d'une collaboration entre Citroën et Microsoft. Nous le décrirons en détail dans le chapitre consacré aux systèmes productifs locaux (chapitre 3).

L'abandon de la centralisation et des hiérarchies au profit de la décentralisation et de l'autonomie induit des logiques de réseau ou de tribus auxquels il faut être connecté sous peine de marginalisation ou d'exclusion. Le modèle en réseaux ouvre simultanément à la connexion ou à l'isolement.

Des territoires «fractaux»

La notion de territoire «fractal», elle, renvoie à la constatation que *les mêmes problèmes se posent du niveau local au niveau planétaire* : les enjeux de réhabilitation des quartiers populaires, par exemple, se posent dans les villes du monde entier ; les solutions pertinentes peuvent émaner aussi bien d'une association de quartier ou de l'office local des HLM que de l'agence de l'urbanisme du ministère de l'Équipement, que de l'Union européenne ou d'une agence des Nations unies.

Aucun des problèmes majeurs de notre société ne peut se régler à une

9. Ces concepts ainsi que les notions d'«avantages coopératifs» ou de «coopétition» sont détaillés dans mon ouvrage *Le Guide du Knowledge Management*, Dunod, Paris, 2000.

seule échelle ; là où, traditionnellement, on pensait *en termes de « partage des compétences »*, ce qui induisait un fonctionnement cloisonné en «tuyaux d'orgues», il faut maintenant penser *en termes de « partage de responsabilité »*, ce qui implique la coopération des différentes échelles.

Un peu de théorie : introduction à la pensée complexe

Ces deux notions de territoire systémique et fractal s'inscrivent dans la philosophie de la pensée complexe.

Le principe de simplicité impose de disjoindre et de réduire. Le principe de complexité enjoint de relier, tout en distinguant. Le mode de pensée qui privilégie la simplification, la réduction, la sélection rassure ses adeptes car il donne l'impression que le monde est totalement réductible par l'esprit. Il évacue le paradoxe, le doute, et renforce l'excellence de l'individu. C'est un mode de pensée manipulateur ! Edgar Morin le décrit comme «une haute crétinisation, un obscurantisme accru de spécialistes ignares, dont la vision unidimensionnelle mutile non seulement la réalité, mais les êtres humains». Le réel est, par essence, complexe et multidimensionnel.

L'enjeu d'une intelligence de la complexité, c'est de repérer les interactions entre les points de vue des différents acteurs, afin de construire une réciprocité pour leur permettre d'agir ensemble.

D'une part, il faut compléter la pensée qui sépare par une pensée qui relie. *Complexus* signifie «ce qui est tissé ensemble». La pensée complexe est une pensée qui cherche à la fois à distinguer – mais sans disjoindre – et à relier. D'autre part, il faut traiter l'incertitude. Le dogme d'un déterminisme universel s'est effondré. L'univers n'est pas soumis à la souveraineté absolue de l'ordre, il est le jeu et l'enjeu d'une dialectique entre l'ordre, le désordre et l'organisation. Ainsi le propos de la complexité est-il, d'une part, de relier (contextualiser et globaliser) et, d'autre part, de relever le défi de l'incertitude.

LE RÉSEAU EXIGE UNE INVERSION DE LA RELATION OFFRE-DEMANDE

L'avènement des réseaux et des technologies numériques se traduit par la nécessité d'*opérer un retournement à 180 degrés dans la logique offre-demande (du push au pull)* ; ce mouvement s'est d'ores et déjà matérialisé dans le monde professionnel dans de nombreux domaines :

- *Dans le domaine commercial*, avec les approches du *e-business*, du CRM (Customer Relationship Management) : l'entreprise ne doit plus rester préoccupée par son seul appareil de production (optimisation coût-qualité-délai) mais par sa capacité à répondre aux attentes personnalisées du client ; par exemple, une compagnie aérienne vend du transport aérien, alors qu'un client achète un voyage (ce qui inclut certes le transport, mais aussi l'hébergement, l'assurance, un visa, un guide… et beaucoup de rêve !).

- *Dans le domaine de l'information*, avec l'approche du *knowledge management* : on découvre que la valeur de l'information réside dans son utilité opérationnelle, que l'efficacité suppose qu'on parte de la question, du problème à résoudre, et non de l'inventaire des informations disponibles, au demeurant totalement inutiles.
- *Dans le domaine de la pédagogie*, avec les approches de l'apprentissage interactif et à distance (*e-learning*) : on est forcé d'admettre que les pratiques scolaires classiques et la pression à laquelle les élèves sont continuellement soumis n'entraînent au final que des comportements de déviance – obtenir la meilleure note en restituant le programme à l'identique avec le moins d'efforts possible plutôt que de se concentrer sur les véritables finalités de l'apprentissage.

Appliquer cette inversion au domaine de la citoyenneté

Les difficultés à aborder les problèmes majeurs de notre société actuelle, comme le chômage, l'exclusion, la dégradation de l'environnement, proviennent en majeure partie de l'impuissance du citoyen à être écouté par des institutions spécialisées et parcellisées, secrétant leur pouvoir à travers leurs propres règles et dépensant une énergie importante à justifier leur existence et protéger leurs prérogatives.

On dit « l'État est trop grand pour régler les petits problèmes et trop petit pour régler les grands problèmes ».

Impuissant face à cette situation, le citoyen n'a que trois choix : la fuite, la délinquance, la passivité. En témoignent la fuite des grandes fortunes, la violence urbaine ou nationaliste, les pourcentages de non-votants aux élections…

▷ **L'essentiel n'est pas d'imposer une vérité mais d'organiser et animer un processus de mise en œuvre collective d'une solution.**

En face d'un problème complexe, l'essentiel n'est pas d'imposer une réponse, d'ériger une vérité, mais d'*organiser et animer un processus de mise en œuvre collective d'une solution* ; car si la formulation d'une solution ne peut soi-disant être que l'œuvre d'une élite, sortie des meilleures écoles dans les meilleurs rangs et élue selon les principes de la démocratie représentative, sa mise en œuvre concrète ne peut être que le résultat d'un processus participatif.

Une mobilisation accrue de la participation citoyenne permettrait aux populations de retrouver un ancrage dans des communautés de taille plus humaine.

La promotion de la participation citoyenne n'est pas évidente : sa construction est chaque fois spécifique, en fonction des groupes et de leurs spécificités sociales, économiques, culturelles, politiques. Elle suppose de mieux comprendre les conditions de mobilisation de l'individu dans une communauté.

Les conditions de mobilisation d'un individu à l'action collective

Une communauté est composée d'individus. Ils peuvent partager un objectif commun, explicite ou implicite, ou simplement être le regroupement de gens partageant des valeurs, des pratiques (corporations) ou des caractéristiques communes (langue, religion, groupe ethnique, quartier).

Dans tous les cas, la performance, ou la simple survie de la communauté, dépend de l'engagement, de la mobilisation de ses membres.

Si l'on se place du point de vue de l'individu, on peut se demander à quelle « rationalité » ou « irrationalité » obéit son engagement. On observe en effet une palette extrêmement variée de comportements : attente d'un bénéfice lointain (meilleur emploi), opportunisme ou contingence (passager clandestin), mobilisation ethnique violente (martyre), recherche de pouvoir (leadership), stratégie pour combattre un adversaire (parts de marché), etc.

Nous reviendrons sur les éléments de *construction de cette « capacité à coopérer »* et indiquerons qu'elle suppose :

- des éléments de *motivation individuelle* : confiance, visibilité, jeu gagnant-gagnant, paternité, sens, langage, reconnaissance ;
- des *compétences à coopérer* : résolution de conflit à froid, capacité à accepter la différence, etc. ;
- des *processus générateurs*, s'appuyant sur des méthodes éprouvées ;
- des *résultats évaluables* : autonomie, responsabilité, créativité.

Dans notre perspective de participation citoyenne, le territoire peut constituer une zone de proximité, mobilisant les citoyens dans des échanges élargis par rapport aux échanges traditionnels marchands ou professionnels : il s'agit de mobiliser les acteurs dans la résolution collective des problèmes actuels et dans la formalisation d'un projet.

Dans la pratique, cela suppose que les pouvoirs publics acceptent de cautionner et soutenir une véritable politique expérimentale, opérée sur le terrain, dans des territoires ou villes de petite taille, sur un mode participatif, par les citoyens locaux. Ces acteurs seraient invités à coopérer à la création de services nouveaux, s'appuyant sur les technologies de l'information et de la communication. Le choix de territoires de taille réduite est dicté par les avantages de proximité, d'interactions spatiales et donc de visibilité des participations de chacun à l'action collective.

Dès lors que les attentes des citoyens sont prises en compte, les nouvelles technologies peuvent s'intégrer dans les structures sociales de nos sociétés. Dès le départ, les populations les moins acculturées se révèlent capables d'exprimer quantité d'attentes, plus ou moins structurées mais fortement pertinentes, dont la concrétisation passe par des processus collectifs d'apprentissage et de mise en œuvre.

Une telle situation, *tant dans une perspective politique de cohésion sociale et de «citoyenneté participative» que dans une perspective de développement économique par création de services nouveaux*, donne une place stratégique particulière aux *instances de décision locales*: pays, municipalités, qui se trouvent investis de rôles renouvelés de médiation. Ces rôles n'enlèvent rien à la dynamique privée et à la logique de marché, mais apparaissent comme des catalyseurs de projets de société.

La société civile

Les organisations de la société civile sont la multitude d'organisations et de communautés autour desquelles la société s'organise spontanément: syndicats, organisations non gouvernementales, groupes de minorités, groupes culturels et religieux, associations caritatives, commerciales, de quartier, clubs sociaux et sportifs, coopératives et organisations de développement communautaire, groupes écologiques, associations professionnelles, institutions universitaires et instituts de recherche, organes d'information, etc.

La société civile est la partie de la société qui relie les individus au domaine public et à l'État – à savoir *la dimension politique de la société*.

Les organisations de la société civile permettent aux gens de participer aux activités économiques et sociales et les organisent en puissants groupes à même d'influencer les politiques publiques et d'accéder aux ressources publiques, en particulier en faveur des pauvres. Elles peuvent constituer un *contre-pouvoir politique important*.

À un niveau plus fondamental, les réseaux de citoyens limitent les problèmes que pose l'action collective en créant *les liens sociaux*, en réduisant l'opportunisme, en renforçant la solidarité, la confiance et en facilitant les transactions politiques et économiques. De tels réseaux bien développés ont aussi pour effet d'intensifier les flux d'information – la base d'une collaboration politique, économique et sociale qui soit fiable et de la participation publique des membres de la société civile. *Ces relations et les normes sociales constituent le capital social d'une nation.*

POUR UNE APPROCHE SOCIOCULTURELLE DU CHANGEMENT

Selon un rapport présenté à Christian Pierret, secrétaire d'État à l'Industrie, «les réseaux de télécommunication à hauts débits et surtout les services qui leur sont associés sont l'avenir de la "nouvelle économie" et le futur de notre croissance[10]».

Cette approche, tout comme celle du rapport Baquiast et de tout le mouvement du Pagsi (Plan d'action gouvernemental pour la société de l'information) déclenché par le premier ministre à Hourtin, est trop inspirée des «autoroutes de l'information» nord-américaines, dont elle est la réaction directe.

▶ **C'est dans la complexité et la diversité socioculturelle que réside le moteur du changement.**

Mon expérience de la conduite du changement dans les grandes entreprises de culture européenne me pousse à substituer une approche systémique, intégrant cette dimension technologique, véritable catalyseur du changement, aux dimensions culturelles, sociales, économiques ; cela me paraît plus conforme aux enseignements de l'Histoire et à la tradition humaniste européenne. *Nous prenons le pari que c'est précisément dans la complexité et la diversité socioculturelle que réside le moteur du changement.*

J'ai rencontré des maires de communes de moins de 5 000 habitants très calés sur les standards ATM, ADSL et sur la boucle numérique… mais tombant des nues lorsqu'on leur déclarait que pour concevoir leur site Internet, on allait commencer par réaliser une enquête sur les services attendus par leurs concitoyens et notamment par les 15-20 ans habitant les cités !

Promouvoir la participation se heurtera nécessairement à des obstacles tels que la résistance naturelle au changement, les jeux de pouvoir, la méfiance envers l'État, ou simplement envers «l'autre», la volonté de préserver le confort du statu quo, etc. Une autre difficulté prévisible est que la promotion d'initiatives locales peut aboutir à une accumulation d'actions parallèles, redondantes et incohérentes, conduisant à une dispersion des efforts ; une sorte de *« balkanisation » des communautés actives.*

Sur le plan méthodologique, nous bénéficions d'une dizaine d'années d'expérience d'une mutation de même nature ayant affecté le monde de l'entreprise, monde d'intense complexité des facteurs sociaux et organisationnels.

Conscient que l'entreprise, aussi grande soit-elle, n'est pas *tout* le territoire, j'ai tenté de «transcrire» cette expérience et ces méthodologies, pour les proposer au lecteur dans cet ouvrage. J'ai en effet la conviction qu'*en face de ces difficultés à rendre opérationnel ce qui pourrait paraître, de prime abord, n'être qu'une vision utopique de la communauté, nous ne sommes pas démunis* ; nous possédons un certain nombre d'atouts et c'est l'objectif de cet ouvrage que de les présenter : une vision, une compréhension des enjeux, des opportunités et des menaces, des exemples de ce qu'il faut faire et ne pas faire, des outils, une méthodologie.

---

10. *Les technologies de l'information et des communications et l'emploi en France*, rapport rédigé sous la direction de Jean-Pierre Arnaud, septembre 2000.

EN RÉSUMÉ...

Qu'est-ce qu'un territoire numérique ?

Depuis que l'être humain existe, il cherche à se regrouper et à occuper un *territoire* représentant une unité culturelle, linguistique, d'identité, délimitée par ses principaux *flux vitaux* :

- flux de migration à l'époque primaire de la chasse-élevage, dont le vecteur emblématique est le cheval[11] ;
- flux de marchandises à l'époque secondaire du commerce et de l'industrie, dont le vecteur privilégié a été le bateau, puis le rail, la route et l'air ;
- flux d'échanges de services et de finances à l'époque tertiaire, avec les télécommunications comme vecteur principal ;
- flux d'information et de communication à l'époque quaternaire, celle de la société du savoir, avec l'apparition d'un nouveau vecteur, numérique, planétaire et instantané : l'Internet.

À chaque époque correspond un flux de communication qui refaçonne la façon dont les êtres humains choisissent de communiquer, de se rencontrer, d'échanger, de travailler ensemble, de faire du commerce, de vivre ensemble… *Chaque changement de vecteur provoque une redistribution des richesses, des pouvoirs et des frontières… pour le meilleur ou pour le pire !*

Le territoire numérique est un territoire virtuel façonné par les échanges immatériels (information, connaissance) entre des personnes géographiquement distantes et principalement médiatisé sur les réseaux numériques. Les frontières spatiales et temporelles sont abolies. Ce peut être un territoire thématique (exemple: BioTech Valley, territoire des biotechnologies), ce peut être un territoire de projet (exemple : qualité de l'eau en Sud-Bretagne), un territoire d'opinion ou de valeurs partagées (par exemple, la communauté Well qui s'étend de la Californie au Japon).

Pourquoi s'intéresser au territoire numérique ?

Comprendre les territoires numériques, c'est aborder les évolutions contemporaines de la société dans toute sa complexité, c'est comprendre l'émergence de nouvelles formes de citoyenneté ou de militantisme, plus participatives mais plus volatiles, c'est refuser les schémas simplistes, cloisonnés et stérilisants de politiques « plaquées » sur les territoires, c'est *accompagner le changement plutôt que de le subir comme une crise sociale.*

---

11. Rappelons que le département a été calculé à la Révolution française en fonction de la distance maximale qu'un homme pouvait parcourir à cheval en une journée… moyen de communication de l'époque oblige !

Comment manager le territoire numérique?

Manager n'est pas gérer et encore moins administrer : pour manager à l'ère des réseaux, *il faut laisser les initiatives émerger du terrain* et donc créer les conditions favorables à cette émergence, animer le jeu complexe des points de vue, des rationalités et des compétences pour créer la cohésion sociale, mobiliser les énergies dans l'action et construire, ensemble et chemin faisant. Le manager moderne est avant tout un coach, un pédagogue, un communiquant : il donne du sens à l'action.

Première partie

Les niveaux d'action

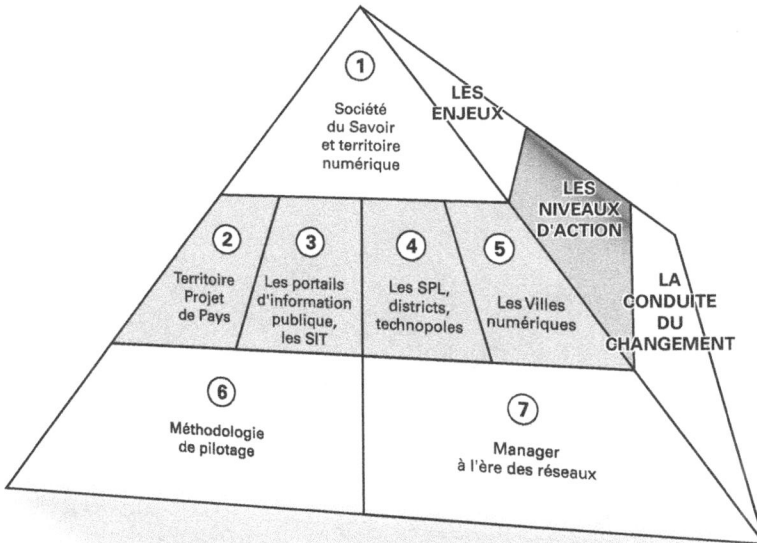

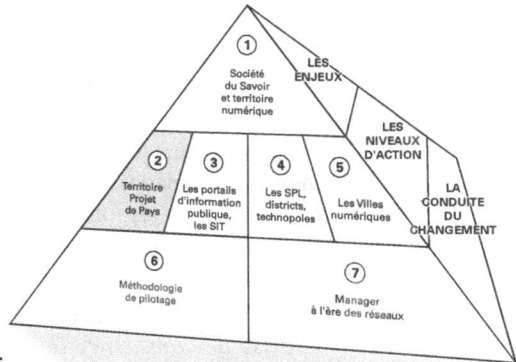

Chapitre 2

Du projet de pays au pays de projet

Les mutations actuelles nous offrent une formidable opportunité pour reconstruire une mobilisation territoriale de long terme. Mais cela pose des questions fondamentales à l'aménagement du territoire :

- Quels sont les territoires pertinents, à l'ère des réseaux ?
- Peut-on considérer un « territoire de projet » ?
- Comment aborder les phénomènes de multiappartenance ?
- Comment piloter le territoire dans la complexité ?

Dans ce chapitre, nous n'avons pas la prétention de donner des réponses définitives à de telles questions ; nous proposerons simplement une méthodologie de pilotage d'un projet de pays apte à prendre en compte ces éléments de complexité et d'incertitude.

VERS LE TERRITOIRE PERTINENT

L'émergence de «territoires pertinents», tels que les agglomérations et les pays, constitue une des mutations majeures des années quatre-vingt-dix.

Désormais encadrés par des textes législatifs (loi Voynet, loi Chevènement), les espaces de projets que sont les pays, les agglomérations et les parcs naturels régionaux sont fondés sur les bassins de vie, de service et d'emploi tels que les redessinent les nouvelles pratiques résidentielles et les mobilités des citoyens.

Sur la base de configurations locales très diverses, ces logiques traduisent la *prise de conscience des interdépendances spatiales et des nécessaires mutualisations*, notamment pour les services aux personnes et aux entreprises. Par ailleurs, elles s'articulent et s'appuient sur des processus d'organisation intercommunale en constant développement[1].

Panorama des communautés d'agglomérations et des pays

Le succès rencontré par la nouvelle formule intercommunale des *communautés d'agglomérations* (51 créées au 1er janvier 2000) et les projets de création de *communautés urbaines* dans de grandes métropoles comme Nantes ou Marseille (qui rejoignent les 12 déjà existantes) reflètent la prise en compte des interdépendances et solidarités qui lient les communes au sein des aires urbaines.

▷ **Un mode d'organisation adapté à la grande diversité du territoire français.**

Le plus souvent fédératifs, à l'échelle d'un bassin d'emploi ou de plusieurs groupements intercommunaux, les *pays* complètent le dispositif en offrant un mode d'organisation adapté à la grande diversité du territoire français. Cadre de coopération entre ville et espace rural, le pays répond aussi bien à des espaces à dominante rurale, organisés autour de petites villes, qu'à des bassins d'emploi plus urbanisés. Plus de 250 pays étaient constitués ou en cours de constitution au printemps 2000, ce qui représente approximativement la moitié du territoire national.

Le Grand Ouest

Ancrés dans des pratiques d'intercommunalité déjà anciennes (plus de vingt ans), les régions du Grand Ouest (Bretagne, Pays de la Loire, Poitou-Charentes, Basse-Normandie…) ont le taux de couverture des communautés et des pays le plus important.

---

1. Comme peuvent en témoigner les groupements à fiscalité propre qui concernaient, au 1er janvier 2000, plus de 21 000 communes et quelque 37 millions d'habitants.

Les pays se constituent sur la trame des bassins d'emploi polarisés par les villes (Brest, Quimper, Morlaix, Rennes, Vannes, Vitré, Redon, Chateaubriant, Niort, Cholet, Saint-Lô, Alençon…).

Les Régions Picardie et Nord-Pas-de-Calais

Pour ces Régions, l'enjeu des prochaines années sera de fédérer des territoires parfois exigus en les engageant sur la voie de la solidarité ville-campagne : région de Saint-Omer, de Maubeuge, de Laon, de Soissons, etc.

Le Grand Est

Les projets de pays tendent à se multiplier dans les régions du Grand Est : Ardennes (pointe de Givet, Sedanais…), départements lorrains, Alsace, Bourgogne, Franche-Comté…. La coupure entre grandes agglomérations et pays organisés autour de petites villes (Saint-Dié, Épinal, Sarrebourg, Lunéville, Avallon, Sélestat, Lons-le-Saunier, Langres…) est en revanche plus accusée que dans le grand Ouest. La notion de pays répond à un impératif d'organisation d'espaces ruraux en déprise (Nivernais-Morvan, plateau de Langres, etc.), souvent inclus dans la « diagonale aride », ou à une réaction de bassins industriels confrontés aux restructurations de leur tissu économique (val de Lorraine, Lunévillois, pays de Bitche, pays de Saint-Dié…).

Le Grand Sud-Est

Le Grand Sud-Est distingue, quant à lui, la Région Rhône-Alpes, bonne élève de l'intercommunalité et déjà très engagée dans des démarches de contractualisation territoriale (contrats globaux de développement), des régions de la façade méditerranéenne, où le mouvement est plus indécis. L'intercommunalité urbaine y est en gestation douloureuse, comme le montrent les cas d'Avignon, Nice ou Toulon, même si l'agglomération marseillaise prépare sa communauté urbaine et si Montpellier constitue désormais le cœur d'une vaste communauté d'agglomérations.

De nombreux conflits locaux freinent également l'avancement du maillage intercommunal autour des villes moyennes ou dans les espaces ruraux. Des progrès se font sentir dans certains départements où pays et communautés de communes voient le jour : Pyrénées-Orientales, Aude, Gard, Nord-Vaucluse, Alpes-de-Haute-Provence, autour des villes moyennes (Arles, Nîmes, Carcassonne, Vaison-la-Romaine, Digne, Limoux, Céret, Briançon, Forcalquier…).

L'Aquitaine et la Région Midi-Pyrénées

Avec un temps de décalage, l'Aquitaine et la Région Midi-Pyrénées ont à leur tour entamé un profond processus de recomposition territoriale en accélérant ces dernières années la création des communautés et en les fédérant dans des cadres de développement économique plus larges. Huit communautés d'agglomérations et près d'une vingtaine de pays sont en cours de constitution : Pays basque, val de Garonne (Marmande), Bergeracois, Haute-Gironde, Libournais, pays de Cahors, Bouriane, Haute-Ariège, Mazamétain, en dehors des deux grandes métropoles bordelaise et toulousaine.

Le Centre

L'évolution des départements de la France « centrale » est plus contrastée. Après avoir promu une politique active de constitution des pays, la Région Centre est aujourd'hui intégralement couverte. Le retard de l'intercommunalité à fiscalité propre se comble progressivement.

Encore relativement vierge en matière de pays, l'Auvergne accomplit en revanche un grand bond en avant en matière d'intercommunalité (trois communautés d'agglomérations, à Clermont-Ferrand, le Puy-en-Velay et Aurillac, et une multiplication de communautés de communes dans le monde rural ou les petites villes comme Brioude).

Enfin, le Limousin est actuellement engagé dans une phase de développement simultané de l'intercommunalité et des pays.

Le pays, un territoire flexible et adaptable

Ce panorama montre que la notion de pays dispose de suffisamment d'adaptabilité pour correspondre à des contextes territoriaux distincts. Dénués de caractère institutionnel (fiscalité, délégation de compétences), les pays peuvent présenter une superficie et une densité démographique variable, correspondre à des espaces de vie ou de projet, être identifiés par les aires d'influence d'équipement, de service ou de pôles d'emploi. Les espaces à très faible densité démographique y voient un *enjeu de revitalisation* (Diois dans la Drôme, Puisaye dans l'Yonne, Combrailles dans le Puy-de-Dôme) alors que des territoires sous pression urbaine, autour des grandes agglomérations (vignoble nantais, Beaujolais…), dans les vallées alpines ou sur les littoraux, voient dans le pays un *outil de gestion durable de l'espace et de maîtrise de la croissance démographique.*

Dans nombre de petites villes touchées par la restructuration de la défense, la réorganisation des services publics ou le déclin du tissu industriel, le pays apparaît comme le niveau d'action pertinent pour remobiliser collectivités locales, acteurs socio-économiques, associations et autres partenaires publics autour d'un *projet de développement ambitieux et multisectoriel.*

Les axes de modernisation de la politique territoriale de l'État

Les dynamiques territoriales qui constituent l'ossature du modèle présenté ci-après dans cet ouvrage ne peuvent se suffire à elles seules, elles appellent une rénovation des politiques publiques territoriales.

La modernisation des modes d'action territoriaux de l'État passe par un renforcement de la coordination des interventions des différents corps ministériels, de plus fortes synergies entre les politiques de l'État et celles des collectivités locales et une plus grande adaptation aux spécificités des contextes locaux.

Les fonctions de l'État, notamment à travers des services déconcentrés, doivent se recentrer sur la gestion des risques majeurs (sociétaux, environnementaux et économiques) potentiellement créateurs de situations non maîtrisables par le local ou résultant d'inégalités de situation inacceptables. Ce sujet sera traité dans le prochain chapitre consacré aux SIT (Systèmes d'information territoriaux) et à la réforme du PAGSI (Plan d'action gouvernemental pour la société de l'information) (cf. chapitre 2).

Ces évolutions ne sont possibles qu'avec l'engagement d'une profonde réforme de notre infrastructure institutionnelle au niveau territorial, par un rééquilibrage des pouvoirs au profit d'un nombre réduit de collectivités de base, elles-mêmes dotées d'un mode de gouvernement beaucoup plus participatif et démocratique.

Questions & réponses à propos de la loi Voynet relative aux pays

Qu'est-ce qu'un pays ?

Un pays est un territoire caractérisé par une cohésion géographique, économique, culturelle ou sociale[2] ; c'est un lieu d'action collective qui fédère des communes, des groupements de communes, des organismes socioprofessionnels, des entreprises, des associations... autour d'un projet commun de développement ; un niveau privilégié de partenariat et de contractualisation qui facilite la coordination des initiatives des collectivités, de l'État et de l'Europe en faveur du développement local.

Le pays est-il un nouvel échelon de collectivité locale ?

Non. Un pays n'est ni une circonscription administrative ni une nouvelle collectivité locale. Il ne dessaisit aucun organisme de ses compétences et n'a pas de fiscalité propre. Le pays s'organise dans une logique de mission, à travers des tâches de coordination, d'animation et de mobilisation des différents acteurs publics et privés du territoire qui le composent.

Qui décide de la création d'un pays ?

---

2. Extraits du supplément au numéro 167 de la *Lettre de la Datar*, « Tout ce qu'il faut savoir sur la loi d'orientation pour le développement et l'aménagement durable du territoire », automne 1999.

L'initiative de la création d'un pays relève des communes ou de leurs groupements. Un pays se fonde par conséquent sur le volontariat local. Il a par ailleurs besoin de rechercher, dès sa création, l'adhésion la plus large des collectivités locales dans la mesure où sa charte devra être approuvée par l'ensemble des communes.

Comment un pays doit-il être reconnu ?

Par souci de cohérence avec les contrats de plan État-Région qui leur serviront de cadre de financement, les pays seront désormais reconnus après avis conforme de la conférence régionale d'aménagement et de développement du territoire (cradt). Ils le seront en deux phases distinctes, afin d'offrir souplesse et gradualisme à la démarche. La définition d'un périmètre d'étude permettra aux acteurs locaux de s'engager progressivement, sans aucune contrainte de structure, dans un travail de concertation et de réalisation d'une charte. La reconnaissance définitive du pays n'interviendra qu'au terme de l'élaboration de cette charte et de son approbation par les communes et leurs groupements. Le périmètre d'un pays sera arrêté par le ou les préfets de Région compétents après avis du ou des préfets de département, des conseils généraux et régionaux concernés.

Un pays doit-il comprendre un nombre minimal d'habitants, de communes ou de cantons ?

La loi définit les pays par leur cohésion territoriale et non par des seuils ou des critères rigides. Cette souplesse est destinée à prendre en compte l'hétérogénéité des territoires et leur forte disparité de densité démographique. Un pays doit néanmoins s'organiser dans une recherche de complémentarité ville-campagne et fédérer les collectivités que rapprochent de fortes interdépendances socio-économiques, une identité patrimoniale, une solidarité d'usage en matière d'équipements et de services publics ainsi que des ressources suffisantes pour conduire un projet de développement. Dans la pratique, un pays s'apparente à un bassin d'emploi et comprend plusieurs dizaines de communes situées dans plusieurs cantons.

Qu'est-ce qu'une charte de pays ?

La charte d'un pays est un document de référence qui détermine la stratégie du territoire en matière de développement socio-économique, de gestion de l'espace et d'organisation des services. La charte contribue à formaliser les engagements réciproques des différents acteurs concernés. Elle décrit les orientations fondamentales du pays à un horizon minimal de dix ans et précise les principes et moyens d'action dont ce dernier se dote pour remplir ses objectifs. La charte traduit un projet global de développement durable qui doit répondre à :

- des objectifs d'équité sociale, d'efficacité économique, d'amélioration de l'environnement ;
- des principes de subsidiarité et de transversalité ;
- une recherche de participation des citoyens, de transparence des décisions ;
- les défis de conciliation du long terme et du court terme.

Qu'est-ce qu'une agglomération ?

La notion d'agglomération repose sur la perception empirique que se font les concitoyens d'une réalité vécue dans les espaces de forte densité. Dessinée par la continuité du bâti, elle se prolonge désormais par des espaces résidentiels plus diffus qui s'inscrivent dans la dépendance étroite de la ville centre. On parle alors d'aire urbaine, définie à partir des pratiques économiques et sociales de la population.

L'agglomération n'est pas obligatoirement tributaire des délimitations administratives préexistantes. Elle préfigure une organisation politique, fiscale et administrative locale efficace pour la gestion intégrée de l'espace urbain.

L'organisation des agglomérations se réfère au projet de loi relatif à l'organisation urbaine et à la simplification de la coopération intercommunale qui lui offrira un cadre institutionnel.

L'agglomération a vocation à devenir un établissement public de coopération intercommunale à fiscalité intégrée.

Qu'est-ce qu'un projet d'agglomération ?

C'est un projet de développement fondé sur une réflexion interdisciplinaire et reposant sur un diagnostic partagé par l'ensemble des forces vives du territoire en cause. Ce projet doit définir des orientations de moyen et long termes fondées sur une identification précise des politiques publiques à mettre en œuvre et des initiatives privées à encourager. Ce projet doit par conséquent proposer une hiérarchisation des priorités de l'intervention publique et dessiner un cadre de référence stable pour la mise en œuvre des politiques qui répondent à plusieurs objectifs :

- renforcer les solidarités entre les différentes composantes du territoire urbain, marqué par l'accentuation des inégalités et des phénomènes de ségrégation ;
- maîtriser les conséquences de l'étalement urbain, générateur de surcoûts collectifs, de consommation d'espace, de ressources naturelles et de banalisation paysagère ;
- développer la qualité urbaine par le niveau des services et des équipements garantis à tous, par la mise à disposition de l'ensemble des habitants d'espaces publics de qualité ;
- proposer des stratégies cohérentes de développement économique des agglomérations afin de renforcer leurs avantages compétitifs dans l'espace européen.

Qu'est-ce qu'un contrat de plan ou de service public pour l'aménagement du territoire (art. 30) ?

Conclu entre l'État et un organisme public doté d'une autonomie de gestion, un contrat de plan ou de service public définit des objectifs en termes d'aménagement du territoire et de service rendu aux usagers (méthode de concertation, accessibilité au service, garantie des services, qualité du service en tout point du territoire, partenariat, évolutions d'organisation...).

Questions & réponses à propos de la loi Chevènement

Qu'est-ce qu'une communauté d'agglomérations ?

C'est un établissement public de coopération intercommunale (ECPI) regroupant plusieurs communes formant, à la date de sa création, un ensemble de plus de 50 000 habitants d'un seul tenant et sans enclave autour d'une ou plusieurs communes centres de plus de 15 000 habitants[3]. Le seuil démographique de 15 000 habitants ne s'applique pas lorsque

---

3 Extraits de : Ministère de l'Intérieur, direction générale des collectivités locales, loi relative au renforcement et à la simplification de la coopération intercommunale, document de mise en œuvre, juillet 1999, 2e édition.

la communauté d'agglomérations comprend le chef-lieu du département. Ces communes s'associent au sein d'un espace de solidarité en vue d'élaborer et de conduire ensemble un projet commun de développement urbain et d'aménagement de leur territoire.

Quelles sont les compétences d'une communauté d'agglomérations ?

La communauté d'agglomérations exerce de plein droit au lieu et place des communes membres des compétences obligatoires et des compétences optionnelles, dans la limite, pour la plupart d'entre elles, de l'intérêt communautaire. L'intérêt communautaire est déterminé pour chaque compétence à la majorité des 2/3 du conseil de la communauté d'agglomérations. Il appartient à chaque conseil communautaire de définir et de préciser, à l'aide de critères par exemple, la ligne de partage dans chaque domaine entre la compétence communautaire et la compétence communale.

Le choix des compétences optionnelles est arrêté par décision des conseils municipaux des communes intéressées dans les conditions de la majorité qualifiée requise pour la création. Les communes peuvent décider librement de transférer à la communauté d'agglomérations d'autres compétences que celles dont le transfert est imposé par la loi (compétences facultatives).

Compétences obligatoires: développement économique, aménagement de l'espace communautaire, équilibre social de l'habitat sur le territoire communautaire, politique de la ville.

Compétences optionnelles: le choix arrêté, comme il est dit plus haut, doit porter sur au moins trois des cinq compétences suivantes:

– création ou aménagement et entretien de voirie d'intérêt communautaire, création ou aménagement et gestion des parcs de stationnement d'intérêt communautaire;
– assainissement;
– en matière de protection et mise en valeur de l'environnement et du cadre de vie: lutte contre la pollution de l'air, les nuisances sonores, élimination et valorisation des déchets des ménages et assimilés (ou traitement des opérations connexes seulement);
– construction, aménagement, entretien, gestion d'équipements culturels et sportifs d'intérêt communautaire.

Qu'est-ce qu'une communauté urbaine ?

La communauté urbaine est un EPCI regroupant plusieurs communes d'un seul tenant et sans enclave qui forme, à la date de sa création, un ensemble de plus de 500 000 habitants. Ces communes s'associent au sein d'un espace de solidarité pour élaborer et conduire ensemble un projet commun de développement urbain et d'aménagement de leur territoire.

Quelles sont les compétences d'une communauté urbaine ?

La loi renforce considérablement le champ des compétences de la communauté urbaine par rapport au régime antérieur. Le transfert obligatoire de certaines d'entre elles est subordonné à la reconnaissance de l'intérêt communautaire qui est déterminé à la majorité des 2/3 du conseil de la communauté urbaine. Il appartient à chaque conseil communautaire de définir et de préciser, à l'aide de critères par exemple, la ligne de partage dans chaque domaine entre la compétence communautaire et la compétence communale.

Ceci ne s'applique pas aux communautés urbaines existantes à la date de publication de la loi, mais celle-ci leur offre, sous certaines conditions, la possibilité d'opter pour le nouveau régime de compétences.

Les communes peuvent décider librement de transférer à la communauté urbaine d'autres compétences que celles dont le transfert est imposé par la loi (compétences facultatives).

Compétences obligatoires :

- développement et aménagement économique, social et culturel de l'espace communautaire ;
- aménagement de l'espace communautaire ;
- équilibre social de l'habitat sur le territoire communautaire ;
- politique de la ville dans la communauté ;
- gestion des services d'intérêt collectif ;
- protection et mise en valeur de l'environnement et du cadre de vie.

Qu'est-ce qu'une communauté de communes ?

La communauté de communes est un EPCI regroupant plusieurs communes d'un seul tenant et sans enclave.

Elle a pour objet d'associer les communes au sein d'un espace de solidarité en vue de l'élaboration d'un projet commun de développement et d'aménagement de l'espace.

Quelles sont les compétences d'une communauté de communes ?

La loi apporte certaines modifications en ce domaine. La communauté de communes exerce toujours au lieu et place des communes membres les compétences librement choisies dans les groupes de compétences obligatoires et optionnelles fixés par la loi dans la limite de l'intérêt communautaire. Elle peut également exercer les compétences que les communes ont librement choisi de lui transférer en plus de celles fixées par la loi. Il convient de préciser que la majorité qualifiée requise pour la création de la communauté de communes est exigée pour définir les compétences transférées au sein de chaque bloc ; pour déterminer l'intérêt communautaire des compétences transférées, que celles-ci soient obligatoires ou optionnelles, afin de fixer la ligne de partage entre les compétences de la communauté et celles des communes.

Les communes doivent définir et préciser au moment de la création de la communauté, à l'aide de critères par exemple, la ligne de partage dans chaque domaine entre les compétences communautaires et la compétence communale.

Les communes peuvent décider librement de transférer à la communauté de communes d'autres compétences que celles dont le transfert est imposé par la loi (compétences facultatives).

Les communautés de communes exercent obligatoirement des compétences dans les deux blocs suivants – mais il appartient aux communes d'en préciser l'étendue lors de la création de la communauté : aménagement de l'espace et actions de développement économique intéressant l'ensemble de la communauté.

Toutefois, la loi transfère aux communautés de communes optant pour le régime fiscal de la taxe professionnelle unique (TPU) : l'aménagement, la gestion et l'entretien des zones d'activité industrielle, commerciale, tertiaire, artisanale, touristique, portuaire ou aéroportuaire qui sont d'intérêt communautaire.

Comme dans le système antérieur, la communauté de communes doit exercer des compétences relevant d'au moins un des quatre blocs suivants :

- protection et mise en valeur de l'environnement, le cas échéant dans le cadre de schémas départementaux ;

– **politique du logement et du cadre de vie ;**
– **création, aménagement et entretien de la voirie ;**
– **construction, entretien et fonctionnement d'équipements culturels et sportifs et d'équipements de l'enseignement préélémentaire et élémentaire.**

L'étendue du transfert de compétences au sein de ces blocs doit être précisée par les communes à la majorité qualifiée requise pour la création.

CONDUIRE UN PROJET DE PAYS

La dynamique nécessaire à l'élaboration et à la mise en œuvre d'un projet de pays doit s'articuler en trois phases principales :

– une phase d'analyse stratégique, qui fixe la cible du changement ;
– une phase d'expérimentation active et participative, qui s'appuie sur des projets pilotes pour créer des retours d'expérience et avancer concrètement ;
– une phase de déploiement et d'évaluation.

Enjeux et finalités	**Etat des lieux**	**Facteurs déclencheurs**	**Périmètres**
● Diagnostic stratégique ● Vision partagée ● Fondements du projet	● Diagnostic des attentes ● Forces et faiblesses ● Freins et leviers	● Facteurs endogènes ● Facteurs exogènes ● Acteurs clés	● Périmètre de projet ● Périmètre de sens ● Loi Voynet

**Diagnostic stratégique :
Projet de Pays**

● Pourquoi : Synthèse attentes-ressources
● Quoi : Axes de développement
● Comment : Plan d'action, acteurs et facteurs
● Qui : périmètre de projet

**Phase 1 :
Elaborer
le projet de pays**

**Mise en oeuvre
du Plan d'action**

● Lancement des projets de percée
● Constitution de groupes
● Elaboration des fiches projets de percée
● Articulation avec Schéma directeur
● Financement, phases et jalons
● Critères d'évaluation
● Projets d'accompagnement :
　　　– communication, formation
　　　– assistance méthodologique, etc.
● Mutualisation des projets de percée
● Rédaction de la Charte de Pays

**Phase 2 :
Lancer
les Projets pilotes**

**Déploiement et évaluation
du projet de Pays**

● Transfert aux structures de pilotages locales
● Financement
● Rôles et responsabilités des différents acteurs
　　　– communautés, réseau d'acteurs
　　　– gestion des conflits d'acteurs
　　　– nouveaux métiers, etc.
● Suivi et évaluation
● Réorientations

**Phase 3 :
Déployer
et évaluer**

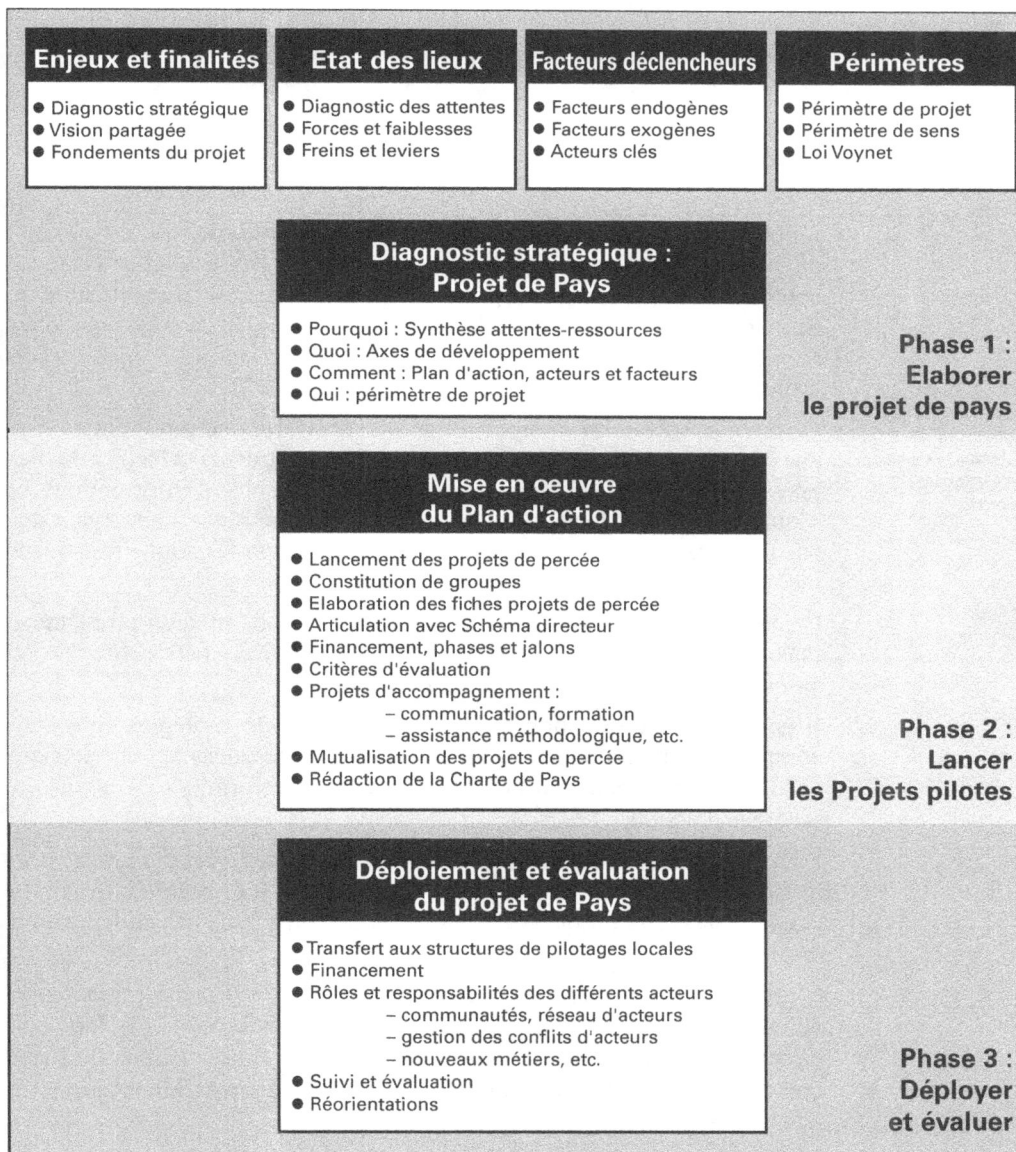

Figure 2. Méthodologie générale d'élaboration d'un projet de pays

Phase 1 : Analyse stratégique, diagnostic et élaboration du projet de pays

Étape 1 : Enjeux et finalités du projet de pays

Le chemin se construit en marchant.

L'état des lieux (forces, faiblesses, leviers et freins, attentes, ressources) du pays va conduire à établir une véritable stratégie à long terme de conduite d'un changement ; c'est une phase essentielle de la démarche. Elle sous-tend la définition de la finalité du projet de pays, qui elle-même crée la convergence entre les acteurs et justifie l'existence du projet.

▶ Le projet de pays peut devenir un processus permanent de création de sens collectif.

Le premier travail du groupe va être de construire une représentation et une base de connaissance communes du projet, à travers la lecture du diagnostic territorial, des échanges et confrontations d'informations et d'opinions, des négociations et ajustements, entre des acteurs ayant des perspectives différentes liées à leur position socioprofessionnelle et à leur intérêt propre, à leur expérience individuelle.

En ce sens, le projet de pays ne sera pas une « solution à un problème », mais bien un *processus permanent de « création de sens collectif » ; il mobilise les intelligences et fédère les énergies.*

Il permettra la conception et la mise en œuvre de stratégies en milieu complexe, il offrira un cadre cohérent de sens ; les aléas qui surviennent pendant l'action pourront ainsi être intégrés et reformulés en nouveaux schémas d'action.

Pour cela, il faut se concentrer sur le *processus* qui favorise un mode collectif et continu de construction de connaissance, plutôt que sur la connaissance en tant que *solution*, cette dernière pouvant au demeurant découler du premier.

C'est le processus même de construction collective d'une représentation commune du projet qui crée les raisons de la convergence ; dès lors, une entreprise ou un territoire ne sont plus tant des objets sociaux concrets que des processus permanents d'organisation, œuvrant à leur survie et leur développement.

Passer d'une culture de gestion à une culture de projet

Force est de constater que autant les projets de territoires sont détaillés sur les actions à mettre en place, autant ils sont souvent plus discrets sur la finalité qui sous-tend ces actions : les responsables locaux porteurs de projets de pays ont essentiellement une culture de la gestion communale ou urbaine, une culture de moyens, qui est ensuite extrapolée à l'échelle multicommunale.

Le manager actuel, que ce soit dans le domaine privé ou public, a trop souvent été formé à une culture de moyens, centrée sur la propre capacité de production de l'entité qu'il dirige : « J'existe car je peux démontrer que j'ai mis en œuvre telle et telle action, coordonnée par telle procédure, mobilisant telle ressource, financée par telle ligne budgétaire... »

Cette culture consiste à empiler les programmes d'amélioration des équipements et services publics, à en optimiser la gestion, à contrôler l'évolution de la ville par des actions de requalification ou extension, ce qui peut globalement conduire à une inflation incontrôlable[4].

▶ C'est le projet, et donc la finalité, qui justifie le pays.

Il est indispensable que les acteurs locaux parviennent à traduire leur ambition pour le pays en termes d'enjeux et de finalités, à avoir une vision stratégique sur le long terme, un véritable projet de développement durable, urbain ou au sein d'une communauté d'agglomérations.

Pour un pays, définir une stratégie, c'est dessiner une « image du futur », et les changements économiques et sociaux qu'elle implique. C'est le projet, et donc sa finalité, qui justifie le pays.

La finalité s'exprime sous forme d'objectifs généraux à long terme à travers la vision qu'ont ses acteurs de ce que doit devenir le territoire. Cela suppose également une prise de conscience claire et partagée de ses enjeux, c'est-à-dire ce que l'on peut gagner, ou à défaut perdre si on ne provoque pas une dynamique de changement.

Si cette étape de prise de conscience puis de formalisation d'une situation, avec sa traduction et une recherche de consensus en termes de finalités, ne peut être franchie, alors les énergies individuelles seront dispersées et la motivation seule d'une poignée de leaders ne suffira plus. En effet, lorsque cette finalité ou ces enjeux ne sont pas partagés par le plus grand nombre, ou encore s'ils sont l'expression d'une poignée d'individus, cela pose à terme un problème de mobilisation collective sur le projet.

De nombreux projets sont, par ailleurs, fondés sur des approches opportunistes : on saisit l'opportunité d'une incitation financière offerte par les collectivités de rang supérieur (politiques contractuelles et sectorielles, guichets...). La formulation de la finalité est alors le plus souvent la justification à posteriori des actions. Le malheur, c'est que ce type de projet apporte rarement des solutions à des problèmes réels de société.

Notre méthodologie : définir un projet territorial à l'écoute des citoyens

D'un point de vue méthodologique, il est intéressant, à ce stade, d'élabo-

---

4. Pour illustrer cette inflation d'actions autojustifiantes, on pourrait par exemple citer le « syndrome du giratoire » en ingénierie publique, ou encore ce directeur de la formation d'une grande société pétrolière qui se targuait de donner avec ses formateurs salariés 14 000 jours de formation professionnelle par an... sans réaliser que 70 % de ces jours étaient consacrés à Word, Excel et l'anglais, ce qui aurait parfaitement pu être externalisé, alors que, pendant le même temps, certains savoirs critiques sur les technologies pétrolières se perdaient !

rer le diagnostic stratégique en croisant deux apports : une analyse stratégique et une écoute des citoyens.

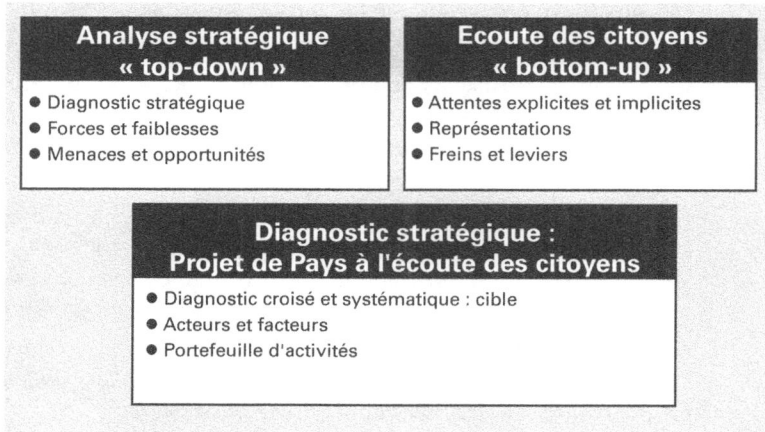

Analyse stratégique « top-down »	Ecoute des citoyens « bottom-up »
● Diagnostic stratégique ● Forces et faiblesses ● Menaces et opportunités	● Attentes explicites et implicites ● Représentations ● Freins et leviers

**Diagnostic stratégique :
Projet de Pays à l'écoute des citoyens**

● Diagnostic croisé et systématique : cible
● Acteurs et facteurs
● Portefeuille d'activités

FIGURE 3. *L'analyse du projet de territoire doit croiser l'analyse stratégique avec l'écoute des attentes des citoyens*

L'analyse stratégique «top-down»

Elle est somme toute relativement classique (forces, faiblesses, opportunités, menaces) ; néanmoins, *la segmentation s'effectue selon un portefeuille systémique à plusieurs composantes*, notamment un équilibrant
entre :

– des activités où il s'agit de mieux *gérer et valoriser* un acquis, un patrimoine matériel ou immatériel ;
– des activités de «*suiveur*», où l'on choisit un modèle que l'on imite ;
– des activités de *rupture*.

Il est indispensable d'avoir au moins un segment de rupture (management
par percée) car cela permet de distiller une culture collective du changement. D'autre part, le type d'activité indiquera la politique d'alliance la
plus pertinente.

Il est important d'effectuer une distinction entre *le jeu des facteurs,* qui
explique les tendances lourdes – économie, technologie, représentations
géopolitiques et socioculturelles – et *le jeu des acteurs,* qui explique les
marges de manœuvre et les modalités de mise en œuvre, et d'effectuer un
passage d'une logique d'offre à une logique de réponse aux attentes des
clients : il s'agit de repérer les différents «clients» et leurs attentes res-
pectives, et de les croiser selon une analyse systémique (voir la méthode
des affinités présentée ci-dessous).

L'analyse à l'écoute des citoyens (bottom-up)

La méthode d'enquête «Écoute 360» a été mise en œuvre avec succès dans de nombreux projets de conception qui avaient deux points en commun :

– une forte composante d'innovation, soit d'usage (technologique), soit sociale ou organisationnelle ;

– une population cible, appelée «le client», complexe, multisegmentée, bigarrée.

Cette méthode sera pratiquée pour *faire remonter les attentes tacites et implicites des acteurs du terrain* ; elle est décrite en détail dans le chapitre 5, consacré à la méthodologie générique de pilotage.

Le diagnostic stratégique

Une finalité ne se décrète pas à la seule constatation d'une situation locale perçue à travers des dires de collègues, des analyses statistiques ou cartographiques, ou des lectures de monographies… Elle passe par la *compréhension des causes profondes*, en général sous-jacentes ou implicites, *de la situation* sur laquelle les acteurs locaux sont en «affinité», parfois sans le savoir, *des personnes physiques et morales*, qui vivent le territoire et y agissent.

Le diagnostic qui initialise la démarche doit donc traduire fidèlement le croisement des pratiques et lectures qu'ont les acteurs de leur territoire. Si l'on admet qu'il existe autant de représentations (de lectures) du territoire qu'il y a de types d'acteur, l'analyse doit conduire, par des techniques de traitement par affinité comme la méthode «Écoute 360» exposée plus haut, à une synthèse des représentations du territoire, à partir de laquelle pourra être élaboré un diagnostic.

C'est sur la base de ce diagnostic que les acteurs locaux «moteurs», publics et privés, vont élaborer une image de référence du futur du territoire, qui sera traduite en termes de finalité.

Étape 2 – Le jeu des facteurs et des acteurs

▶ Ce qui compte ce n'est pas la cible, mais le moyen d'arriver à la cible, c'est-à-dire le processus de changement.

L'enjeu du pays est de définir son projet commun de développement durable ; ce dernier est souvent exprimé comme une «solution» à une attente ou une insatisfaction locale, d'ordre social, économique ou environnemental.

Mais ne nous y trompons pas, ce qui compte, ce n'est pas la «solution» ou la cible finale, mais le moyen d'arriver à la cible, c'est-à-dire le processus de changement. De même, ce n'est pas tant l'espace géographique (ou administratif) qui détermine le périmètre du pays, mais l'espace-projet, qui résulte de la convergence des motivations des facteurs et des acteurs.

Il s'agit donc de créer une dynamique porteuse d'un projet de pays en identifiant les facteurs déclencheurs, à la rencontre de motivations endogènes ascendantes (bottom-up) et de motivations exogènes descendantes (top-down) :

- les premières traduisent la volonté des *facteurs et acteurs locaux*, exprimant des attentes économiques, sociales ou environnementales, qui ne peuvent se gérer que sur un espace plus vaste que celui des communes ;
- les secondes traduisent la volonté des *partenaires extérieurs au pays* – État, Région ou département – de promouvoir un développement territorial et de rationaliser l'emploi de leurs ressources financières.

Le pays saisira l'opportunité d'une démarche descendante pour cristalliser son projet de développement, mais il lui appartiendra de mobiliser sur ce projet le plus grand nombre de ressources locales, motivées, complémentaires et représentatives d'un espace-projet qui dessinera les contours de son territoire.

Les facteurs et acteurs locaux

Les facteurs et acteurs locaux représentent des sources de motivation endogène ou ascendante (bottom-up) ; les plus importants sont :

- Une prise de conscience locale que seul un niveau supérieur de collaboration territoriale peut traiter certains problèmes de développement : une entité territoriale exprime sa solidarité sur un thème fédérateur et facteur de développement économique et social (tourisme, environnement, animation économique…).
  Par exemple, une vallée industrielle s'organise et met en place les dispositifs et équipements pour renforcer son potentiel de production (vallée de l'Arve, Haute-Savoie).

- La volonté de tirer le meilleur parti de l'arrivée sur un territoire d'une infrastructure ou d'un grand équipement, qui conduit les responsables locaux à s'organiser fortement à l'échelle d'un pays (avec parfois une incitation de l'État).
  Par exemple, un pays se structure autour des retombées économiques et financières d'une usine de production automobile.

- La volonté, parfois partagée avec les départements et les Régions, de prendre rang dans les politiques de l'État en matière de pays, avec parfois des motivations tout à fait utilitaristes d'ouvrir l'accès à des aides financières subordonnées à la création des pays.
  Par exemple, les pays de préfiguration.

- La simple volonté de maintenir un territoire organisé autour d'une forte identité institutionnelle et d'une tradition de pays déjà enracinée depuis longtemps.
  Par exemple, le centre est de la Bretagne.

► **L'acteur porteur et déclencheur est souvent un leader volontariste ou une personnalité charismatique.**

L'acteur porteur et déclencheur est souvent un leader volontariste ou une personnalité charismatique, parfois un acteur professionnel, hautement « crédible » auprès de ses concitoyens, et qui trouve dans le projet de pays une démarche fédératrice et les moyens de démultiplier son action.

En l'absence d'initiative spontanée des acteurs locaux, ce sont alors les collectivités territoriales, Régions ou départements, qui essayent de susciter l'émergence d'un projet de territoire.

Dans ce cas, la bonne démarche consiste à réaliser un diagnostic stratégique de manière participative, c'est-à-dire en intégrant dès le départ les acteurs locaux dans la réflexion, avec l'espoir que ses résultats conduiront à susciter chez les acteurs locaux une appropriation et la volonté de reprendre à leur compte la mise en œuvre de la démarche (réflexion stratégique et projet de territoire).

Les facteurs et acteurs extérieurs : Europe, État, Région, département

Les institutions représentent des sources de motivation exogènes, ou descendantes (top-down). Elles ont la volonté d'organiser le territoire à partir d'espaces plus vastes que les communes, intégrant des pôles urbains, afin de rationaliser leurs interventions budgétaires.

- *L'Europe* offre de puissantes incitations, notamment financières, en faveur d'un développement intégré et planifié des territoires.
  Exemple : la procédure Leader ou encore les pactes territoriaux pour l'emploi.
- *L'État* suscite l'émergence et le développement des pays, en les positionnant dans les contrats de plan État-Région.
- *Les départements*, qui étaient principalement organisés selon des politiques sectorielles, se mettent parfois à développer des politiques contractuelles, qui tendent à réduire le nombre de territoires de dimension cantonale pour un nombre plus restreint de pays, de taille plus importante.
- Mais ce sont *les Régions* qui, ces dernières années, ont le plus motivé la mise en place de territoires présentant un projet, en développant des politiques contractuelles.
  Exemples : les contrats globaux de développement de Rhône-Alpes, les contrats de ruralité de Poitou-Charentes, les contrats de terroir de Midi-Pyrénées.

Malheureusement, on note souvent des divergences entre la politique territoriale des Régions et celle des départements, pouvant conduire à la cœxistence de deux procédures parallèles voire antagonistes, s'appliquant à des périmètres de pays différents.

Les cas de politiques concertées Régions/départements restent minoritaires (par exemple, en Midi-Pyrénées). C'est l'article 19 de *L'organisa-*

tion et le développement des territoires de la LOADDT qui devrait alors trancher : il précise que, lorsque la charte de pays a été adoptée, le préfet de Région arrête le périmètre définitif du pays, après avis conforme des conférences régionales de l'aménagement et du développement du territoire intéressées, après avis des commissions départementales de la coopération intercommunale compétente, après avis des préfets des départements et des conseils généraux et régionaux concernés.

Étape 3 – Périmètres du projet de pays

Éternel problème des « découpages » *Le tracé du périmètre d'un pays est toujours générateur de frustrations* : que l'on privilégie la dimension géographique, la population, l'armature urbaine, le chevauchement avec un PNR, la prise en compte des limites administratives… il y aura toujours « ceux qui sont dedans et ceux qui n'y sont pas », donc une insatisfaction.

Or, c'est un acte important : il fixe sur le long terme le périmètre de la mise en œuvre d'un projet qui a pour objet des changements économiques et sociaux. Le pays devrait exprimer la communauté d'intérêts économiques et sociaux, et, lorsque ces intérêts deviennent explicites, s'organiser pour mettre en œuvre un projet permettant de construire des solutions collectives.

Dans la pratique, les périmètres observés sont souvent la simple reconduction d'organisations spatiales préexistantes (anciens périmètres de programmes Leader, comités de bassin d'emploi, communautés de communes…).

On peut rappeler quelques découpages que l'on rencontre habituellement, avec les problèmes qu'ils engendrent.

Les périmètres administratifs

Nombre de territoires sont le résultat de *« dessins » effectués sur des cartes* par des responsables de Région, de département et de services extérieurs de l'État (chacun d'ailleurs tentant d'imposer son propre dessin), depuis leurs bureaux parisiens.

À partir de ces dessins, un dispositif administratif ou incitatif est mis en place pour faire acter le périmètre dessiné en qualité de territoire, puis des équipes locales de concertation sont désignées, dont la première tâche est de s'échiner à trouver un problème commun aux périmètres ainsi définis !

Ceci explique le nombre élevé de pays qui affichent un plan d'action, un budget de dépenses, mais dont les finalités ne sont pas clairement définies.

La ville contre la campagne

Le plan d'action d'un projet de pays vise à conduire les changements souhaités par la « communauté d'intérêts économiques et sociaux », ce qui nécessite d'agir sur des facteurs comme l'éducation, la santé, la culture, l'emploi, les services…, facteurs souvent concentrés dans la ville centre.

Ceci pose clairement la question de *la place de la ville par rapport au projet de pays* :

- soit la ville est un élément *au centre du projet de pays*, et il faut maîtriser la complémentarité des facteurs de développement ;
- soit elle constitue *un territoire en elle-même* (agglomération).

Or, les politiques territoriales nationales, régionales et départementales ont traditionnellement eu tendance à traiter les villes et les campagnes de manière différente (contrats d'armature urbaine pour les premières, contrats de pays pour les secondes). Il en résulte une difficulté politique et méthodologique pour les élus à redonner une consistance stratégique et opérationnelle crédible à un projet supposé maîtriser les facteurs complémentaires de développement.

Les pays autarciques

On observe également des stratégies de territoire qui reposent sur un *diagnostic privilégiant trop fortement les facteurs internes*, ignorant le reste du monde, à commencer par les territoires voisins, vus comme des concurrents, voire des ennemis.

Les acteurs

Les jeux d'acteurs commencent dès qu'il est question de mettre en place une politique de pays et d'en définir le périmètre, chacun tentant d'influencer la configuration du projet suivant les orientations de la « caste » à laquelle il appartient. Si le jeu des acteurs est trop dominant, le projet de pays est rarement défini comme une réponse à une problématique locale, l'expression d'une société.

Les responsables des Régions, des départements et les services déconcentrés de l'État (préfet, sous-préfet, recteur, trésorier général…), avec parfois des désaccords forts, se trouveront chacun confrontés à leurs propres enjeux d'aménagement du territoire, départemental, régional ou national.

Les élus, le maire, le président de la communauté de communes ont, par essence, un périmètre de référence limité à la zone de suffrage, communale ou communautaire. Les services publics et équipements structurants (EDF, France Telecom…) ont une aire de clientèle définie par la circonscription de leur direction régionale. Les entreprises définissent des bassins d'emploi, mais travaillent sur des marchés de plus en plus mondiaux.

Les facteurs

Deuxième source de complexité : un pays peut également être défini en fonction de facteurs physiques (géographiques, géologiques) ou immatériels (histoire, unité sociale, problème, projet) qui ne coïncident pas.

La multiappartenance

Enfin, pour clore cette difficulté à arrêter une limite pertinente à un pays, il faut évoquer le concept de « multiappartenance » : *un même individu appartient à plusieurs espaces de vie*, qu'il s'agisse de celui où est il né et a été élevé, de celui où il réside, où il travaille, où il prend ses vacances, où il prend sa retraite, etc.

Résultat des possibilités accrues de déplacement et de communication, ces nouvelles formes de « multiallégeance » obligent à *embrasser d'un même regard plusieurs territoires qui se superposent, à organiser leurs interrelations*, sans opposer le rural et l'urbain, le littoral et la montagne, le centre et la périphérie.

Il est donc illusoire de vouloir enfermer tous les acteurs dans un périmètre unique et commun. *La pertinence d'un pays s'apprécie par rapport aux problèmes de société que rencontre sa population* (emploi, exclusion, vieillissement, qualité de la vie, etc.).

In fine, l'espace du pays est celui dans lequel un ensemble d'acteurs et de facteurs, quels que soient leurs propres périmètres de référence, se retrouvent dans une formulation commune d'une ou plusieurs problématiques avec la volonté de mettre en œuvre des actions pour y remédier.

Nous tendrons donc à privilégier le pays pertinent comme un « espace-projet » organisé pour assurer la mobilisation de moyens, d'énergies et de compétences au service d'une stratégie partagée.

Le pays n'étant ni un échelon administratif ni un échelon de collectivité territoriale, il peut avoir une *gestion évolutive de son périmètre* (chemin faisant), ce qui implique que les procédures de reconnaissance ne le figent pas définitivement.

Étape 4 – Le diagnostic stratégique

Le diagnostic est un jalon important dans le processus d'élaboration du projet de pays. Il permet de fixer une cible qui donnera un sens collectif à l'action. Se tromper dans le diagnostic, c'est se tromper de cible.

L'expérience montre que, trop généralement, on passe des éléments d'état des lieux à des propositions directement opérationnelles, en étant trop discret sur la finalité du projet.

Le diagnostic doit articuler étroitement une démarche technique (données issues de l'écoute des citoyens et du travail des groupes thématiques) *et une concertation par les acteurs*, qui vont croiser leurs regards et représentations du territoire pour nommer et valider ensemble le projet du territoire. La concertation reste donc la règle et elle conduit à la décision stratégique.

▶ Le diagnostic sert à l'élaboration d'une *vision partagée à long terme du pays*, elle-même traduite en *finalités et orientations stratégiques*.

Le diagnostic sert à l'élaboration d'une *vision partagée à long terme du pays, elle-même traduite en finalités et orientations stratégiques*. Il constitue les éléments fondamentaux de *la charte du pays*. À travers cette charte, le pays existe en tant que tel et peut négocier avec l'État et la Région.

Du diagnostic au projet de pays

Le dernier exercice de la phase 1 est l'élaboration du projet stratégique du pays. *Il s'agit de valider l'analyse stratégique et de fixer et hiérarchiser les actions opérationnelles, les objectifs et les moyens qui vont concourir à atteindre les cibles fixées par le diagnostic.*

L'élaboration du projet de pays est l'étape qui permet de relier les grandes orientations stratégiques à l'ensemble des actions opérationnelles expérimentales.

⊃ Zoom sur... Bilbao, ville européenne de la connaissance

Située au Pays basque espagnol, Bilbao est la septième ville d'Espagne, avec 500 000 habitants[5]. Ouverte sur l'Atlantique, elle s'est beaucoup développée au XIXe siècle avec la sidérurgie et la construction navale. Au début des années quatre-vingt-dix, on assiste à l'effondrement de cette «Ruhr espagnole», avec un taux de chômage dépassant 30 %, des problèmes d'environnement et un climat social très dégradé.

C'est sur cet avenir menacé de la métropole que les acteurs locaux se sont mobilisés, conduisant à un renouveau dont on ne peut aujourd'hui qu'admirer les effets. *Bilbao-metropoli-30*, association paritaire publique privée, est lancée en 1992, pour élaborer le plan stratégique de revitalisation de l'aire métropolitaine. Elle réunit le maire de Bilbao, le président de la province de Biscaye, le ministre de l'Économie, et est présidée par le dirigeant d'une entreprise privée. Avec un budget annuel de 2 millions d'euros et un effectif de 10 personnes, cette structure très modeste se donne pour projet d'élaborer une vision de l'avenir, de la décliner en projets concrets et lisibles et de jouer le rôle d'interface pour faciliter les projets.

Le bilan est positif : en six ans, 2 milliards d'euros ont été investis dans la mise en œuvre du plan de revitalisation ; le musée Guggenheim s'ouvre en 1997 et accueille 1,3 million de visiteurs dès la première année ; la première phase du métro est achevée en 1997, et un aéroport est en construction.

En amont de l'analyse stratégique, il y a une ambition affichée : celle de devenir la ville européenne de la connaissance. Mais l'intérêt de la démarche est que cette ambition ne reste pas simplement à l'état d'une déclaration mais qu'elle soit suivie d'une véritable démarche méthodologique pour l'intégrer dans le tissu local, la développer transversalement et globalement. Elle comporte cinq objectifs qui se déclinent en huit axes :

---

5. Cette analyse est tirée de la newsletter du groupe de travail Stratégies de développement des grandes villes européennes. Eurocités/Edurc.

Cinq objectifs	Huit axes
Identifier les opportunités des secteurs économiques nouveaux	Développer les services dans une région industrielle
Viser des résultats à long terme	Investir dans les ressources humaines
	Développer les infrastructures de communication
Connecter l'économie et la société civile	Développer une coordination entre privé et public
Mettre en place un gouvernement ouvert aux partenariats	Développer la métropole comme centre culturel
Animer le processus de revitalisation	Régénérer l'environnement
	Développer le bien-être social
	Régénérer la ville

Les facteurs clés de succès: la mobilisation des acteurs dans une démarche transversale (privée-publique) et participative; le dialogue stratégique, qui s'appuie sur quatre comités: les décideurs, les experts, les acteurs sectoriels, des groupes de travail comportant des citoyens actifs. Ce dialogue se déroule en trois phases: planification, mise en œuvre et évaluation; la méthodologie, qui relève plus du processus à développer que du contenu; le plan de communication, pour sensibiliser un vaste public.

L'évaluation

Elle fait partie intégrante de la démarche stratégique (voir notre chapitre sur l'évaluation, plus bas).

Un système de 85 indicateurs, combinant des mesures statistiques et des mesures de perception, permet de valider la démarche, de la recadrer chaque année et de communiquer auprès des citoyens.

Un diagnostic stratégique cherche à répondre à trois séries de questions

● *Pourquoi ?*

Quels sont les problèmes majeurs auxquels notre territoire est confronté ?

Quels sont nos enjeux, menaces et défis à venir ?

Quelles nouvelles opportunités s'offrent à nous ?

Comment explique-t-on le « mal dont nous souffrons » ?

Faut-il changer ? Si oui, pourquoi ?

● *Quoi ?*

Comment peut-on définir le pays du projet ? Quelles sont ses limites, ses thématiques, ses acteurs, ses facteurs ?

Quelles sont les ressources propres au territoire sur lesquelles on pourra s'appuyer ?

Compte tenu du problème que nous avons identifié, que voulons-nous que soit le pays à long terme ?

De façon plus précise, quels sont les changements économiques et sociaux que nous voulons obtenir à terme pour parvenir au «pays souhaité»?

Quelles sont les priorités? Qui décide?

- **Comment?**

Quels sont les axes prioritaires, dont les effets pourraient générer les changements économiques et sociaux souhaités?

Quels sont les moteurs de ces axes? Quelles sont leurs ressources, phases, livrables.

Comment favoriser la participation à la démarche stratégique des jeunes qui seront les acteurs majeurs de l'horizon 2010?

Comment établir la mobilisation durable et la coopération des acteurs privés et publics?

Quelle forme de gouvernance métropolitaine, à l'échelle des territoires, des pays, des agglomérations?

Quels sont les critères d'évaluation et de correction?

Les indicateurs objectifs (mesures statistiques) sont-ils plus pertinents que les indicateurs de perception (ressenti des citoyens)?

Comment évaluer l'impact global du projet territorial, au-delà de celui des sous-projets de percée?

La méthode

Il s'agira de mettre en place, *pour chacun des axes stratégiques* identifiés dans la phase précédente, *un groupe de travail* spécialisé sur la thématique de l'axe. La réflexion collective est sous-tendue par *une méthode de travail* et facilitée par *des techniques d'animation et de créativité*. Ces groupes proposent des idées d'actions qui leur semblent les plus pertinentes.

Chaque groupe de travail dispose :

– des objectifs de l'axe sur lequel il travaille ;
– des résultats de l'enquête Écoute 360® ;
– des données issues de l'état des lieux portant sur les ressources et les handicaps du territoire, ainsi que les opportunités et menaces ;
– d'une bonne connaissance du cadre contractuel (État, Région, Europe), financier, spatial et politique dans lequel peut s'insérer le projet de développement du pays.

Le diagnostic	
« Le pays au quotidien »	Citer les verbatim issus de la phase d'enquête, qui illustrent des attentes, dysfonctionnements, des citoyens.
« Les nouveaux défis du pays »	Définir les 7 à 10 grands défis ou opportunités à venir.
« Les initiatives qui foisonnent »	Citer quelques initiatives locales, qui démontrent la dynamique mais l'absence de cohésion, de projet fédérateur.
« Les axes du progrès »	Citer 5 à 9 axes majeurs et prioritaires, issus du diagnostic, sous-tendant l'action.
« Les orientations de fond »	Rappeler les finalités vers lesquelles ces axes sont tournés.
La démarche	
« Phase préparatoire et expérimentale »	Identifier les premiers projets de percée (une fiche par projet), le réseau des acteurs porteurs de la démarche, les moyens et ressources, les résultats attendus, les critères d'évaluation.
« Phase de déploiement »	Préciser les conditions de généralisation de la démarche : comment et quand passer d'une phase expérimentale à une politique de généralisation.
« Pilotage de la démarche »	Préciser la structure fédératrice de pilotage, la mutualisation des projets de percée, la capitalisation de leurs retours d'expérience, le cadre contractuel et financier, l'articulation avec le schéma directeur.

Figure 4. Sommaire type d'un projet de pays

Ensuite, *les propositions de chaque groupe sont restituées en assemblée plénière pour validation finale par l'entité chargée de piloter la réflexion sur le pays ainsi que par les instances décisionnelles.* Ceci demande parfois plusieurs itérations.

Phase 2 : Lancement de la démarche

Étape 5 – Identifier et formaliser les projets d'action

Depuis la loi de décentralisation de 1983, *les schémas directeurs sont des documents de planification urbaine intercommunaux* élaborés à l'initiative des structures intercommunales.

Ils fixent, sur un périmètre donné, les *orientations fondamentales de l'aménagement du territoire*, avec un double objectif :
– préciser le plan d'urbanisation en fonction des prévisions démographiques et d'activité professionnelle ;
– prévoir l'application au niveau local des protections, contraintes et servitudes, résultant de prescriptions nationales ou de projets d'intérêt général.

Articuler le projet de pays avec le schéma directeur

Ce document pose souvent un problème de cohérence ou de pertinence avec les prévisions et les orientations issues de la réflexion stratégique engagée localement. Il faut souligner que les deux exercices ne sont pas de même nature :
• *Un projet de pays définit des enjeux associés à un plan d'action local* ; il relève d'une démarche-projet et exige la mobilisation et la synergie d'un ensemble d'acteurs dans un plan d'action relativement précis. En revanche, le périmètre considéré est «immatériel», car c'est un périmètre de projet.
• *Un schéma directeur, au contraire, ne touche qu'à l'organisation de l'espace.* Il se fonde sur des prévisions d'évolution caractérisant un territoire, en ignorant ou minimisant la mobilisation des acteurs et sans véritablement introduire une programmation dans le temps, celle-ci étant réalisée au fil des contrats de plan avec les réajustements nécessaires.

Ces deux démarches sont différentes et indépendantes l'une de l'autre, mais il est important de les rendre cohérentes afin de ne pas risquer de bloquer la mise en œuvre du projet de pays. Toute la difficulté réside dans le choix des périmètres permettant une organisation du développement à la fois spatiale, temporelle et thématique. Alors, le schéma directeur associé au projet de pays peut devenir une véritable force.

Deux cas sont à envisager :

- La réflexion stratégique précède l'élaboration du schéma directeur ; dans ce cas, la réflexion exprime un projet global de développement puis en décline localement le volet « structurant ».
- Un schéma directeur préexiste à l'élaboration de la charte ; dans ce cas, il fixe les contraintes exogènes imposées par l'État et les collectivités de rang supérieur et fournira un cadre de réflexion spatialisé, plus ou moins pertinent.

⊃ Zoom sur… concilier le schéma directeur et le plan stratégique

Capitale du Piémont, Turin est la quatrième ville italienne avec près d'un million d'habitants. Au cours du dernier siècle, elle a bâti sa réputation sur un développement économique marqué par l'industrie automobile, ce qui lui a valu le surnom de « ville Fiat ».

Voulant dépasser cette image et reconstruire une réputation de ville ouverte avec un rayonnement intellectuel international, le maire s'est engagé dans une réflexion stratégique en 1998. Le point remarquable de cette démarche, et du plan d'action qui a suivi, a été l'articulation avec le schéma directeur de 1995.

La philosophie du schéma directeur était de ne pas changer l'image industrielle de la ville, mais de l'adapter à la modernité. Il comportait un certain nombre de réalisations, comme :

- enterrer le chemin de fer qui coupait la ville en deux, pour augmenter le trafic et développer des friches industrielles centrales ;
- renforcer l'école polytechnique et la vocation scientifique ;
- aménager un parc scientifique pour l'environnement dans la zone fluviale du Pô ;
- être candidat aux Jeux olympiques 2006.

Ce schéma directeur s'est avéré suffisamment souple pour servir d'appui à la démarche stratégique et offrir une structure de mise en œuvre. L'État a construit ses programmes en stimulant la coopération public-privé.

Il y a donc complémentarité entre le schéma directeur, démarche globale et structurante, et le partenariat public-privé qui précise les actions à mener.

Faciliter la mise en œuvre des projets de percée

Certains projets ont du mal à démarrer à la fin de l'élaboration du plan d'action, car l'exercice stratégique a masqué des questions relatives à la maîtrise d'ouvrage, l'équipe opérationnelle, la faisabilité réelle des actions programmées, en particulier en termes financiers, la capacité réelle du milieu à absorber les programmes, etc.

Il faut avoir conscience qu'*un plan d'action, c'est d'abord un ou en général plusieurs acteurs engagés derrière chaque action* : on comprend l'intérêt d'associer les acteurs porteurs du projet de territoire à la définition des actions, à l'élaboration du plan d'action, puis à la mise en œuvre de ce dernier, enfin, à l'évaluation des résultats.

Les «porteurs de projets de percée» ne sont pas seulement consultés pour l'élaboration du projet de territoire ils en sont les coauteurs. On travaille avec eux par entretiens en face à face et en groupes de travail, ces derniers conduisant à une expression à la fois plus contradictoire et complète de la représentation qu'ils ont du territoire, de l'enjeu qu'il représente par rapport à leurs stratégies, des positions qu'ils sont prêts à prendre pour contribuer à son évolution.

Il est à noter que les groupes de travail, à chaque étape, gagnent à avoir accès à *des appuis ou des consultations d'experts*, dont ils décident eux-mêmes la thématique et le type de prestation, soit pour débloquer des situations, soit pour injecter des données supplémentaires dans une réflexion, soit pour tester ou valider des idées, etc.

Le projet de territoire est, en principe, l'occasion d'une période intense de concertation. Dans bien des cas, on constate que la rédaction du projet de pays sonne la fin de la concertation : les responsables du projet ne savent trop comment la poursuivre durant la mise en œuvre. Notre expérience montre qu'*il est indispensable d'accompagner le lancement des projets de percée par un dispositif «transversal»* permettant de redonner une cohérence globale aux différentes actions.

Les projets transversaux

Les projets transversaux ont pour objet de garantir la cohérence des projets de percée au sein d'un unique projet de pays ; ils assurent *la mutualisation, la capitalisation des expériences au sein d'une charte.* Parmi les différents projet transversaux, on peut citer :

– des réunions régulières de mutualisation des projets de percée ;
– un site Internet partagé par les acteurs projet et permettant des forums et débats publics en ligne ;
– des événements de communication à un public large ;
– la rédaction d'une charte de pays ou d'un guide méthodologique.

Phase 3 : Déployer et évaluer

Étape 6 – L'évaluation systémique

D'une façon générale, l'évaluation est prescrite par les bailleurs de fonds. Les programmes communautaires ont poussé à sa généralisation, les services extérieurs de l'État y viennent de plus en plus, et il est acquis que les prochains contrats de plan État-Région en généraliseront la pratique.

L'évaluation inquiète toujours : elle est encore souvent considérée comme une contrainte, ou éventuellement une cause possible de sanctions. Évaluer, c'est mesurer un écart entre une situation souhaitée et une situation atteinte. C'est ensuite interpréter cet écart, le comprendre, l'expliquer et éventuellement prendre les mesures nécessaires pour le corriger.

Or, tout l'intérêt et en même temps toute la difficulté de l'évaluation dans le champ complexe des sciences économiques et sociales d'un projet territorial tient au choix (si possible consensuel) des *critères de mesure*: suivant les acteurs et leur regard, les critères d'appréciation, les écarts perçus, l'interprétation et les mesures de correction seront différents.

Prenons l'exemple de l'Éducation nationale et demandons aux acteurs d'évaluer le résultat de telle ou telle réforme; l'Académie peut se prononcer favorablement, les professeurs sont contre, les élèves ont leur opinion, les parents d'élèves en ont une autre, les entreprises, futurs employeurs, en ont une troisième. Qui a raison, qui a tort? Qui est le client?

Dès lors que chaque acteur est sincère dans son analyse, son point de vue est parfaitement légitime. Et il apparaît donc que, pour un même projet, les points de vue des administrations, de la collectivité maître d'ouvrage, des entreprises et de leurs salariés ou encore du management du territoire ne peuvent pas être les mêmes. Ce qui nous conduit à cette donnée qui nous paraît essentielle en matière d'évaluation: *il n'y a pas d'évaluation en soi, dans l'absolu, mais des évaluations «pluralistes», qui doivent respecter la complexité d'une multitude de points de vue.*

Or, dans la pratique actuelle, l'évaluation n'étant pas spontanément conduite par les acteurs locaux mais surtout suscitée par l'État ou les collectivités territoriales (Régions), les batteries d'indicateurs constituées le sont essentiellement «du point de vue» de ces derniers acteurs.

Cette analyse récurrente, que l'on convient d'appeler «évaluation», *va beaucoup plus loin que la simple mesure d'indicateurs*; elle vise à:

– dire explicitement (parce que cela reste trop souvent implicite) ce qui s'est passé et comment; comprendre ce qui s'est passé et pourquoi;
– savoir si on est en ligne par rapport à la finalité du projet;
– tirer des enseignements des expériences passées pour prendre des mesures pour la suite de l'action;
– valider ou corriger les hypothèses initiales;
– mémoriser ces enseignements pour la suite: fonction capitalisation, qui peut être accompagnée d'une rediffusion;
– conduire l'interapprentissage entre les groupes de travail.

Dès qu'un projet contient une part d'innovation (que cette dernière soit technologique, organisationnelle ou sociale), *l'approche heuristique* (par tâtonnements, essais-erreurs...) est la pratique la plus adaptée: on ne peut pas demander à un acteur d'exprimer des besoins par rapport à des usages qu'il ne connaît pas encore. La méthode heuristique devient tout à fait efficace si elle intègre le feed-back, la compréhension, l'interapprentis-

sage, la capitalisation et, au-delà, une amélioration collective par la rediffusion.

*L'évaluation et la capitalisation qui sous-tendent le projet de pays, avant
d'être des éléments méthodologiques, sont d'abord un état d'esprit.*

Conduire une évaluation multicritères, multivolets

L'évaluation doit porter sur trois volets :

– *l'impact des équipements et technologies* sur le développement global
  du territoire ;

– *l'impact économique*, pour les entreprises et l'emploi ;

– *l'impact social*, pour les populations, des actions conduites.

Elle doit se fonder à la fois sur des indicateurs objectifs (métriques statistiques) et subjectifs (perception).

Assurer une communication multivoies et multivoix

La communication permet de véhiculer la connaissance, de produire des
ajustements réciproques entre les groupes d'acteurs, de faire qu'il se crée
une cohérence autour d'une vision partagée des enjeux du territoire.

Pour cela, l'information ne doit pas circuler uniquement de haut en bas,
ni de point à point mais latéralement, de groupe à groupe. Les indicateurs
d'évaluation « objectifs » ne sont pas forcément plus pertinents que les
indicateurs « de perception ».

Dans un contexte aussi complexe qu'un territoire, *la communication ne
peut se faire que suivant des réseaux aux voies et aux voix multiples.* Les
messages doivent parcourir les réseaux des collectivités territoriales, des
communautés socioprofessionnelles, du monde associatif, du monde professionnel, etc. Ils doivent véhiculer une information qui permet à tous
ces groupes d'acteurs de lui donner un sens par rapport à leurs propres
enjeux, leurs propres points de vue, et de retourner vers le réseau d'information leur propre représentation du projet à l'instant donné.

Les bases d'une représentation différente d'un problème partagé sont
clairement assurées grâce à la qualité et la fluidité de la communication ;
la négociation peut commencer, les conflits « parasites » générés par une
mauvaise information ou désinformation ayant été écartés.

Conclusion : vers un pays de projet

S'il est devenu banal d'évoquer les acteurs du développement local, qui doivent être rassemblés autour d'une communauté d'intérêts, grâce à une concertation qui aura donné lieu à un diagnostic puis à l'élaboration d'un plan d'action… force est de constater que la réalité est bien différente.

En général, on observe plutôt des territoires qui bâtissent leur projet à partir des acteurs élus, politiques locaux, avec la participation de représentants des services déconcentrés de l'État. Le monde associatif y est faiblement représenté. Le monde économique (les différents types d'entreprises et activités) est peu ou pas présent dans les concertations territoriales, alors qu'il est potentiellement le principal vecteur de développement. Quant aux bénéficiaires (certaines catégories de populations…), c'est à peine imaginable.

Un constat s'impose : actuellement, beaucoup de projets territoriaux sont sous-tendus par les procédures financières mises en place par les Régions. Les projets sont du coup essentiellement bâtis par des acteurs publics, même si des privés sont associés à la concertation, et les plans d'action sont essentiellement portés et financés par le public, même si certains d'entre eux sont destinées à aider des initiatives privées. Or, il y a dans la mobilisation des acteurs privés un véritable enjeu pour les pays et leur avenir.

L'État providence, en redistribuant et réaffectant la richesse socialement produite, fondé sur des rapports dépersonnalisés et formels, a toujours tenté de réduire l'exclusion, mais il *ne crée pas de solidarité nouvelle et ne contribue pas à renforcer le lien social.*

Une économie « solidaire plurielle », une économie de la réciprocité doit nécessairement s'appuyer sur des logiques de mobilisation collective, de proximité, de territorialité.

▷ L'État providence, en redistribuant et réaffectant la richesse socialement produite, fondé sur des rapports dépersonnalisés et formels, a toujours tenté de réduire l'exclusion, mais il ne crée pas de solidarité nouvelle et ne contribue pas à renforcer le lien social.

LES
ENJEUX

LES
NIVEAUX
D'ACTION

LA
CONDUITE
DU
CHANGEMENT

① Société du Savoir et territoire numérique

② Territoire Projet de Pays

③ Les portails d'information publique, les SIT

④ Les SPL, districts, technopoles

⑤ Les Villes numériques

⑥ Méthodologie de pilotage

⑦ Manager à l'ère des réseaux

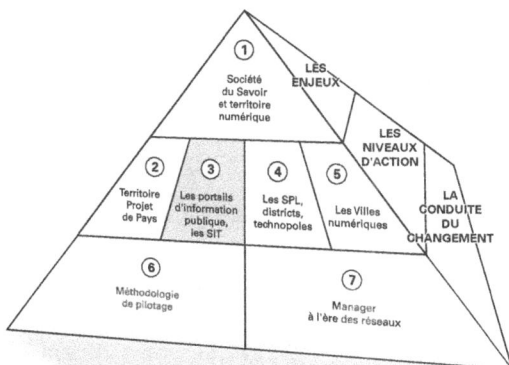

Chapitre 3

L'administration territoriale en réseau

« La forte demande de biens collectifs, l'intrusion progressive de la concurrence et du marché, le développement des technologies nouvelles d'information et de communication confortent les attentes de qualité globale du service (simplicité, rapidité, productivité, traitement personnalisé…).

Ces évolutions impactent particulièrement les modes d'intervention et de régulation de l'administration territoriale, où doivent désormais prévaloir des logiques d'élaboration collective de l'action et de mise en cohérence des facteurs de développement économique et de cohésion sociale. Les politiques publiques que mène l'État à travers ses services déconcentrés ou ses établissements publics sont devenues le plus souvent « partagées » avec les collectivités territoriales mais aussi avec la « société civile » (écologie, consommation, lutte contre l'exclusion…). »

C'est dans ces termes que Gilbert Santel, délégué interministériel à la Réforme de l'État, s'adressait au ministre de la Fonction publique, en octobre 1998. Qu'en est-il aujourd'hui ?

• Où en sont les SIT (Systèmes d'information territoriaux) ?

• Comment élaborer un portail d'information territorial ?

- Comment peut-on tirer des leçons des premières expériences pour mettre en œuvre des systèmes et des organisations de travail facilitant la collaboration, le partage de connaissances, la performance collective des différents acteurs du territoire ?

Les problématiques du citoyen contemporain – logement social, emploi, sécurité et environnement, exclusion… – ne tombent pas pile en face des limites du département, pas plus qu'elles ne tombent pile en face des cases structurées des grands corps d'état : Intérieur, Equipement, Finances, Education, etc.

Si l'on prend une mission comme l'aménagement du littoral (Alpes-Maritimes ou Charente-Maritime), on voit rapidement les limites des subdivisions et arrondissements administratifs car le territoire est la bande littorale de 40 kilomètres de long et 5 kilomètres de large, et la mission est transversale. On voit également que cette mission suppose le traitement de données provenant de l'Environnement, de l'Intérieur, de l'Équipement, du Trésor public et, bien entendu, des collectivités, de certaines associations, etc.

Cette question du territoire est repérable à toutes les échelles, de la commune au pays, de la Région à la nation, de la nation au monde.

L'impact organisationnel est important car ce sont les missions, les pratiques et les communautés d'intérêts qui déterminent le territoire virtuel. Avec une difficulté supplémentaire : à chaque mission, à chaque communauté, à chaque métier son territoire.

LE SIT DE L'ÉTAT

L'État n'échappe pas à ce mouvement de fond ; selon Gilbert Santel, « le retour au pacte républicain proposé par le gouvernement nécessite lui aussi une refondation du contrat social qui unit la nation à son Administration ».

▶ Passer d'une logique de moyens à une logique de résultats.

Cela suppose une redéfinition précise des objectifs, une évolution conséquente des pratiques, *le passage d'une logique de moyens à une logique de résultats.*

Cela suppose aussi que les politiques publiques que mène l'État à travers ses services déconcentrés ou ses établissements publics *soient le plus souvent « partagées »* : partagées entre services territoriaux des différents corps d'État, partagées avec les collectivités territoriales, mais aussi avec la société civile (écologie, consommation, lutte contre l'exclusion…).

Enfin, cela suppose une modification profonde et radicale du mode d'encadrement des services territoriaux : management par projet, pratique de l'évaluation, communication, etc.

Le Comité interministériel pour la société de l'information (CISI) du 19 janvier 1999 a décidé la généralisation, d'ici la fin de l'année 2000, des Systèmes d'information territoriaux (SIT) au niveau de chaque Région et département.

Le SIT *utilise les technologies de l'Intranet et est défini comme un outil de communication entre services administratifs.* Il a pour objectif d'améliorer l'efficacité des politiques publiques et la qualité du service rendu aux citoyens : meilleure cohérence des actions de l'État, amélioration du processus d'élaboration des décisions publiques, gestion plus complète et plus réactive des dossiers, intégration et facilitation du dialogue avec de nouveaux partenaires.

La mise en place des SIT est pilotée par un comité présidé par le délégué interministériel à la Réforme de l'État et appuyée par des intervenants spécialisés qui supervisent la dimension technique du projet, assurent la cohérence avec les réseaux et équipements des différents services et veillent au bon niveau de sécurité de l'ensemble.

Qu'est-ce qu'un SIT ?

Un SIT, système d'information territorial, est un système permettant l'échange d'informations entre les différents services de l'État d'un même territoire ; en général, il est techniquement structuré sur un Extranet, et le territoire est soit le département, soit la Région ; les dernières directives poussent à l'élargissement de l'échange aux collectivités locales. Présenté comme cela, le SIT a une vocation restreinte aux administrations du territoire : les professionnels et le grand public n'y ont pas accès.

En principe, c'est le préfet, en tant que responsable de l'application des politiques de l'État au niveau régional ou départemental, qui choisit d'initier et d'animer un projet ; en pratique, le projet ne peut se développer que s'il reçoit une pleine adhésion des différents services, c'est-à-dire si chacun en est bénéficiaire.

L'enjeu de la communication interservices est de développer de nouvelles organisations de travail pour renforcer l'efficacité et la cohérence de l'action publique sur le territoire.

Les nouvelles technologies apportent donc de nouvelles options organisationnelles, avec des questions de régulation :

– Que met-on en commun pour assurer au mieux la mission ?
– Quelles règles de fonctionnement facilitent le partage des ressources ?
– Quelles répartitions des compétences sont possibles ?

Cette réflexion sur la coopération interservices ne doit pas se limiter aux services déconcentrés de l'État, mais inclure les collectivités locales et territoriales.

Plutôt que de mettre en commun des informations pour le principe, on privilégiera les projets ad hoc (mise en œuvre de politiques publiques), les communautés (Mise – Mission interservices de l'eau –, aménagement local) qui apportent une plus-value immédiate, perçue par tous les intervenants.

Si l'on prend l'exemple de l'ADS, on devine qu'une coopération ministère de l'Équipement-collectivités à l'élaboration d'un outil d'information commun permettrait de renforcer le « guichet unique de la mairie », ce qui aurait pour conséquence, en retour, de soulager les services d'accueil des subdivisions du ministère. C'est un schéma gagnant-gagnant.

À quoi sert un SIT ?

Partager des données sur les communes du département

Une base de données partagée par des services déconcentrés *permet d'éviter « les doublons » et de garantir une meilleure qualité de l'information*. C'est un outil de mise en œuvre et de suivi des actions de l'État dans la commune.

Une base de données sur les communes du département ou de la Région, actualisée et accessible à tous les services déconcentrés de l'État, comprendra :

– des données démographiques (population, entreprises…) ;
– des données économiques : subventions de l'État, subventions européennes ;
– des données sur l'emploi (taux de chômage, répartition par tranche d'âge…) ;
– des données sur les projets en cours (voirie, équipements collectifs…).

Aider les acteurs d'un pôle de compétences à mieux travailler ensemble

La Mise (Mission interservices de l'eau) est probablement l'exemple le plus probant de coopération interministérielle. On voit que *la coopération s'établit d'abord par des contacts physiques (réunions) entre les acteurs* : identification mutuelle de la contribution de chacun, confiance, modes de fonctionnement. *Une fois le groupe créé, l'outil informatique peut rendre de grands services.*

- La messagerie interministérielle du SIT permet aux acteurs répartis dans les services déconcentrés (DDASS, DDAF, DDE, DIREN, DRIRE…) de communiquer en permanence, notamment pour échanger des projets d'arrêtés.
- Une application de gestion de réunions développée sur le SIT permet d'organiser les réunions mensuelles de la MISE et des réunions thématiques interservices pour l'instruction des dossiers ; l'outil simplifie les processus d'organisation des réunions, facilite le travail de secrétariat.
- Un espace commun de partage d'informations est créé, qui permet la capitalisation de la production du groupe, comme par exemple la constitution d'une bibliothèque de documents (lettres et arrêtés types, textes et cahiers de la MISE…).
- Une application de type *workflow* permet de gérer les flux de dossiers de déclaration et demande d'autorisation instruits par les différents services.

Organiser un pôle interministériel

Le SIT peut constituer le *support d'une vision globale et cohérente de la politique et des pratiques de l'État dans les départements*. Il peut en effet être le support :

- de la mise à jour du schéma départemental des implantations de l'État par tous les services déconcentrés de l'État (renseignement des différents tableaux, propositions…) ;
- de l'élaboration et la mise à jour régulière du programme pluriannuel de travaux d'entretien et d'investissements immobiliers ;
- du partage en temps réel des objectifs nationaux prioritaires fixés par la commission interministérielle du patrimoine immobilier ;
- des échanges d'informations entre les services déconcentrés de l'État : diagnostic et état de santé des bâtiments domaniaux, mise en sécurité des bâtiments et sécurité des personnes, économies sur les coûts d'exploitation, politique de cession des immeubles.

Préparer la Conférence administrative régionale (CAR)

L'organisation de la Conférence administrative régionale est traditionnellement l'occasion d'un très volumineux échange de papiers, d'appels téléphoniques, de télécopies, de dossiers. Aujourd'hui, l'utilisation de l'outil de communication informatique permet de réduire singulièrement ces échanges et de faciliter la préparation de la conférence (gain de temps de 50 %).

Tous les services déconcentrés communiquent leurs contributions en utilisant *la messagerie interministérielle du* SIT. Ces contributions sont réunies et validées par le Secrétariat général pour les affaires régionales (SGAR). D'éventuels ajustements sont réalisés par de nouveaux échanges sur messagerie.

Les contributions une fois validées sont mises à disposition des participants dans *un espace de travail partagé sur le* SIT. Sur cet espace partagé figure aussi le compte rendu des Car précédentes.

Mutualiser les moyens et les compétences

Un SIT peut enfin être le *support d'une synergie de ressources et de moyens*, comme par exemple :

- un annuaire des services déconcentrés de l'État mis à jour régulièrement ;
- une mise en commun des fonds documentaires disponibles dans les services avec la possibilité de réserver un ouvrage par messagerie ;
- un référencement des salles de réunion dans les services déconcentrés de l'État et un planning pour les réserver ;
- un partage des moyens pour optimiser leur utilisation ;
- des outils communs et mis à jour en temps réel.

⊃ Zoom sur... Les 4 services concrets et prioritaires d'un SIT [1]

Base de données partagées	Intercommunalité (connaissance des structures, leurs compétences) pour une meilleure connaissance des acteurs intervenant sur le territoire
	Agglomérations – contrats d'agglomération (base de données pluriadministrative)
	Partage de données (démographie, emploi...) et de savoir-faire
Travail collaboratif interministériel sur les politiques de l'État	Informations sur l'avancement d'actions interministérielles (contrat de ville...)
	Faciliter la communication autour des politiques interministérielles : eau, exclusion...
	Gain de temps dans l'instruction des procédures (avis via réseau, baisser le nombre d'appels téléphoniques)
	Instruction des dossiers comme les financements européens
Dossiers partagés	S'ouvrir sur les collectivités locales qui disposent d'une partie des éléments de décision liés au traitement d'un dossier
Préparation de la Car	Le littoral (échange de données DRE/DDE/DRIRE/DIREN...)

---

1. Ces informations sont issues d'une réunion de travail, animée par l'auteur, regroupant plusieurs directeurs de services déconcentrés de l'Etat.

Les acteurs clés du projet SIT

Le comité de pilotage interministériel

Le comité de pilotage est chargé de prendre les décisions, de valider les orientations et de s'assurer en permanence de la concordance de ces orientations avec les objectifs du SIT. Le comité de pilotage a un *rôle stratégique : garantir que le SIT soit effectivement un outil au service du travail interministériel.* Il réunira à cet effet autour du préfet quelques représentants du corps préfectoral et des services déconcentrés, le chef de projet, le responsable informatique SIT.

Le collège des chefs de service

Le collège des chefs de service doit être informé, dès le lancement du projet, du calendrier, des grandes étapes, etc. Le cas échéant, l'ordre du jour de chaque réunion du collège des chefs de service comprendra un temps réservé au SIT. Le rôle du *comité de pilotage* est quadruple :

– assurer la cohérence du projet SIT avec les autres actions de l'État, et notamment le projet territorial ;
– définir les objectifs du projet (spécifications des usages et services, coûts, délais, ressources…) ;
– dégager les ressources humaines et financières nécessaires ;
– valider les propositions de l'équipe projet.

L'équipe projet

Elle est animée par le chef de projet SIT et *regroupe l'ensemble des compétences nécessaires au bon déroulement du projet* : acteurs des politiques interministérielles, représentant du corps préfectoral, informaticiens. Le rôle de l'équipe projet est quintuple :

– mettre en œuvre les orientations fixées par le comité de pilotage dans les meilleures conditions possibles (qualité, respect des délais et budgets…) ;
– mettre en place et suivre des groupes de travail autour de différents sujets concernant le SIT ;
– créer un groupe technique en charge de la résolution des problèmes d'interconnexion et de sécurité ;
– créer des groupes utilisateurs chargés de travailler sur les usages validés par le comité de pilotage ;
– définir la charte graphique appliquée sur le SIT, veiller à la qualité de la page d'accueil et à l'ergonomie de navigation au sein du SIT.

Le groupe de travail technique et les groupes de travail thématique

Un groupe de travail technique interministériel, animé par le coordinateur technique SIT, réunira les *correspondants et responsables informatiques des services* qui pourront ainsi envisager ensemble les questions de connexion à Internet, de sécurité, d'hébergement, de maintenance…

Les groupes de travail définissent le cahier des charges fonctionnel pour le développement de services et de contenus adaptés aux attentes des utilisateurs.

Le coordinateur informatique SIT

Le coordinateur informatique SIT sera chargé des tâches suivantes :

- être le référent technique pour le chef de projet ;
- conduire les discussions avec les services déconcentrés pour les choix techniques ;
- s'assurer que toutes les dimensions techniques (sécurité, hébergement…) sont correctement intégrées dans le projet ;
- rédiger le cahier des charges pour l'hébergement ;
- piloter et coordonner la mise en œuvre des moyens techniques associés au SIT.

⊃ **Zoom sur…** le chef de projet SIT

Le chef de projet SIT va être le «chef d'orchestre» : il va animer et coordonner les travaux, s'assurer, en collaboration avec le coordinateur informatique SIT, que les questions techniques trouvent les bonnes solutions, que les contenus auront une valeur ajoutée effective. Il doit être identifié et reconnu par tous les acteurs du projet. Il sera désigné par le comité de pilotage et devra bénéficier, tout au long du projet, du soutien du préfet.

Il doit posséder les qualités de :

– négociation
– communication
– organisation, planification
– initiative, coordination, animation

Il doit disposer d'une bonne connaissance des services de l'État et de leurs missions.

Si on ne lui demande pas d'être un spécialiste des systèmes d'information, il est toutefois indispensable qu'il ait une forte sensibilité aux NTIC pour pouvoir comprendre les enjeux techniques (sécurité, interconnexion de réseaux) liés à la mise en place du SIT.

Son rôle est de :

– restituer l'information au comité de pilotage ;
– planifier les étapes successives du projet et définir les objectifs intermédiaires ;
– définir les activités constitutives de chaque étape et les rôles et attributions de chaque acteur pour leur réalisation ;

– contrôler l'avancement du projet et définir des règles d'évaluation des activités réalisées ;
– préparer et animer les réunions de l'équipe projet ;
– impulser les groupes de travail et participer à certaines de leurs réunions.

Dans la phase de lancement, il devra pouvoir dégager au moins une à deux journées par semaine pour ce travail.

Méthodologie de développement d'un SIT

L'analyse des attentes

Une première étape permet au groupe pilote de bien définir les axes stratégiques, les finalités du projet, de s'immerger dans la problématique et de structurer sa grille d'analyse.

Elle identifie *les critères de performance* (objectifs qualitatifs) et les *premiers leviers d'usage et facteurs de résistance au changement*.

Cette étape s'appuie sur une enquête selon une méthode exposée dans le chapitre 5 de cet ouvrage, et dont les principaux objectifs sont d'analyser les comportements d'usages des différentes populations cibles en essayant de détecter, qualitativement, les attentes explicites ou implicites, les freins et les leviers ; de recueillir *les remontées des utilisateurs*, en distinguant :

– celles *qui relèvent de l'organisation du travail* (approche fonction-processus) ;
– celles *qui relèvent du contenu* : adéquation avec les besoins, structuration de l'information, repérage, validité, fiabilité des données…
– celles *qui relèvent des fonctions et des usages* : outil, ergonomie, fonctionnalités.

La mobilisation des acteurs

Dans tout projet de changement, la mobilisation des acteurs locaux est une condition de réussite. A fortiori, un changement social doit nécessairement s'appuyer sur des logiques de mobilisation collective, de proximité, de territorialité.

Plusieurs principes doivent être respectés, au rang desquels :

– une démarche participative fondée sur l'action, impliquant les utilisateurs dès les phases de conception ;
– pas de confusion entre l'énoncé de la cible (désigner l'objectif à atteindre) et les moyens d'arriver à la cible (procédure) ;
– des démarches flexibles, itératives et incrémentales.

Un pilotage participatif suppose également de :

- *manager des hommes* exerçant leurs compétences dans de multiples contextes d'action ;
- *manager les informations et les savoirs* aux différentes étapes de leur formalisation : création, validation, expérience, formalisation, protection, diffusion, pédagogie…
- *manager des outils technologiques*, qui peuvent être sophistiqués (cas de la cartographie, des téléprocédures…).

Une méthodologie : le management par percée

Un problème complexe ne peut être abordé que par une somme d'éclairages complémentaires. Un projet complexe, comme un SIT, avec une telle diversité d'acteurs et de facteurs, ne peut résulter que de la fédération de plusieurs sous-projets, chacun contribuant pour sa part à atteindre la cible globale.

Notre principe d'action est de nous inspirer de la méthode de « management par percée » (décrite en détail dans le chapitre 6 consacré au pilotage du changement).

ENJEUX STRATÉGIQUES DES PORTAILS D'INFORMATION PUBLIQUE

Depuis les années soixante, avec l'arrivée massive des télévisions dans les foyers, nous avons cru que notre société était constituée d'un public de masse. Dans les années quatre-vingt-dix, lorsque l'Internet est arrivé, il était naturel qu'on l'accepte comme un nouveau média électronique *de masse*, d'autant plus que ses promoteurs promettaient *des masses* de profits !

Or il n'en est rien, *l'Internet est une technologie à caractère décentralisateur* : il donne la parole aux groupes d'intérêt, aux communautés d'idées ou de pratiques, il devient le support de réseaux d'opinions, il renforce la différence, il regroupe ce qui est dispersé, créant une forme de grégarisme nouvelle.

Or, contrairement aux stratégies de communication descendantes (*top-down*) qu'ont longtemps employées les institutions et les grandes entreprises, *les groupes d'intérêt développent une communication montante (bottom-up), qui prend racine dans le local, grâce à la volonté populaire : c'est un mouvement participatif, mobilisateur.*

À nous de le faire devenir citoyen et responsable !

DÉVELOPPER UN PORTAIL D'INFORMATION PUBLIQUE

▷ *Les missions de l'administration territoriale passent par une meilleure information du public et un allègement d'un certain nombre de formalités administratives.*

Les missions de l'administration territoriale passent par une meilleure information du public et un allègement d'un certain nombre de formalités administratives. L'Internet, véritable guichet en ligne, est porteur de réponses. Mais il y a grand danger à laisser chaque élu, chaque chef de service déconcentré de l'État, chaque cadre de collectivité inventer lui-même sa solution.

Nous allons esquisser ici une méthodologie générique de développement de portail ou de site Internet pour l'information publique et proposer une série de recommandations.

La première recommandation est de *centrer le site sur les questions de l'usager et non sur l'inventaire des informations disponibles*: ce sont les «services» ou les informations à forte valeur ajoutée offerts au citoyen sur le web qui créeront la fréquence de consultation (voir encadré ci-dessous). Le choix des rubriques devra se faire en répondant d'abord à la question: «Quelles sont les attentes du public visé?»

Sauf le respect que je leur dois, l'état des routes intéresse plus de monde que le *curriculum vitæ* du maire ou du préfet!

Un portail, qu'est-ce?

Supposons que vous soyez un consultant indépendant en management et ayez envie d'avoir votre site Internet. Une fois votre site conçu et hébergé, par exemple à l'adresse www.site-perso-consulting.com, il ne vous reste plus qu'à attendre les visites, et si possible pas uniquement de personnes qui vous connaissent déjà et à qui vous avez donné votre carte.

Pas de problème, me répondrez-vous, il suffit d'indexer les mots-clés dans les moteurs de recherche! Le malheur, c'est qu'à la requête sur le mot «management», AltaVista trouve 56 millions d'adresses avant la vôtre!

Les portails de l'Internet jouent le rôle de «collecteur-redistributeur» entre une offre informationnelle pléthorique et une attente personnalisée. Ce sont alors les «services transactionnels» ou les informations à haute valeur ajoutée, offerts par le portail à l'utilisateur, qui créent la fréquence de consultation.

Les questions stratégiques des portails Internet sont:

- Comment analyser le plus finement possible les nouveaux usages attendus par l'utilisateur et créer les services adéquats?
- Comment exploiter les fonds informationnels existant dans une tendance d'obsolescence rapide?
- Quels circuits éditoriaux pour gagner la «clientèle» et la fidéliser?

Les critères d'attraction et de fidélisation à un portail sont différents selon que le public visé est professionnel (BtoB) ou grand public (BtoC). On peut citer les principaux:

- services aux professionnels;

- **gain de temps**: trouver la bonne information, faciliter la prise de décision, éviter les erreurs; par exemple, conditions du recours à l'architecte dans l'ADS;
- **applicabilité**: forme finalisée du contenu permettant une action immédiate; par exemple, téléprocédure sur autorisations de transports;
- **services aux particuliers**;
- **information nouvelle ou pertinente**; par exemple, conditions de trafic en temps réel, études cartographiques;
- **éducatif**; par exemple: petit guide de constitution d'un dossier ads;
- **participatif**; par exemple, forum de débat public.

⊃ **Zoom sur...** les rubriques minimales d'un site Internet de DDE

Les «produits d'appel» suggérés pour la mise en ligne d'un service Internet minimal d'une DDE sont: ADS, circulation, réglementation transport, études et cartes, forum-débat public, aide aux logements, projets structurants, qui fait quoi, ingénierie publique.

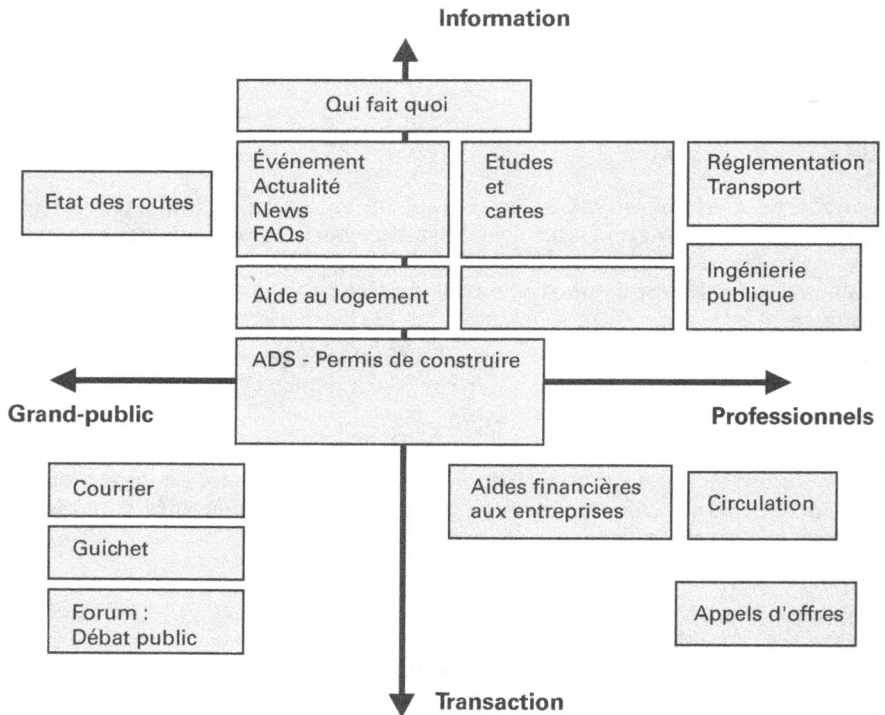

Figure 5. Les services multimédia peuvent être classés en fonction de deux critères: public visé (axe horizontal), des professionnels au grand public; mode de consultation (axe vertical): services informationnels ou transactions en ligne.

Portail professionnel – portail grand public : des modèles économiques différents

La première question à se poser est : *Comment analyser les nouveaux usages attendus par le « client » et créer les services adéquats ? Y a-t-il différents clients ?*

« Client »

Modèle BtoB	Modèle BtoC
Valeur de Service	**Valeur de Marque**

Modèle BtoB	Modèle BtoC
Bénéfice attendu gain de temps Objet : décider Cible : professionnels Application : resolution de problème information stratégique transaction en ligne opérations/achats produit/process	Bénéfice attendu information, divertissement Objet : s'informer Cible : grand-public Application : démarches administratives information vie sociale environnement, emploi, santé, logement, éducation…
Modèle économique : Financement Le client paye pour la transaction abonnement, pay-per-use Valeur service valorisation rentabilité	Modèle économique : Financement tiers payant publicité, institution en échange d'une garantie d'audience Valeur image, marque (valorisation capital)

Figure 6. Dans le modèle de gauche (BtoB), le client professionnel achète un gain de temps, une information stratégique ou la résolution d'un problème, à travers une transaction en ligne ; il est prêt à payer pour ce service s'il est vraiment différenciateur (par exemple, abonnement aux sites d'information financière). Dans le modèle de droite (BtoC) le client grand public n'est pas prêt à payer sa consultation ; il faut donc financer le service par un tiers payant (publicité, institutionnel) qui veut qu'on lui garantisse une audience (volume et qualité).

Le statut des informations en ligne

La deuxième question importante est relative au statut des informations en ligne : l'utilisateur doit savoir tout de suite s'il a affaire à une information d'actualité, à un texte valide sur le plan juridique ou à une simple note de conjoncture ; et *chaque type de contenu suppose une organisation interne d'édition différente*, comme indiqué sur le tableau ci-dessous :

TYPES DE DOCUMENT		ORGANISATION EDITORIALE	FREQUENCE DE MISE A JOUR
Textes référentiels			
Textes en ligne	Réglementation, contrat de plan, statistiques annuelles, études générales	Pages demandant une validité forte ; source principalement nationale avec ajouts de spécificités locales	Cycle long : 3 mois à plusieurs années
Livrets ou valises pédagogiques	Livrets interactifs multimédia (par exemple, constitution d'un dossier de permis de construire)		
Informations du jour			
Informations flash	Actualité, News, flash, infos sécurité	Pages demandant une mise à jour fréquente et locale ; automatiser la mise à jour directe entre la source et la mise en ligne (exemple des patrouilleurs du Puy-de-Dôme)	Cycle court : 3 heures à 3 mois.
Informations explicatives	Explication des conditions de mise en œuvre d'un décret ou d'une loi		
Cartes multimédia	Cartes de circulation routière, travaux programmés…		
Services en ligne			
Consultation en ligne	Suivi de l'avancement d'un dossier (workflow)	Application de type base de données en ligne permettant un traitement automatique de la transaction ; suppose un animateur	Cycle temps réel
Inscription en ligne	Inscription aux concours		
Téléprocédures Téléformulaires	Publications CERFA, instructions locales		
Forums publics	Forum de débat public attaché à un texte		

FIGURE **7. Différents types d'information en ligne et leur organisation éditoriale (avec des exemples de documents d'un site de DDE)**

Décision de lancement du site

Il est très désagréable pour un utilisateur d'être face à un site avec une arborescence très structurée et très riche et d'obtenir un message « non disponible» ou «en travaux» à chaque fois qu'il tente de cliquer dans une rubrique. D'un autre côté, il serait très coûteux de reprendre la structure complète du site à chaque fois que l'on désire ajouter une rubrique nouvelle.

Pour ces raisons, il est nécessaire de décider, au cours de l'analyse préalable, du contenu exact de la version du site au moment de son lancement; c'est pourquoi nous proposons de définir et de mettre en ligne *un «contenu minimal» qui permette un lancement officiel d'un service en ligne avec une crédibilité suffisante.*

Les nouvelles rubriques seront intégrées dans des mises à jour ultérieures, par exemple six mois plus tard.

Subsidiarité et cohérence

Le principe de subsidiarité veut qu'un site n'inscrive pas «en dur» une information sur un sujet sur lequel il n'est pas *légitime*; il est préférable qu'il mette un lien HTML vers le site d'origine.

Par exemple, il n'est pas pertinent qu'une préfecture mette en ligne le *Journal officiel* ou le Code des marchés publics sur son propre site.

Le principe de cohérence vise à ce qu'un certain nombre de *fonctions de base* soient toujours présentées *au même endroit et sous la même forme*, quel que soit le site visité; cela réduit la difficulté d'apprentissage de l'outil.

Charte éditoriale

L'objectif d'une charte de qualité des informations en ligne est de répondre à deux préoccupations de base:

– donner à tous les utilisateurs des sites l'assurance d'y trouver des *informations et documents de qualité*;

– encourager les rédacteurs et concepteurs de sites à respecter certains *principes et règles de qualité éditoriale*, ce qui aura également pour effet de soulager le travail de la cellule éditoriale. Cette charte peut également préciser les règles d'usage et respect des personnes.

Un exemple de charte éditoriale

Subsidiarité	Vérifier que l'information n'existe pas déjà en ligne, s'assurer de sa légitimité à publier cette information, renvoyer au site d'origine en cas d'emprunt.
Qualité	Une information de qualité répond aux 6 critères suivants ; – précise : exprimée de façon concise et sans ambiguïté ; – valide : à jour, non périmée ; – exhaustive : complète, n'obligeant pas à faire une autre recherche ; – fiable : réputée exacte, validée par cycle de signatures ; – pertinente : traitant effectivement du sujet annoncé ; – conviviale : plaisante à consulter.
Responsabilité	Toute information est publiée en ligne sous la responsabilité de son auteur (personne physique ou morale), qui la signe et s'assure de la conformité avec les règles en usage dans sa hiérarchie.
Droit de réponse	La page ou le document en ligne comporte une fonction permettant au lecteur d'émettre un message en retour à l'auteur (personne physique ou morale).
Pérennité	Toute personne ou service désirant publier une information en ligne doit s'assurer qu'il dispose des ressources nécessaires à sa mise à jour permanente.
Lisibilité	L'information doit respecter la charte graphique de l'Internet, si possible suivre les principes de rédaction en ligne ; être structurée pour permettre une consultation rapide (titrage, blocs de texte courts…). Les textes longs, destinés à une consultation papier, seront téléchargeables (fichier .doc ou .pdf) et feront l'objet d'une fiche (page HTML) de présentation rapide de l'information contenue.
Sécurité	L'information publiée doit respecter les règles de confidentialité (protection d'accès, traçabilité) définies par la charte sécurité.

FIGURE 8. **Un exemple de charte éditoriale conçue par une entreprise et diffusée à tous les rédacteurs potentiels**

Information Mapping® : une méthodologie de rédaction structurée

Information Mapping® est une *méthode pour analyser, organiser, présenter et rédiger l'information professionnelle*. Conçue à l'origine pour la rédaction des documents papier, elle s'avère particulièrement bien adaptée à la réalisation de pages écrans.

La méthode Information Mapping® a été inventée par Robert Horn, un psychologue spécialiste de la mémorisation et de l'apprentissage. Elle s'appuie sur plus de vingt-cinq ans de recherche fondamentale, de développement opérationnel et d'utilisation concrète en entreprise.

On estime qu'actuellement 200 000 personnes l'utilisent dans le monde, avec une progression annuelle de 20 000.

La méthode est basée non sur des à priori « scolaires » (« thèse, antithèse, synthèse », éviter les répétitions…) mais sur des tests comportementaux à grande échelle : mécanismes d'apprentissage des documents, capacité de discernement des informations selon leur nature et leur présentation, capacité de mémorisation.

Parce qu'elle est *basée sur l'étude du fonctionnement du cerveau humain vis-à-vis de l'information en général*, la méthode est indépendante du sujet, du type ou de la taille du document, du support physique de l'information (papier, écran…), de la langue ou de la culture, du secteur d'activité.

Cas concret en entreprise	
La société Pacific Bell a réalisé une étude sur 442 cadres, avant et après mise en œuvre de la méthode Information Mapping®. Elle a mesuré les améliorations suivantes :	
PARAMÈTRE OBSERVÉ	GAIN
Diminution du temps de rédaction	83%
Diminution du temps de révision	75%
Diminution du nombre de mots	57%
Temps de lecture	32%
Utilisation du document	38%
Taux d'erreur	54%
Diminution des appels au soutien	70%

Une méthode adaptée à la réalisation de pages web[2]

La méthode est effectivement bien adaptée à la réalisation de pages écrans :

- Le principe de *découpage* conduit à réaliser des blocs courts, facilement lisibles à l'écran.
- Le principe de *titrage* oblige à associer à chaque bloc un titre qui le résume », facilitant ainsi l'accès arborescent à l'information et sa mémorisation.

---

2. Il existe un complément de formation « Web Mapping ».

- Le principe d'*intégration des visuels*, qui recommande l'utilisation fréquente de tableaux, de listes et d'illustrations et oblige à séparer visuellement les blocs, rend l'information plus accessible.

Les 7 principes d'Information Mapping®

PRINCIPE	DESCRIPTION	INTERET
Découpage	L'information doit être découpée en petites entités faciles à assimiler maximum 7+/-2 items	Facilite la compréhension, l'accessibilité et l'assimilation de l'information
Pertinence	Toutes les informations d'une unité portent sur un seul sujet On ne mélange pas une action et une définition	Facilite la lecture rapide Permet la modularité des documents
Titrage	Toutes les unités ont un titre signifiant, qui est soit : – générique (introduction, remarque), – spécifique (remplacer une valve), – combiné (introduction à Word)	Facilite l'accès, la compréhension et l'extraction de l'information Les titres sont comme des étiquettes qui permettent la lecture par zoom incrémental et le repérage des unités d'information
Cohérence	Choisir le même mode de présentation pour des informations similaires et le même vocabulaire pour désigner les mêmes choses	Limite les ambiguïtés et facilite la recherche d'information (moteur d'indexation en texte intégral)
Intégration des visuels	Les dessins, schémas… font partie intégrante du document	Permet d'être mieux compris, par un public plus varié
Accessibilité des détails	Donner les détails susceptibles de rendre le document compréhensible au lecteur en fonction de ses besoins	Rend l'énoncé plus concret et plus adapté à des cibles de lecteurs différentes
Hiérarchie du découpage et du titrage	Grouper les unités d'information dans de plus grandes unités sans dépasser la limite de découpage	Facilite l'extraction et la mémorisation de l'information

FIGURE 9. Résumé des sept principes fondamentaux d'Information Mapping®

Information Mapping® et le repérage de l'information dans un dispositif de management de la connaissance

Les fonctionnalités de l'Intranet permettent de combiner gestion documentaire et travail collaboratif, ce qui en fait potentiellement un support idéal du management de la connaissance. Cela pose cependant la question du *repérage de l'information dans un hyper-document*.

Par repérage, on entend la *faculté* :

– *pour l'utilisateur, de trouver un accès idéal* à l'information utile et « actionnable », et cela en termes de structure (représentation spatiale du contenu, design, arborescence), de forme (rédaction, style, rhétorique), de sens (travail sur les représentations, sémantique, langage) ;

– *pour le producteur d'information, d'anticiper* les attentes et le mode de fonctionnement cognitif d'un lecteur potentiel qu'il ne connaît souvent même pas, et donc de concevoir des documents dont la structure révèle le contenu ;

– *pour le système, de mettre en relation l'offre et la demande* informationnelles, sans qu'il y ait nécessairement interaction physique.

Parallèlement, on peut constater que l'écrit linéarise le discours et a tendance à l'engrammer dans une « boîte noire » du rédacteur ; telle information élémentaire n'est accessible qu'à travers la narration de l'auteur, dont une lecture complète s'avère nécessaire.

Une entreprise peut donc mettre en place une procédure de capitalisation d'expérience, imposer à ses cadres d'écrire les retours d'expérience à chaque retour de mission ou fin de projet… et aboutir à une base de textes narratifs strictement inutilisable !

▶ *Or, ce qui compte, ce n'est pas tant la quantité d'informations ou de textes accumulés, c'est la potentialité de réponse à la question que se pose l'utilisateur.*

Or, ce qui compte, ce n'est pas tant la quantité d'informations ou de textes accumulés, c'est la potentialité de réponse à la question que se pose l'utilisateur.

En ce sens, *Information Mapping® offre au rédacteur un cadre structuré d'écriture modulaire* dans lequel chaque « grain élémentaire » d'information pourra être classé et rapproché avec d'autres en fonction de critères de type « classe commune de problème », « classe commune de solution » et par conséquent accessible facilement à travers ces mêmes critères. Concilié avec des technologies aussi puissantes qu'XML, il ouvre vraiment une ère nouvelle dans la communication.

L'organisation et les ressources pour la mise en œuvre d'un portail

Concevoir et animer un portail d'information publique, ce n'est pas comme réaliser une plaquette commerciale en couleur : il s'agit d'un projet fédérateur qui va probablement bousculer les organisations en place, les relations hiérarchiques, voire même interroger les missions des services publics.

C'est pourquoi, avant même de rentrer dans les spécifications propres à l'information publique territoriale, il nous a paru utile de rappeler quelques règles fondamentales du management de projet. Notre expérience montre que 70 % des projets échouent à cause d'un non-respect de ces fondamentaux.

Il est important de prévoir dès le départ l'organisation et les ressources (humaines et techniques) nécessaires pour faire vivre le site.

La production des contenus en ligne, notamment, devra faire l'objet d'une *organisation éditoriale* : en effet, si, pendant les phases de démarrage, une *cellule spécialisée* peut suffire pour alimenter les premières rubriques, une *cellule permanente* sera nécessaire pour les phases d'exploitation.

Nous insistons enfin sur le rôle du *comité de rédaction* qui n'est pas de rédiger, mais de définir la production éditoriale et les règles de production et de validation propres à chaque rubrique.

Les instances de réalisation

De nombreuses organisations éditoriales sont possibles. Celle qui nous a paru la plus pertinente *ressemble à l'organisation de la production cinématographique* : un *producteur*, qui fixe les orientations, décide et paye ; une *équipe de réalisateurs* réalise ; des *acteurs, scénaristes*… fournissent les contenus, organisés thème par thème, rubrique par rubrique.

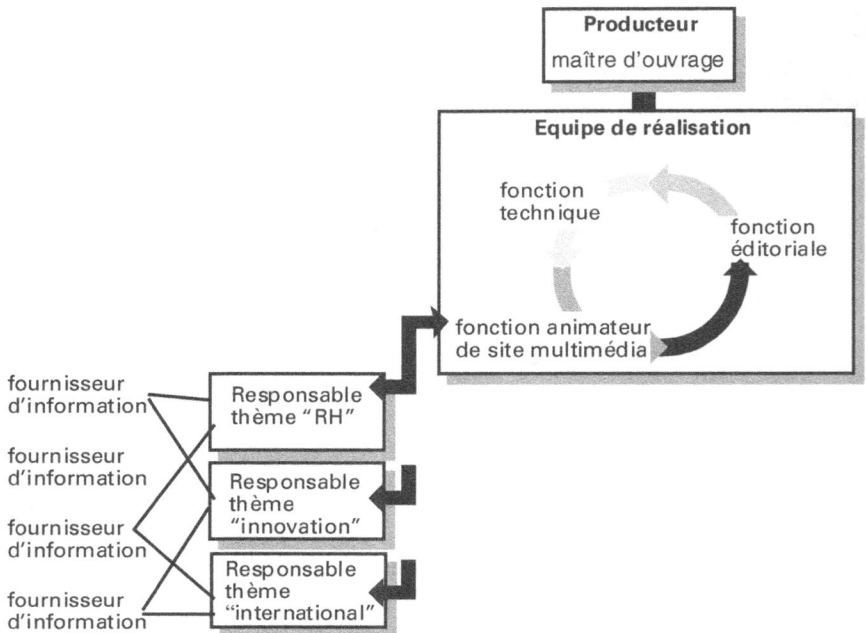

Figure 10. Un exemple d'organisation des ressources éditoriales

Les fonctions nécessaires à l'exploitation du portail global

Fonction éditoriale – Définition d'une ligne éditoriale du site, contrôle de la qualité globale du site et du respect des règles juridiques (droits d'auteur, Cnil)

Animation du site – Recherche permanente de nouveaux contenus, gestion des zones événementielles du sommaire général, sensibilisation des unités ou des agents concernés…

Maintien de la cohérence des contenus – Suppression des doublons, organisation globale des liens entre les documents, vérification des dates de péremption des informations…

Indexation – Mise à disposition d'un thesaurus, voire mise en œuvre de l'indexation…

Support technique – Exploitation du serveur, sauvegardes, mise en œuvre des mesures de sécurisation des accès…

Gestion des droits d'accès – Gestion et mise à jour des droits, volet sécurité, confidentialité

Assistance utilisateurs – Assistance aux agents concernés par la production : définition, diffusion, explicitation des règles de mise en forme des documents, assistance pour l'utilisation des outils de production et d'indexation.

Formation – Formation des webmestres, des réalisateurs web et des producteurs d'information.

Promotion – Promotion du site.

Les fonctions nécessaires au niveau de chaque thème rubrique

Définition des informations, par domaine, indication de la fréquence ou du moment nécessaire des mises à jour de ces informations, contrôle de la validité des informations par domaine, éléments relatifs à l'indexation des documents – Suivi (hiérarchique) du respect des engagements en production de contenus.

Mise à disposition des données brutes – par domaine et par type de contenu, sous différentes formes – Production initiale d'une information ou d'une donnée brute.

Synthèse et édition de documents – Synthèse, concaténation des informations brutes dans des tableaux de bord, bases de données ou documents mis en ligne et pouvant être mis à disposition sur le site (revue de presse, articles de journaux, pages de sites Internet, etc.), dans le cadre du respect des règles juridiques en vigueur.

Édition des pages en ligne – Enrichissement graphique et mise au format de la charte retenue pour le site.

Validation des informations, par domaine – Validation du contenu et de la qualité éditoriale.

Les différents acteurs et leurs rôles

Au niveau central

Comité de pilotage	Suit globalement le site Évalue régulièrement les résultats du site Décide des évolutions majeures Veille à la cohérence et à la qualité globale du site Veille à la bonne coordination entre les services
Webmestre	Anime le site au quotidien et s'assure de sa cohérence globale Prépare les comités de suivi et en rédige les comptes rendus
Réalisateurs web	En charge de la production ou de la mise en forme de pages web
Cellules « communication »	Contribuent généralement à la production des pages Assurent la promotion du site
Comité de publication Remarque : il n'est pas nécessaire dans tous les cas	Regroupe le webmestre, les représentants des cellules informatique, communication et documentation Évalue la qualité des rubriques gérées par le service Propose des évolutions au comité de suivi

Au niveau délocalisé

Comité de pilotage	Suit globalement le site Évalue régulièrement les résultats du site Décide des évolutions majeures Veille à la cohérence et à la qualité globale du site Veille à la bonne coordination entre les services
Webmestre	Anime le site au quotidien et s'assure de sa cohérence globale Prépare les comités de suivi et en rédige les comptes rendus
Réalisateurs web	En charge de la production ou de la mise en forme de pages web
Cellules « communication »	Contribuent généralement à la production des pages Assurent la promotion du site
Comité de publication Remarque : il n'est pas nécessaire dans tous les cas	Regroupe le webmestre, les représentants des cellules informatique, communication et documentation Évalue la qualité des rubriques gérées par le service Propose des évolutions au comité de suivi

Appuis techniques et méthodologiques

Webmestre délégué	Anime au quotidien et suit une ou plusieurs rubriques
Comité de suivi par service ou par thème	Évalue la qualité des rubriques gérées par le service Décide des évolutions importantes de ces rubriques Délègue un représentant au comité interservices
Producteurs d'information	Fournissent une information brute ou mise au format HTML

L'équipe éditoriale

Une équipe éditoriale performante doit regrouper trois compétences : *animation du site, réalisation technique, fonction éditoriale.*

L'animateur de service multimédia, appelé webmestre, est en quelque sorte le «réalisateur». Il anime une équipe de contributeurs de domaines, qui sont des représentants d'une entité ou des porteurs d'une thématique transverse.

La compétence technique développe et met en ligne les pages HTML, administre les serveurs et les accès, ouvre des forums, développe des applications.

L'équipe éditoriale fait vivre le site au quotidien ; dynamique et plaisante, elle est centrée sur l'actualité, la nouveauté, tant au niveau des activités et de la vie de l'entreprise, qu'au niveau de du site lui-même. Certaines rubriques sont actualisées à une fréquence rapide (vingt-quatre heures).

DOMAINE TECHNIQUE	DOMAINE CONTENUS	DOMAINE USAGES
Administration réseau	Conception de sites (publication)	Identification des besoins et usages (écoute permanente)
Création d'interface avec SGBD[3]	Conception d'applications multimédia sur le web	Analyse et veille fonctionnelle
Administration serveurs (web, messagerie, FTP…)	Présentation graphique de l'information	Formalisation des règles du jeu, charte, code déontologique
Administration applications (habilitations, rôles, archivage…)	Fonctions éditoriales (conception, mise à jour des contenus)	Formation et accompagnement des utilisateurs et contributeurs
Développement d'outils web (moteur de recherche, agents…)	Recherche et production des contenus	Animation des sites et forums
Sécurité (accès, sécurité des données)	Coordination intersites	Animation d'applications multimédia
Ingénierie technique et veille	Organisation et gestion des fonds documentaires	Animation des réseaux de compétences pour la capitalisation et le partage
Support technique hard et soft	Gestion et capitalisation des interactions avec les usagers : question/réponse	Promotion et validation des sites
	Analyse et valorisation des données textuelles	Organisation des processus s'appuyant sur l'Intranet (demande de congés, formation)
	Suivi qualité du site	

FIGURE 11. **Répartition des trois compétences nécessaires à la mise en œuvre d'un site**

---

3. Système de gestion de bases de données.

Les responsables de thèmes ou de domaines

Les responsables de thématiques ne font pas de travail éditorial mais interviennent plutôt sur la *constitution de sites référentiels* sur leurs domaines respectifs *par un travail de collecte et d'animation d'une communauté* : documents de référence, forums de discussion. Ils sont *garants de la qualité du contenu de leur domaine* : rédaction des pages, validité des informations.

En général, le responsable de thème ou de domaine cumule ses fonctions avec des activités plus traditionnelles de management opérationnel ou d'expertise métier : c'est un expert ou un chef de projet confirmé. Il identifie les actions, les productions, les expériences, les dossiers thématiques au sein de son équipe en vue de les publier ; il sensibilise et forme les acteurs, internes ou externes ; il est en relation avec le responsable du réseau documentaire pour organiser la collecte et faire respecter les procédures ; il propose la politique d'achat d'ouvrages, de publications ; il organise la fonction veille : analyse des secteurs sensibles, en forte évolution ; il s'assure de la cohérence rédactionnelle (complétude, fiabilité,

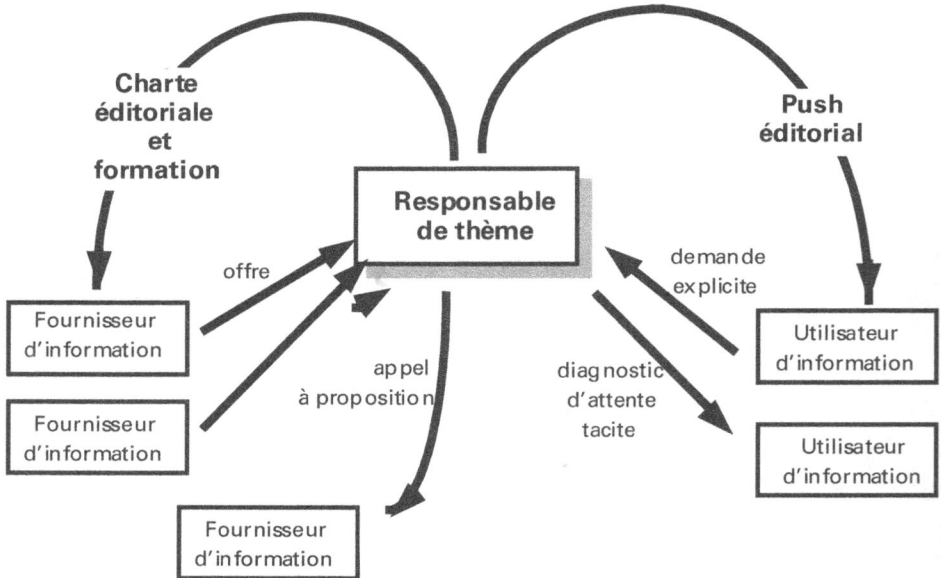

FIGURE 12. La chaîne «production-consommation d'information» décrit les différentes missions du responsable de thème

mise à jour) et de la qualité de l'indexation (descripteurs, thesaurus) ; il peut à cet effet diffuser une charte rédactionnelle (utilisant Information Mapping®).

Faire vivre et faire évoluer un portail

Les attentes des utilisateurs changent, de nouvelles problématiques se mettent en place, il est donc nécessaire de définir de nouveaux services ou de faire évoluer les contenus de services existants pour répondre à ces nouvelles préoccupations. Par ailleurs, une audience fortement limitée, voire complètement inexistante, sur certains services devrait conduire à leur révision voire à leur suppression pure et simple. L'Internet ne doit pas devenir une vaste poubelle !

Deux approches sont possibles :

- *Centraliser la gestion des mises à jour autour d'une équipe spécifique*, issue par exemple de l'équipe projet, qui sera chargée de recueillir les mises à jour transmises par les différents services responsables puis d'en assurer la publication sur le site selon des règles éditoriales définies.

Cette solution simplifie la gestion des modifications et limite donc les risques d'altération des contenus disponibles. En revanche, elle déresponsabilise les services qui risquent, à terme, de ne plus transmettre spontanément les informations requises.

- *Confier directement aux services la gestion complète* (recueil et publication) *de la mise à jour des informations de leur ressort.*

Cette solution permet d'associer tous les services à la vie du site et rendre chacun responsable de la qualité et de la fiabilité des informations qui y sont publiées.

L'évaluation

L'évaluation peut commencer après un premier retour d'expérience et être ensuite menée de manière régulière (au moins une fois par an). Les éléments de cette évaluation pourraient être les suivants :

- la *mesure « technique »* de l'audience des services du site ;
- une *enquête terrain* auprès d'un échantillon représentatif ;
- un *bilan d'ensemble* réalisé avec l'équipe projet.

Communiquer sur le « produit »

Le site va constituer un nouvel outil de travail pour les partenaires. Chacun doit être informé sur le projet, son déroulement et son calendrier afin d'être préparé à l'utilisation du site lorsqu'il deviendra une réalité. *Dès le début du projet*, des actions de communication doivent être initiées. Elles se poursuivront tout au long du projet et longtemps après la mise en place du site. Le projet doit être *lancé officiellement* : dès que l'équipe projet a défini les objectifs, la démarche et le calendrier, ceux-ci doivent être annoncés à *tous les futurs utilisateurs*. L'enjeu est en effet que ceux-ci *s'approprient au plus tôt le site* afin que, lors de sa mise en place, le site ne soit pas vécu comme une charge supplémentaire mais comme un outil pratique et correspondant à leurs attentes.

Prendre garde à l'effet tunnel, c'est expliquer ce qui se passe... même quand il ne se passe rien : le déroulement du projet ne respecte pas le plan initial, le calendrier n'est pas respecté (c'est habituel), des difficultés techniques apparaissent, des personnes vont partir... Le projet vit, mûrit, évolue et se conclut ; il est donc indispensable de *diffuser des informations régulièrement* pour que les services n'aient pas complètement oublié que le site existe le jour où il sera opérationnel.

Plusieurs pistes...

On peut imaginer de :
- créer une lettre du site qui accompagnera le projet et informera de son avancement ;
- faire un point régulier sur le site avec le comité de projet ;
- dès qu'un service est disponible, même imparfaitement, le montrer pour faire réagir les utilisateurs.

« Inaugurer » le site

L'organisation d'une manifestation à l'occasion de l'ouverture officielle du site peut répondre à trois objectifs :
- faire connaître le site (sur Internet, on dit que si on investit 1 dans la technologie, il faut investir 10 dans le contenu et 100, dans le marketing) ;
- annoncer le planning de livraison des services ;
- donner de la visibilité, de la reconnaissance aux acteurs protagonistes.

La communication ne s'arrête pas avec l'ouverture du site. Dans les phases suivantes, elle doit s'efforcer de :
- proposer des espaces de dialogue pour recueillir les réactions des utilisateurs afin de faire évoluer le site,
- présenter les évolutions et les nouveautés apportées au site : se servir de la page d'accueil du site comme vitrine des nouveaux services et/ou des services que l'on souhaite redynamiser.

Manuel

Un *manuel de l'utilisateur*, concis, de quelques pages illustrées (une plaquette de 4 pages est idéale), de recommandations et conseils pratiques et concrets permettra aux utilisateurs d'être guidés dans « leurs premiers pas » sur le site. Il sera diffusé idéalement à l'issue des formations d'initiation au site que devront recevoir tous les utilisateurs.

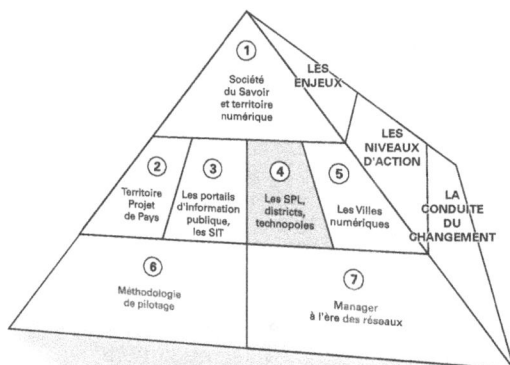

Sociéte du Savoir et territoire numérique ①
LES ENJEUX
LES NIVEAUX D'ACTION
LA CONDUITE DU CHANGEMENT
Territoire Projet de Pays ②
Les portails d'information publique, les SIT ③
Les SPL, districts, technopoles ④
Les Villes numériques ⑤
Méthodologie de pilotage ⑥
Manager à l'ère des réseaux ⑦

Chapitre 4

Les systèmes
productifs locaux

Nous assistons aujourd'hui à la naissance d'un modèle de développement plus localisé et territorialisé, le système productif local (SPL), où la dynamique de développement économique est davantage le résultat des énergies du terrain, de la flexibilité, de la participation et de la synergie de acteurs du territoire que de contraintes extérieures ou de programmes institutionnels.

Ce phénomène de participation se traduit par trois conséquences :

• En ce qui concerne le tissu économique : la grande entreprise intégrée et auto-suffisante est remplacée par des réseaux plus ou moins complexes et denses de firmes spécialisées, organisées en systèmes productifs localisés mais reliées à des réseaux internationaux. ;

• Dans le domaine de la gestion du travail : le taylorisme (banalisation, segmentation du travail et expatriation des cadres) est progressivement remplacé par une mobilisation des ressources humaines associées aux cultures locales et intégrées au territoire ;

• Enfin, les flux d'information et de connaissance entre une multitude d'acteurs différents nourrit une fertilisation croisée qui est à la base d'une grande créativité : les SPL sont fondés sur un esprit d'innovation.

L'émergence féconde

« Le lien est plus fort que le bien »

Dans l'un des colloques annuels du Santa Fe Institute, John Holland nous a présenté la situation expérimentale suivante[1] : supposons que nous disposons d'un nombre relativement important d'agents (molécules, individus, entreprises, pays ou galaxies). Imaginons que nous commençons à les relier deux à deux, au hasard, par des bâtonnets (des liaisons, des relations). De temps en temps, nous nous arrêtons pour tirer l'un de ces bâtonnets et regarder ce qui vient avec. Pas grand-chose au début : ont été reliés des points épars, et les liaisons correspondantes sont éparpillées. Mais soudainement, lorsque la densité de relations augmente, la pêche aux bâtonnets change de caractère : beaucoup sont attachés les uns aux autres, et l'on tire alors une structure de plus en plus riche. (Les physiciens et les chimistes auront reconnu ici un phénomène de transition de phase.)

Ce que l'on retire au-delà du point d'inflexion est d'une nature différente de celle des éléments constituants dont on est parti. Là où, par exemple, on ne s'intéressait au départ qu'à des entreprises éparses, à des individus, à des idées, à des ressources financières, à des institutions, à des sub-cultures, on contemplera, lorsque la densité de relation sera devenue suffisante, une entité complexe, qui pourrait parfaitement décrire la Silicon Valley.

> Dans ce processus de mise en relation, il y a eu apparition d'une entité d'un ordre de complexité supérieur à celui de ses éléments constitutifs, qu'elle subsume et régit.

Dans ce processus de mise en relation, il y a eu apparition d'une entité d'un ordre de complexité supérieur à celui de ses éléments constitutifs, qu'elle subsume et régit. Cette nouvelle entité comprend les éléments initiaux, les relations établies entre eux, mais bien plus encore : des fonctionnalités nouvelles, une structure nantie d'un certain degré de stabilité, de pérennité, qui nous permettent d'admirer la naissance d'une nouvelle espèce. *En un mot, une émergence.*

La question se pose alors de savoir comment on pourrait provoquer de façon volontariste des émergences favorables. Il ne s'agit plus là d'une question théorique…

⊃ Zoom sur... les conditions de l'émergence dans la Silicon Valley

Des travaux de John Holland, de Annalee Saxenian, professeur à UC Berkeley et d'autres théoriciens de la complexité se dégagent cinq conditions pour augmenter les chances d'émergence : un nombre élevé d'acteurs, une forte densité des agents, une certaine diversité, un grand nombre de connexions, une intensité élevée des agents.

---

1. Le concept d'émergence et le zoom sont issus d'entretiens et d'articles avec Pascal Baudry, président de WDHB group, Français qui vit actuellement dans la Silicon Valley.

Il n'est pas étonnant de constater que la Silicon Valley, qui a généré 150 000 emplois en deux ans, réponde à ces cinq conditions.

Le nombre élevé d'agents – Les entreprises californiennes préfèrent établir des partenariats plutôt que d'essayer de tout faire par elles-mêmes. Elles peuvent ainsi se concentrer sur leurs compétences clés et gagner du temps en n'ayant pas à réinventer des solutions déjà trouvées par d'autres. Cet appel à une multitude de prestataires extérieurs donne place à un foisonnement de petites entreprises qui essayent chacune d'être la meilleure dans un domaine très étroit, aidant ainsi à réaliser la première condition de l'émergence. La pratique juridique américaine permet une contractualisation rapide et fiable des accords.

La tradition française, au contraire, consiste à monter en interne un projet aussi ambitieux que possible, qui s'inscrit dans une durée plus longue et qui rechigne à faire appel à des compétences extérieures. Cette approche colbertiste et dans la tradition des grandes écoles nécessite moins d'agents, et est donc moins propice à l'émergence.

La forte densité des agents – La Silicon Valley est confinée dans un espace étroit, limité par l'océan, la baie de San Francisco et les montagnes au sud de San José.

Des confinements peuvent s'observer à des échelles plus réduites, par exemple dans des bureaux paysagés ou dans des centres de recherche (comme celui de Steelcase dans le Michigan, dont l'architecture pyramidale vise à contenir le maximum de chercheurs dans un minimum d'espace, ou au Technocentre de Renault).

À l'évidence, les enfilades de bureaux fermés le long de couloirs austères ne vont pas dans le sens de l'émergence.

La diversité – La diversité ethnique, clairement appréciée dans la culture de la Silicon Valley.

À l'inverse, les environnements d'autrefois préféraient sélectionner les « espèces » qui s'accommodaient bien d'une monochromie qu'elles contribuaient à renforcer. L'invocation politiquement correcte inévitable en France de la féminisation souhaitable du management supérieur (ou de la recherche) n'est qu'un rideau de fumée qui cache l'énorme résistance des mâles traditionnels à voir émerger de nouveaux comportements moins prévisibles.

Le grand nombre de connexions – La connectivité est favorisée dans la Silicon Valley par une culture qui pousse à la communication entre personnes ne se connaissant pas et, bien sûr, par une infrastructure technologique de pointe ; le fait que ces relations soient souvent éphémères et donc qualifiées de superficielles par les Français est un non-sens. Ce qui compte, c'est la *cross-fertilisation* la plus rapide possible. La tolérance au risque, notoirement plus grande dans la culture américaine, la transparence et la croyance d'abondance qui se manifeste par l'esprit « gagnant-gagnant » amènent à considérer l'étranger comme un porteur potentiel d'enrichissement, et non comme un prédateur.

Les Français (et les Japonais) préfèrent des relations plus durables et en plus petit nombre, qui génèrent moins de surprise et moins d'émergence.

L'intensité élevée des acteurs – L'intensité s'exprime, dans la Silicon Valley, par la passion technique et la motivation financière. Venir limiter les rémunérations des collaborateurs du secteur « . com » d'une entreprise, ou fiscaliser lourdement les *stock-options* peut se comprendre au nom de rationalités classiques, mais est un contresens dans la nouvelle économie.

La polarisation

Il est généralement admis que le progrès économique ne se manifeste pas partout en même temps et que, lorsqu'il fait son apparition, des forces puissantes travaillent à la concentration géographique de la croissance autour de ces points de départ, sortes de forces gravitationnelles.

Cette force d'attraction résulte en grande partie de la proximité d'un centre en expansion où s'est créée une « atmosphère industrielle », avec sa *réceptivité particulière aux innovations.*

Rares sont les études qui ont analysé précisément les *formes principales de développement des systèmes productifs locaux,* et l'on voit une grande profusion et confusion de termes dans la littérature : district industriel, milieu innovateur, technopole, grappe industrielle…, accompagnés de traductions plus ou moins ambiguës de termes anglo-saxons comme *clusters*, *valleys*…

Ces réseaux ont cependant des différences notables, notamment :

- *spatiale* : ancrage territorial
- *socio-historique* : sentiment d'appartenance et système de valeurs, division sociale et technique du travail, rapport à la création et insertion dans l'espace
- *technique et technologique :* spécialisation mono- ou plurisectorielle, dynamique et modalités de l'innovation
- *professionnelle* : niveau de qualification et formation des acteurs
- *économique et financière* : complémentarité des actifs, interdépendances des activités marchandes et non marchandes, externalités, politique d'investissement, importance des institutions financières et accès au crédit
- *informationnelle* : accès et circulation de l'information dans la structure *Institutionnelle et administrative* – existence de conventions ou d'un système de règles, rôle et implication des organes socio-politiques

Parmi toutes les tentatives de classification des systèmes productifs locaux rencontrées dans la littérature, celle qui nous a paru la plus pertinente s'attache aux *modalités de création et d'échange du savoir entre les acteurs* et aux *formes d'apprentissage organisationnel.* Nous la reprenons plus bas.

⊃ **Zoom sur…** Les SPL en **Franche-Comté**

En Franche-Comté, six systèmes productifs locaux ont été recensés : l'horlogerie, le jouet, la lunette, le bois-ameublement, l'équipement automobile, le traitement de surface. Ils ont un rôle à jouer dans l'économie nationale comme dans l'économie régionale. Ils sont composés d'un capital humain important en termes de qualifications techniques et de culture d'entreprise « partagée ».

Des actions pour tous les secteurs

Quatre des six secteurs identifiés font l'objet de contrats professionnels de progrès (CPP): il s'agit d'une convention-cadre, cosignée par le préfet de Région et le président du conseil régional (confiée à la Drire), destinée à discuter, avec les professions concernées, de certains axes de progrès dans différents domaines (développement commercial, développement technologique, export, communication, formation). Les actions qui en découlent permettent de faire réfléchir toute la profession sur une stratégie à moyen terme. Sur les autres secteurs, qui ne pouvaient ressortir à un CPP, nombre d'actions collectives et de discussions avec les organismes professionnels ou consulaires ont eu lieu.

Facteurs clés de réussite…

La réussite de ces CPP dépend de plusieurs facteurs:

- des représentants professionnels incontestés, consensuels;
- la mise en place d'un «homme-ressources» susceptible d'assurer l'assistance technique et l'ingénierie du projet;
- une étude d'orientation stratégique préalable.

Les bonnes coopérations entrepreneuriales résultent de:

- l'analyse commune des risques externes liés à la mondialisation (risques technologiques, tels que l'utilisation du nickel dans les alliages lunetiers, risques d'identification, d'où la définition d'un label qualité, etc.);
- des rencontres d'entreprises qui s'ignoraient totalement auparavant et qui, dans ce cadre, ont trouvé des lieux de coopération et d'échange.

Des participations financières incitatrices

L'accord-cadre des contrats professionnels de progrès indique les participations financières possibles: il y a l'État, les Régions, l'Europe et les entreprises du secteur. Pour ce qui concerne l'État, le financement est assuré par chacun des partenaires concernés, à savoir la DRCE (export), la Drire (développements technologiques et commerciaux, communication), le Sgar (Fnadt, projets interministériels), la DRTEFP (formation), voire la Drac (Musée du jouet, par exemple). Le budget d'un CPP est de l'ordre de 14 MF, dont environ 10 MF de fonds publics répartis en parts égales entre l'État, les collectivités locales et l'Europe.

TYPOLOGIE DES SYSTÈMES PRODUCTIFS LOCAUX

Les systèmes productifs locaux se définissent comme l'ensemble «des organisations productives groupées sur un même territoire et structurées autour d'une même filière professionnelle». Les notions de district industriel, de grappe industrielle et de technopole ont en commun une *volonté d'infléchir les règles de fonctionnement de l'environnement immédiat des entreprises en renforçant les liens entre les fournisseurs et les clients*, en améliorant la formation de la main-d'œuvre, en favorisant la recherche et développement, en encourageant les échanges de technologies…

L'idée générale consiste à *recenser toutes les unités de production qui participent aux diverses étapes conduisant de la matière première à un produit fini*. Si la notion semble simple, son interprétation peut conduire à décliner de nombreuses acceptions différentes de la *notion de filière*, comme par exemple :

- Une filière définie par la dimension technique de la suite d'opérations. Sont analysées les étapes du processus *technique* qui conduisent à l'élaboration du produit final, ce qui autorise la présence concurrente de plusieurs filières dans le déroulement du processus.
- Une filière basée plutôt sur la *stratégie* des entreprises, en termes de diversification, d'intégration verticale, de conquêtes de « positions clés » sur les activités jugées fondamentales ; elle peut donc intégrer des acteurs à l'intersection de plusieurs filières.
- Une filière représentant une structure *industrielle* forte ; elle peut aller jusqu'à mettre en évidence des secteurs nécessaires à l'indépendance nationale.
- Une filière calquée sur une approche *monosectorielle*, par produit (pomme de terre, bois, textile…), décrivant une structure de relations (amont-aval) et mettant en œuvre des rapports de dépendance entre les acteurs.

Mais poursuivons avec une analyse détaillée des catégories les plus souvent mentionnées : les districts industriels, les grappes industrielles et les technopoles[2].

Le district industriel

Un district industriel est un espace géographique limité où sont concentrées de petites ou moyennes entreprises d'une même branche (incluant la machinerie, les produits et les activités de service nécessaires au processus de production) s'appuyant sur *une tradition artisanale ou industrielle* et donc sur *un savoir-faire local*. La spécialisation des entreprises dans une composante du même produit induit une division du travail, une certaine coopération basée sur l'appartenance à un même métier (culture professionnelle) mais n'écarte pas les relations de concurrence.

Un véritable district industriel ne répond ni à une stratégie d'aménagement du territoire, ni à une création de zones industrielles ou de technopoles, *c'est le rassemblement localisé de petites unités non dominées par une grande*, chacune de ces unités étant spécialisée dans quelques opérations bien précises. Il y a ainsi une étroite interpénétration entre l'activité industrielle et l'activité socio-économique : un district industriel ne s'improvise pas, il correspond à un enracinement local, une culture, une histoire, des traditions, des métiers.

---

2. Sur ce sujet, voir l'excellent texte *Systèmes locaux de production : Réflexion-synthèse sur les nouvelles modalités de développement régional/local* par Benoît Lévesque, Juan-Luis Klein, Jean-Marc Fontan et Danièle Bordeleau ; l'ouvrage de Michael Porter, *The Competitive Advantage of Nations*, The Free Press, New York, 1990 ; et, bien sûr, les travaux de la Datar.

Le district industriel apparaît ainsi comme un *grand complexe productif* où la coordination des différentes phases et le contrôle de leur fonctionnement ne sont pas assujettis à des règles préétablies ni à des mécanismes hiérarchiques, mais au contraire sont soumis au *jeu du marché* et à un *système de régulation sociale généré par la communauté*. Les produits du district visent autant le marché local qu'international. La marque de commerce du district est son produit régional spécifiquement reconnu.

⊃ Zoom sur... Un exemple de district industriel : la commune de Carpi, Italie

Le district industriel de Carpi est actif dans le secteur textile-habillement et en particulier dans la bonneterie et la confection. Le territoire qui identifie le district comprend cinq communes situées dans la province de Modène.

Ce district industriel se distingue par un taux remarquable de spécialisation dans la production de vêtements de laine (1 653 entreprises) et dans la confection (347 entreprises) ; le chiffre d'affaires total est de 300 milliards d'euros environ, dont 39 % à l'export.

Le district se distingue aussi et surtout par une organisation originale de la production : 449 entreprises avec 5 451 salariés travaillent pour le marché final, prenant surtout en charge le projet et la commercialisation des produits, en s'orientant vers des produits non standards, c'est-à-dire en fonction des changements de la mode ; 1 551 entreprises avec 5 685 salariés font surtout de la sous-traitance : entrelacement, confection, repassage, contrôle et emballage, coupe... Le niveau de collaboration qu'on observe, même de façon non formelle, nourrit une stratégie globale favorisant la qualité de la production, le niveau de compétitivité et l'image de l'ensemble du district de Carpi.

Parfois, la notion de *système local de production* est utilisée ; elle se distingue du district industriel entre autres par le fait que les entreprises ne sont pas nécessairement concentrées dans une seule branche, ni spécialisées dans la production des composantes d'un seul produit. De plus, dans le SLP, il peut s'agir de relations entre PME d'un même territoire, mais aussi entre grande entreprise et PME voire même entre grandes entreprises.

Il existe un réseau dense d'interdépendances entre les diverses entreprises, pour des raisons allant du développement d'une production spécialisée (qu'une seule entreprise n'est pas capable de réaliser) à la recherche d'économies d'échelle importantes. Le SLP repose sur un système de régulation qui fait appel non seulement aux règles du marché mais aussi à un code social non écrit.

⊃ Zoom sur... Un exemple de système local de production : La vallée de la Bresle

La vallée de la Bresle, située aux confins de la Haute-Normandie et de la Picardie, rassemble des entreprises de la filière verre pour la parfumerie. Le pôle verrier de la Vallée de la Bresle a été reconnu par l'État, en 1999, comme district industriel ou système productif localisé, c'est-à-dire un bassin d'emploi développé autour d'un même savoir-faire.

L'objectif du district est de proposer de meilleurs services (rapidité de réponse à la demande, adaptabilité…) et d'améliorer l'offre au client (production innovante de biens de grande qualité à forte valeur ajoutée, nouveaux matériaux…). De nombreuses actions sont lancées dans ce sens : contrats de recherche avec des universités ou des centres de recherche (par exemple, l'établissement d'une norme de dépoli), veille technologique, déplacements à l'étranger, afin de mieux comprendre la demande de clients potentiels et d'avoir une offre plus adaptée ; organisation d'alliances ponctuelles pouvant répondre à une demande plus ou moins complexe, en alliant sur mesure différentes compétences.

Cette organisation, qui fait suite au développement mondial des deux grands verriers de la vallée, a largement contribué à donner aux produits de la vallée de la Bresle une identité sur le marché international : le label « Vallée de la Bresle-Glass Valley » est aujourd'hui devenu une référence mondiale pour certaines lignes d'articles à haute valeur ajoutée dans les domaines de la mode ou du luxe. À terme, le système local de production vise à la certification ISO 9002.

Caractéristiques des districts industriels

La taille des districts est très variable selon le secteur ; elle va de 300 à 3 000 entreprises, de petite taille (10 à 100 employés).

L'émergence d'*entreprises leaders* au sein du groupe n'est pas considérée comme perturbatrice, au contraire : elle provoque une amélioration de la qualité et des capacités d'innovation dans l'ensemble du district. On observe d'ailleurs le plus souvent des participations au capital (aujourd'hui, 36 % des opérateurs des districts déclarent être affiliés à un groupe industriel).

La cohésion sociale et *l'esprit communautaire* sont les caractéristiques originales des districts : certaines communes ont équipé les zones industrielles, ailleurs, les organisations syndicales ont régulé d'une manière non conflictuelle les relations industrielles, les associations d'entrepreneurs et les chambres de commerce se sont chargées de la formation professionnelle et du développement des services collectifs, etc.

L'atmosphère industrielle (terme inventé par Alfred Marshall, premier économiste américain à avoir analysé les districts industriels, en 1919), et notamment l'éducation des comportements collectifs vis-à-vis de l'industrie, apparaît comme une condition importante en phase de développement.

La *proximité* des entreprises rend possible une division progressive du travail et favorise la spécialisation entre les entreprises tout en renforçant la circulation de l'information et la qualification de la main-d'œuvre.

Un autre atout notable des districts est leur *compétitivité*, notamment à l'exportation. Cette compétitivité des entreprises ne se fait pas au détriment des salaires, des prix ou des normes de travail, mais par le renforcement des moyens de commercialisation, par l'élargissement des gammes de produits, par la recherche de nouveaux débouchés, et par des opportunités comme les participations de l'État (exonérations d'impôts et de TVA pour certaines prestations). Pour réduire leurs charges, certains districts réunis en club depuis 1994, réclament de pouvoir bénéficier des conditions offertes aux grandes entreprises (dans les domaines des télécommunications, du gaz et de l'électricité).

La main-d'œuvre est *flexible et qualifiée*. Le haut niveau de qualification est atteint au moyen d'un apprentissage communautaire ou de formations spécifiques proposées par les écoles spécialisées du district.

En revanche, les modèles des districts ne sont *pas facilement transposables ni reproductibles*. Le mélange de facteurs culturels et géographiques a une importance certaine sur la réussite générale du modèle organisationnel, ce qui explique à la fois l'expansion du phénomène en Italie et certains échecs rencontrés dans d'autres pays.

Produits sidérurgiques	Carmagnola (Piemonte), Rivaloro Mantovano (Lombardia).
Construction mécanique	Suzzara (Lombardia), Novellara (Emilia Romagna), Cento (Emilia Romagna), Copparo (Emilia Romagna).
Construction électrique et électronique	Conegliano (Veneto), Guastalla (Emilia Romagna).
Textile	Urgano (Lombardia), Quinzano d'Oglio (Lombardia), Asola (Lombardia), Carpi (Emilia Romagna), Prato (Toscana).
Habillement	Oleggio (Piemonte), Manerbio (Piemonte), Pontevico (Lombardia), Verolanuova (Lombardia), Ostiano (Lombardia), Noventa Vicentina (Veneto), Piazzola sul Brenta (Veneto), Adria (Veneto), Porto Tolle (Veneto), Mondolfo (Marche), Urbania (Marche), Corinaldo (Marche), Folottrano (Marche), Roseto degli Abruzzi (Abruzzi), Castelfiorentino (Toscana), Empoli (Toscana).
Tannerie, peausserie	Arzignano (Veneto), Santa Croce sull'Arno (Toscana), Tolentino (Marche).
Chaussures	San Giovanni Ilarione (Veneto), Pieve di Sacco (Veneto), Civitanova Marche (Marche), Fermo (Marche), Grottazzolina (Marche), Montefiore dell'Aso (Marche), Montegranaro (Marche), Monte San Pietrangeli (Marche), Torre San Patrizio (Marche), Lamporecchio (Toscana), Montecatini Terme (Toscana).
Ameublement	Viadana (Lombardia), Bovolone (Veneto), Cerea (Veneto), Nogara (Veneto), Motta di Livenza (Veneto), Oderzo (Veneto), Mantagnana (Veneto), Sacile (Friuli Venezia Giulia), Modigliana (Emilia Romagna), Saltara (Marche), Poggibonsi (Toscana), Sinalunga (Toscana).
Céramique	Sassuolo (Emilia Romagna), Casalgrande (Emilia Romagna).
Jouets	Canneto sull'Oglio (Lombardia).
Instruments de musique	Potenza Picena (Marche), Recanati (Marche).

FIGURE 13. **Les secteurs d'activité des principaux districts industriels italiens**

En résumé, les traits marquants des districts sont :

– une base productive diversifiée, une tradition culturelle et des liens très forts entre communautés des affaires et société civile ;
– des réseaux informels et accords flexibles de sous-traitance ou de service ;
– une *coopétition*[3] entre les entreprises du même district : des dizaines d'entreprises à la fois partenaires et rivales sur les coûts, les délais, la qualité ;
– un savoir-faire s'appuyant sur des techniques héritées du passé, mais continuellement amélioré par les acteurs ;
– un style de management communautaire : des structures souples, des modèles d'organisation simples, sur un modèle familial ;
– une bonne connaissance de la demande : la concentration sur un espace géographique restreint permet de diffuser rapidement les tendances du marché.

Les grappes industrielles (clusters)

Une *grappe industrielle* (cluster) regroupe des entreprises d'un même secteur, avec des activités de soutien et d'infrastructure ; elles s'échangent des compétences technologiques et professionnelles, de la main-d'œuvre et des fournisseurs. La caractéristique la plus remarquable d'une grappe est sa *connectivité*, y compris entre clients et fournisseurs. À la longue, la grappe finit par constituer un bassin d'expertise, de technologies et d'institutions hautement concurrentielles dans un domaine donné.

L'implantation massive de l'aérospatiale à Toulouse est un exemple typique de grappe industrielle.

À l'intérieur de la grappe, les entreprises nouent des alliances stratégiques avec les fournisseurs et même avec leurs concurrents. Elles puisent dans un bassin de main-d'œuvre commun et contribuent en retour à la génération et la diffusion de nouvelles compétences et connaissances. Les entreprises forgent des liens solides avec des institutions locales, particulièrement les universités et les établissements de recherche.

La différence avec le district est que *la grappe se crée le plus souvent autour d'une ou de deux grandes entreprises* (aérospatiale, automobile), qui entraînent localement une multitude de fournisseurs auxquels elles

---

3. Ce néologisme désigne un concept d'interdépendance entre des entreprises qui sont à la fois en compétition et en coopération ; l'un des exemples les plus célèbres est le jeu d'IBM, de Microsoft et d'Apple dans les années quatre-vingt : à la fois ennemis mortels et faisant des affaires ensemble.

imposent une structuration forte des échanges (standards, normes et spécifications).

Hors de la grappe, les entreprises se relient à un *réseau mondial de sous-traitants, de sociétés affiliées et de vendeurs.*

Une politique cherchant à développer les grappes industrielles doit partir des points forts existants d'une économie locale : elle cible les concentrations d'entreprises ayant déjà prouvé leur force et leur viabilité, met l'accent sur la relation entre les points forts communs à plusieurs industries et s'emploie à intensifier l'exploitation des connaissances dans ces groupements et à favoriser l'interaction entre les différentes parties du réseau.

> *Le réseau d'entreprises (network)* est un regroupement d'entreprises indépendantes coopérant durablement sur des objectifs communs, afin de s'appuyer sur la capacité d'innovation et le dynamisme de chaque firme partenaire. À la différence de la grappe, les entreprises d'un réseau peuvent n'avoir aucun noyau territorial.

Les entreprises du réseau coordonnent leurs activités de manière à créer un environnement favorisant l'émergence des *processus innovateurs* et le développement de *nouvelles compétences*, valorisant ainsi des opportunités internes et externes. *L'idée de réseau repose sur deux éléments fondamentaux : les interactions et les mécanismes d'apprentissage.*

Les grappes regroupent les diverses industries et fonctions en trois grandes catégories :
- les industries amont : matériaux/métaux, produits pétroliers/chimiques, semi-conducteurs/ordinateurs, etc ;
- les fonctions industrielles et de soutien : activités de transport, de production et distribution d'énergie, immobilier d'entreprise, télécommunication et défense, etc ;
- les biens et services de consommation finale : alimentation, logement, équipement ménager, santé, articles à usage personnel, divertissement, culture, loisir, etc.

Le rôle des pouvoirs publics

Même si *les grappes naissent et se développent naturellement,* les *gouvernements* peuvent jouer un rôle très important en intervenant de manière indirecte et *dans une perspective de long terme.* Toute action rapide est inefficace, il faut au moins dix ans avant qu'une intervention donne des résultats tangibles.

▶ *L'État doit encourager la collaboration verticale entre entreprises : fournisseurs, sous-traitants, industries connexes.*

L'État doit encourager la collaboration verticale entre entreprises : fournisseurs, sous-traitants, industries connexes, etc. Il doit également *stimuler la concurrence* dans les relations horizontales entre les firmes afin qu'elles soient de plus en plus innovatrices et compétitives.

Selon Michael Porter[4], toute formes de protectionnisme, de subventions aux entreprises, de fusions domestiques, d'incitations aux pratiques coopératives, de garanties de marchés publics, de dévaluations de la monnaie risquent à long terme de porter gravement préjudice aux industries nationales.

Par ailleurs, les pouvoirs publics peuvent favoriser la compétitivité des entreprises locales en faisant la *veille technologique*, par exemple, et en intervenant dans *tous les domaines où l'entreprise n'a pas les moyens d'agir*, comme, par exemple, le commerce extérieur. Enfin, l'apport public le plus bénéfique se situe peut-être au plan des *investissements créateurs de facteurs spécialisés* – instituts universitaires de technologie, centres de formation, banques de données, infrastructures spécialisées.

⊃ Zoom sur... la charte de Bologne 2000

Les ministres et les représentants des gouvernements de : Afrique du Sud, Algérie, Allemagne, Argentine, Australie, Autriche, Belgique, Brésil, Bulgarie, Canada, Chili, Corée, Danemark, Égypte, Espagne, États-Unis, Fédération de Russie, Finlande, France, Grèce, Hongrie, Inde, Indonésie, Irlande, Islande, Israël, Italie, Japon, Luxembourg, Maroc, Mexique, Norvège, Nouvelle-Zélande, Pays-Bas, Philippines, Pologne, Portugal, République slovaque, République tchèque, Roumanie, Royaume-Uni, Slovénie, Suède, Suisse, Tunisie, Turquie et Vietnam, participant à la conférence de Bologne[5] :

RECONNAISSANT

l'importance grandissante des petites et moyennes entreprises (PME) pour la croissance économique, la création d'emplois, le développement régional et local, et la cohésion sociale, notamment grâce au rôle joué par les femmes entrepreneurs et les jeunes créateurs d'entreprise ;

que l'esprit d'entreprise et un secteur de PME dynamique sont importants pour la restructuration des économies et pour la lutte contre la pauvreté ;

que la mondialisation, l'accélération du progrès technologique et l'innovation créent de nouvelles opportunités pour les PME, mais entraînent aussi des coûts de transition et de nouveaux défis, et que la mondialisation devrait conduire à une amélioration du niveau de vie pour tous et que ses avantages soient accessibles à tous dans des conditions équitables ;

qu'il importe d'adapter les politiques concernant les PME aux circonstances et aux priorités propres à chaque pays et à chaque secteur, tout en contribuant au développement durable et au progrès social.

RECONNAISSANT que les grappes d'entreprises et les réseaux peuvent jouer un rôle important pour stimuler la capacité d'innovation et la compétitivité des PME,

RECOMMANDENT qu'en développant les politiques concernant les PME les points suivants soient considérés :

que soit facilitée la constitution de partenariats faisant intervenir des acteurs privés, des ONG et différents niveaux et domaines de l'administration publique dans le cadre de stratégies de développement de grappes et de réseaux d'entreprises locaux ;

---

4. *Op. cit.*
5. Extrait de la charte adoptée par les pays de l'OCDE, le 15 juin 2000.

que le secteur privé joue un rôle moteur dans les initiatives de création de grappes d'entreprises, le secteur public jouant un rôle de catalyseur en fonction des priorités nationales et locales (par exemple, entre autres, en facilitant l'investissement privé par des incitations publiques, en facilitant l'accès au capital de départ et en évaluant les résultats des initiatives de création de réseaux) ;

que les organismes publics et privés stimulent la croissance des grappes d'entreprises (existantes ou naissantes) : en améliorant leur accès à des locaux et à des infrastructures de communication et de transport efficaces ; en facilitant la spécialisation locale des relations université-industrie ; en diffusant une information ciblée, notamment sur les atouts des localisations et les avantages offerts à l'investissement ; et en encourageant les réseaux de fournisseurs, les services de soutien technique, les cercles d'apprentissage et d'autres activités de collaboration.

Les technopoles et parcs scientifiques (valleys)

Les technopoles ou parcs scientifiques sont des concentrations territoriales d'entreprises innovantes situées à proximité de centres de recherche et de formation scientifique, tissant un *réseau de relations destiné à produire de l'innovation*.

▷ Ce qui caractérise une technopole, ce sont moins les échanges marchands de produits entre les entreprises que des relations fondées sur l'innovation et le savoir.

Ce qui caractérise ce réseau, ce sont moins les échanges marchands de produits entre les entreprises que des *relations fondées sur l'innovation et le savoir*. L'effet de proximité géographique s'y exprime par la constitution d'un milieu humain homogène et continu dont l'activité s'étend de la recherche fondamentale à l'industrie. On observe ainsi l'apparition d'un langage, de normes techniques et d'une éthique professionnelle communs, autant d'éléments favorisant un *renforcement des relations recherche-industrie* et la constitution d'un micro-système innovant.

Comme pour les districts et les grappes industriels, les technopoles montrent une grande diversité de formes et appellations possibles : incubateur, parc technologique, pôle d'excellence, cité des sciences…

La technopole peut aussi être un outil de management technologique du territoire pour la mise en place d'un pôle d'excellence économique. Dans cette perspective, elle peut faire appel aussi bien à des acteurs publics pour la coordination qu'à un management privé, mais, dans un cas comme dans l'autre, le partenariat et la multidisciplinarité sont nécessaires (personnes provenant des communes, des Régions, des industries, des banques, des universités, des chambres de commerce). Dans les deux cas, les entreprises s'inscrivent dans un réseau serré d'échanges et de communication.

Panorama des technopoles

Aux États-Unis, les deux cas les plus souvent cités, ceux de Silicon Valley et de la région de Boston (la Route 128), sont le fruit de phénomènes spontanés même si, au départ, le marché public a joué un rôle très important.

En Europe, au contraire, la quasi-totalité des technopoles sont apparues à la suite d'interventions massives de l'État, que ce soit de manière directe ou indirecte.

Depuis la création de *Sophia-Antipolis*, pionnière française des technopoles européennes, qui emploie aujourd'hui 22 000 personnes, les gouvernements se mettent en quatre pour essayer de promouvoir ces lieux un peu magiques, où se concentrent les trois éléments de base : chercheurs, entrepreneurs, investisseurs.

En Espagne, le site de *Tres Cantos*, près de Madrid, a été créé en 1987 pour dynamiser le tissu régional ; AT & T (devenu Lucent) et Téléfonica ont été les premières à s'y installer ; depuis, près de 15 000 emplois ont été créés par plus 150 entreprises espagnoles ou étrangères, du secteur télécom et nouvelles technologies.

En Italie, Fiat régnait à Turin et la mode, à Milan ; aujourd'hui, le *Nuovo Mercato*, situé entre les deux métropoles, connaît une explosion de start-up centrée sur les services au grand public.

En Belgique, la *Flanders Language Valley* a été lancée par le numéro un des technologies de reconnaissance vocale et accueille aujourd'hui 34 sociétés.

En Finlande, sur une terre glacée proche du cercle polaire, 2,2 millions de francs ont été investis dans des infrastructures à proximité du campus universitaire ; en juin 1999, *Technopolis* est devenu le premier parc scientifique au monde côté en Bourse (valorisé à 110 millions de francs) emploie 11 000 personnes et forme 13 500 étudiants.

Citons enfin *BioValley*, une structure transfrontalière localisée sur trois vallées voisines en Alsace, en Allemagne et en Suisse, fédérant 300 PME, 5 universités, 5 chambres de commerce et plus de 50 cabinets de conseil, soit 1 500 membres au total sur le thème des biotechnologies.

⊃ **Zoom sur...** BioValley[6]

BioValley est née de la vision de deux hommes : Hans Briger et G. H. Endress. Ces hommes ont voulu reproduire le modèle de la Silicon Valley en Europe, en mettant en exergue le potentiel des PME du secteur vie et santé de la région du Rhin supérieur. Mais, au-delà de la volonté des hommes, un certain nombre de facteurs formaient le cadre favorable au développement d'une telle idée.

Les éléments favorables

---

6. Ce zoom est issu d'éléments communiqués par les organisateurs de BioValley ainsi que d'une étude réalisée dans le cadre du dess Gestion de l'information dans l'entreprise de l'Institut de sciences politiques par quatre étudiants : Cédric Bunel, Cécile Pavec, Corinne Leprince et Ariane Thérèse.

Un tel projet doit tout d'abord reposer sur un *environnement naturel favorable*. Dans le cas de BioValley, le cadre géographique a constitué un élément déterminant. À l'heure de l'Europe, le caractère trinational de la région d'implantation de BioValley est source de dynamisme et d'ouverture. La proximité géographique avec les grands centres européens facilite les échanges et la communication, source d'enrichissements et de débouchés. De plus, la région est historiquement dotée d'un fort potentiel d'industries et de recherche dans le secteur Vie et Santé. Il y converge un faisceau multidisciplinaire dans les différents domaines de la biotechnologie, en étroite corrélation avec les sciences de la nature et de la santé.

Le deuxième facteur clé de succès d'un tel projet est *l'implication complète des différents acteurs* de la région. Là encore, les conditions historiques mouvementées de la région du Rhin supérieur ont pu créer les conditions favorables à une adhésion à des objectifs communs.

Un autre facteur favorable tient à la présence sur place d'une *main-d'œuvre abondante*. Dans le cas de BioValley, les suppressions massives d'emplois dans l'industrie chimique suite à des mouvements de concentration avaient rendu disponible une main-d'œuvre qualifiée. C'est d'ailleurs la fusion de CIBA et Sandoz en Novartis qui a été le véritable déclencheur du projet BioValley, car elle a donné lieu à 3 000 suppressions d'emplois. On peut ici noter un élément important dans le projet BioValley, c'est-à-dire sa dimension sociale : celle-ci est en effet au centre des préoccupations de ce réseau dont la vocation est de permettre la création de petites entreprises tout en leur fournissant les appuis nécessaires à leur survie, dans un secteur où l'innovation nécessite de forts investissements en recherche & développement.

Le tissu industriel doit être équilibré, c'est-à-dire respecter une certaine proportionnalité entre les grandes et les petites entreprises. C'est une condition de longévité car cela permet au réseau de combiner les avantages de stabilité des grandes entreprises et la souplesse des petites entreprises.

Bien entendu, pour qu'un tel réseau puisse voir le jour, il doit être possible de trouver facilement les *financements nécessaires* au développement de l'activité. Dans ce domaine, c'est le caractère européen de ce réseau qui est un atout. C'est grâce à l'obtention d'un financement européen que des progrès ont déjà pu être réalisés. Ce financement a été obtenu dans le cadre du programme transfrontalier de l'Union européenne Interreg cofinancé par les trois pays concernés.

Ces éléments montrent qu'un tel réseau est difficilement transposable ou difficilement reproductible. Il est le fruit d'un mélange de facteurs humains, géographiques, économiques, socioculturels. Une volonté extérieure ne peut pas imposer ex nihilo la mise en place d'un réseau de ce type.

BioValley – une structure fédératrice

Le réseau BioValley s'étend sur trois territoires différents, et sa composition regroupe 5 pôles d'organisation qui représentent le cœur d'un réseau, auxquels s'ajoutent de nombreux membres, 1 500 au total.

- le premier pôle est constitué de 300 PME (industriels, instituts de recherche voire des intermédiaires) et 50 cabinets de conseil, travaillant dans le domaine des sciences de la vie ;
- ensuite vient le pôle recherche et formation, composé de 4 universités associées et de 6 technopoles axées sur l'innovation ;
- un pôle d'autorité publique comprend 5 Régions et gouvernements locaux, et un pôle consulaire regroupe 5 chambres du commerce et de l'industrie ;
- enfin, le pôle coordination est constitué de 3 agences de développement au niveau local et régional.

Construit dans un esprit simplificateur, le réseau n'a pas d'autorité administrative lourde. En effet, il associe des partenaires égaux et autonomes sans lien hiérarchique.

Sur le plan juridique, le réseau est constitué de quatre associations distinctes. Trois d'entre elles regroupent les membres de chaque pays et sont régies par la législation du pays. La dernière est fédératrice de tous les membres et dépendante du droit helvétique. Cette entité est présidée par G. Endress, le fondateur du réseau, et gérée par un secrétaire général. Pour faire face à sa croissance, le mode de financement évolue : jusqu'en 1998, le budget d'environ 1 million d'euros était financé par l'intermédiaire de subventions de la commission européenne et des Régions. De nos jours, le financement public ne couvre plus que 30 % des besoins budgétaires, alors que 40 % proviennent de l'autofinancement et le reste, de dons privés.

Une activité orientée sur le partage des connaissances

Le réseau propose une grande gamme de services à ses membres à tous les niveaux :

– *formation* : cours dispensés en collaboration avec les universités partenaires ;
– *financier* : assistance dans la création de business plans, aide pour la négociation de financement auprès des banques ou de capital, évaluation des nouveaux projets…
– *animation du réseau* : rencontre, visite de sites, tables rondes bimensuelles, conférences d'harmonisation des standards interrégionaux ;
– *communication* : représentation commune aux foires et salons, publicité et promotion des différents membres ;
– *veille technologique* sur les biotechnologies aux niveaux local et mondial ;
– *outils NTIC,* publication de newsletters trimestrielles, développement d'un site Internet et d'un Extranet entre les membres.

La dynamique de développement par fertilisation croisée

BioValley facilite «la fertilisation croisée» entre les universités, les centres de recherche et les entreprises : les relations d'échange sont fréquentes et s'inscrivent dans la durée. Cela se traduit par les tables de discussion bimensuelles, les newsletters, le forum sur le site Internet, etc. Il se crée un pool de connaissances grâce à une organisation de la veille technologique et la création de bases de données sur le développement des biotechnologies.

La coopération entre le tissu industriel et le tissu universitaire prend la forme d'un diplôme de biotechnologie. Les étudiants sont amenés à faire de longues expériences dans les entreprises, ce qui les prépare aux besoins spécifiques des entreprises de BioValley. Parallèlement, les résultats des activités de recherche de l'université sont directement utilisés par les entreprises. De nombreuses petites entreprises sont créées en fonction des découvertes réalisées à l'université, qui en reste actionnaire. L'université joue donc le rôle d'intermédiaire en matière de partage des connaissances et devient le garant de la loyauté des partenaires en matière d'échanges d'information.

Les universités du Haut-Rhin ont créé en 1989 leur propre réseau : Eucor, qui réunit 100 000 étudiants. Tout étudiant peut librement utiliser les ressources des universités membres. L'objectif est de créer une nouvelle culture sociale basée sur le partage d'information ; ceci en faveur du développement d'une région ou d'une technologie.

	L'ORGANISATION CLASSIQUE	LA DYNAMIQUE DES RESEAUX
Rôle des innovations et évolution des métiers	Tendance au statu quo Rencontre d'obstacles à l'innovation (coûts, dépôt de brevet)	Capitalisation des expériences, fertilisations croisées en matière d'innovation, association des centres de recherche
Gestion des ressources humaines, apprentissage collectif	Difficultés à trouver de la main-d'œuvre qualifiée répondant aux besoins spécifiques	Gestion des compétences par le partenariat avec les universités. Valorisation de la culture locale
Circulation de l'information	Circulation hiérarchisée au sein de l'entreprise Échanges difficiles avec l'environnement	Rôle intégrateur du réseau Rôle des NTIC
Compétitivité vis-à-vis des concurrents	En prise avec les enjeux de la mondialisation Pousse aux fusions et aux réductions d'effectifs	Baisse des coûts par les économies d'échelle Orientation vers les besoins du marché
Part des immatériels	Apports parfois négligés Problème du coût d'acquisition des immatériels	Fort apport de valeur ajoutée Partage des immatériels
Modalités de croissance	Fusions conduisant à la lourdeur	Arrivée de nouveaux venus dans le réseau, pépinières d'entreprises créant des emplois

FIGURE 14. Analyse comparative organisation classique vs organisation en réseau

Caractéristiques communes

Tous les exemples de technopoles ont en commun les caractéristiques suivantes :

- *la proximité* de trois éléments de base : *les chercheurs, les entrepreneurs, les investisseurs* ;
- *un état d'esprit, qui fait primer l'innovation*, la création d'entreprise et la performance sur les institutions, les statuts et parfois même sur le code civique…
- *le rôle de l'université*, qui est déterminant au départ, ce qui suppose que celle-ci accepte de sortir de sa forteresse[7] ;

---

7. Lorsque le vice-président de l'université de Cambridge a décidé de s'allier aux entreprises pour poursuivre ses recherches appliquées, il a immédiatement récupéré quelque 200 millions de livres auprès d'entreprises telles que Microsoft, AT & T et Marconi. Depuis, ces dernières se sont senties tellement bien qu'elles ont installé leurs centres de recherche sur le campus…

– *la longueur du processus initial de démarrage* : le temps de maturation d'un parc scientifique ou d'une technopole est au moins de quinze ans ou vingt ans. L'attention doit se focaliser davantage sur le terrain du transfert des technologies, de l'innovation, de l'animation et du maillage des territoires plutôt que sur des attentes à court terme d'emplois créés. Dans l'exemple de la légendaire Silicon Valley, la proximité physique entre universitaires et industriels (Stanford, Berkeley, Lockeed Aerospace, Ford, IBM, Xerox) remonte aux années trente. Le parc doit atteindre un seuil critique pour devenir attrayant. Or l'essaimage de PME innovantes ne se produit qu'à partir du moment où le milieu est vraiment attracteur. C'est l'histoire de la poule et de l'œuf.

Facteurs clés de succès

Certaines conditions sont susceptibles de contribuer à la réussite des technopoles ou parcs technologiques. Il s'agit entre autres de :

– la poursuite d'un but commun dans un secteur innovant ;
– le potentiel de formation, de recherche et d'innovation : capacités de transferts de technologies, la coopération entre les centres de recherche et les industries, l'encadrement de « doctorants », etc.
– la qualité de vie sur le territoire ;
– l'équipement en infrastructures de transport et de télécommunications, qui conditionne l'accessibilité au marché ;
– la présence de filiales de grandes entreprises internationales (par exemple, Hewlett-Packard) ;
– des dispositions financières et aides à la création d'entreprise : facilités fiscales, financement bancaire ou accès au capital-risque, incubateurs, etc.

Le rôle des pouvoirs publics

L'origine de beaucoup de technopoles tient à la promotion de la décentralisation et la revalorisation du développement local par les pouvoirs publics. Ainsi, plusieurs technopoles européennes ont été créées davantage à partir d'une philosophie d'aménagement du territoire qu'à partir d'un projet de renforcement d'un potentiel productif. Ces technopoles sont alors une opération physique d'aménagement dont l'aboutissement est la commercialisation des surfaces proposées. Dans ce cas, l'acteur public local ou régional a tendance à considérer que la synergie économique entre les acteurs est un processus quasi mécanique dès que le site est en opération.

La réussite des technopoles dépend étroitement de la transformation de l'espace en « système ». Cette transformation ne s'effectue pas seulement par la proximité mais *par la qualité des relations* qu'entretiennent les différents acteurs. Ces relations sont de nature informelle ou contractuelle. Les relations informelles sont très fortes entre les centres de recherche et les industries. Mais, souvent, on remarque que les cadres doivent être issus des universités ou centres de recherche locaux pour que ces relations soient effectives et nombreuses.

Les initiatives européennes

Si les districts industriels sont initialement italiens, les SPL sont maintenant très répandus dans toute l'Europe. *La promotion des organisations en réseau au niveau européen se fait par l'intermédiaire d'institutions, d'appels à projets et de colloques.*

En matière d'institutions, on peut citer le BC-NET (réseau européen de coopération et de rapprochement d'entreprises), mis en place en 1988, qui relie quelque 600 conseillers d'entreprise du secteur public et privé. Par l'intermédiaire d'un système informatique central, ces derniers assistent les PME de l'Union européenne dans la recherche de partenaires de coopération. La coopération transfrontalière permet ainsi à des petites entreprises de participer à des programmes européens de recherche & développement.

Citons également l'initiative Epsilon, lancée en 1998 par le programme PROMISE (Promoting Information Society in Europe) et dont les axes principaux sont la promotion des expériences innovantes de mise en réseau des entreprises, la promotion des réseaux d'échange de connaissance et le suivi des sites pilotes.

Points à retenir sur les technopoles et parcs technologiques

- un ensemble d'entreprises (PME et filiales de multinationales) de haute technologie formant un micro-système innovant avec les centres de recherche ;
- un rôle déterminant au départ des centres de recherche, des universités ;
- le parc, ou la technopole, est situé dans un territoire bien circonscrit (mais variable quant à la dimension) et dans une aire urbanisée ;
- les relations entre ces entreprises sont moins des échanges marchands que des échanges de connaissance, de recherche et d'innovation ;
- une intervention de l'État et notamment de l'administration locale (par exemple, des commandes de l'État dans le secteur militaire ou aérospatial) ;
- une lente maturation des technopoles et parcs technologiques (jusqu'à vingt ans) ;

– la nécessité d'un bassin de main-d'œuvre hautement qualifiée (ingénieurs et scientifiques).

⊃ **Zoom sur...** le parc technologique Ideon en Suède

Le parc technologique Ideon est situé sur le campus de l'université de Lund, en Suède. L'idée de créer un parc d'entreprises a émergé dans le contexte de récession économique du début des années quatre-vingt et pris corps entre 1982 et 1984. Le parc contient un ensemble d'édifices occupant une superficie totale de 50 000 m². Aujourd'hui, on y compte une centaine d'entreprises et un peu plus de 800 travailleurs.

Le parc est le produit d'un partenariat entre l'université de Lund, le gouvernement central via un organisme public de développement régional, la municipalité de Lund et un groupe d'entreprises privées dont IKEA, Perstorp et Ericsson.

Il remplit deux grandes fonctions : incubateur d'entreprises, il se veut un lieu d'adoption et de transfert de nouvelles technologies.

La fonction incubation permet au parc d'accueillir de jeunes entreprises (32 % ont moins de trois ans d'existence). La fonction innovation réside plutôt dans l'application industrielle de technologies existantes que dans la recherche fondamentale.

L'intérêt de l'université de Lund pour un parc d'entreprises est lié au besoin de recruter des chercheurs et des étudiants : un tel projet avait l'intérêt d'offrir une nouvelle base d'expansion du personnel universitaire.

L'implication d'Ikea dans le projet est purement financière. La compagnie a investi dans la construction des immeubles du parc technologique d'IDEON pour des raisons fiscales et pour l'image positive dans l'opinion publique suédoise.

L'implication de Perstorp (industrie chimique) est liée à une longue tradition de coopération entre cette compagnie et l'université de Lund.

Enfin, la compagnie de téléphonie Ericsson a été attirée par l'expertise de l'institut de technologie de l'université de Lund dans le domaine naissant de la téléphonie mobile.

L'évaluation de cette expérience indique comment la localisation d'entreprises dans le parc contribue à l'amélioration de sa capacité d'exportation. Elle indique aussi en quoi l'utilisation d'intermédiaires d'information est cruciale pour faciliter, sur le campus, le lien entre les entreprises et les chercheurs. Les collaborations ne s'établissant pas d'emblée par le simple fait de la localisation d'une entreprise sur un site universitaire, il faut mettre en place des mécanismes parfois assez formels pour faciliter et permettre les contacts et les échanges.

LES SPL DANS L'ÉCONOMIE DU SAVOIR

La dynamique d'apprentissage et d'innovation est particulière dans les SPL, avec l'apparition de formes d'apprentissage liées à l'interaction entre les acteurs. *Primauté est donnée aux relations interpersonnelles*, c'est-à-dire à la *capacité à s'inscrire dans d'autres réseaux* (phénomènes de réseaux croisés) ou *à prolonger l'activité du réseau sur la base de nouveaux projets.*

Comme on a pu l'esquisser au début de ce chapitre, l'un des facteurs principaux de différenciation des districts industriels, des grappes et des technopoles est le flux d'échange entre les acteurs, et notamment d'échange immatériel (information, innovation). Comme ce flux impacte la compétitivité, les organisations, l'économie, le développement et le management, il nous a paru intéressant de regarder à nouveau nos trois types principaux de SPL sous l'angle des échanges, et notamment des échanges de savoir.

Pour cela, nous considérons *les échanges de connaissance entre quatre acteurs* :

– L'université ou le centre de recherche, qui produit une *innovation fondamentale* (le laser, par exemple) et une connaissance scientifique fortement validée.

– Les grandes entreprises, dont la pérennité est assurée sur plusieurs décennies et qui, à travers leurs programmes de R & D, produisent une *innovation industrielle* (le Teflon, par exemple) basée sur de nouvelles spécifications, de nouvelles solutions, des normes et des brevets.

– Les PME et artisans, dont la présence locale répond aux opportunités offertes par la région (opportunités de marchés au contact des grandes entreprises ou d'une clientèle, opportunités de réseau), qui produisent une *innovation d'usage* (le microcrédit, par exemple) au contact fin avec la clientèle.

– Enfin, le consommateur final, qui peut s'approprier les nouveaux produits et parfois les détourner de leur fonction initiale (les vêtements de sport chez les adolescents, par exemple), créant ainsi de nouvelles opportunités de marché.

Les technopoles

La technopole est foncièrement basée sur l'apport scientifique. Ce *knowledge center* résulte d'une combinaison territoriale d'universités, de centres de recherche et d'autres infrastructures scientifiques.

Une polarisation se crée autour des grands ensembles universitaires, dont le rôle attractif s'appuie sur trois leviers : le climat culturel favorable qu'ils créent, leur fonction de centre de formation d'une main-d'œuvre très qualifiée et d'incubateurs pour les créations d'entreprises et, enfin, l'appui technologique qu'ils peuvent fournir aux entreprises des secteurs de technologie avancée.

Plus que dans aucun autre système spatio-productif, *la technopole est un creuset de l'application de la théorie des équipes*, où l'apprentissage mutuel est progressif à mesure que les idées, les expériences, les énigmes et les solutions sont partagées, même au hasard. Ainsi, plus les idées et les hypothèses circulent, plus elles acquièrent une validité et donc le statut de connaissance certifiée, plus elles sont recombinées pour générer de nouvelles idées.

On peut donc dire que *l'information-connaissance est le moteur du développement de la technopole*; en ce sens, *elle est l'archétype de la société du savoir*; dans notre diagramme, la majorité des flux de connaissances se situent dans le haut (connaissance explicite et « certifiée »).

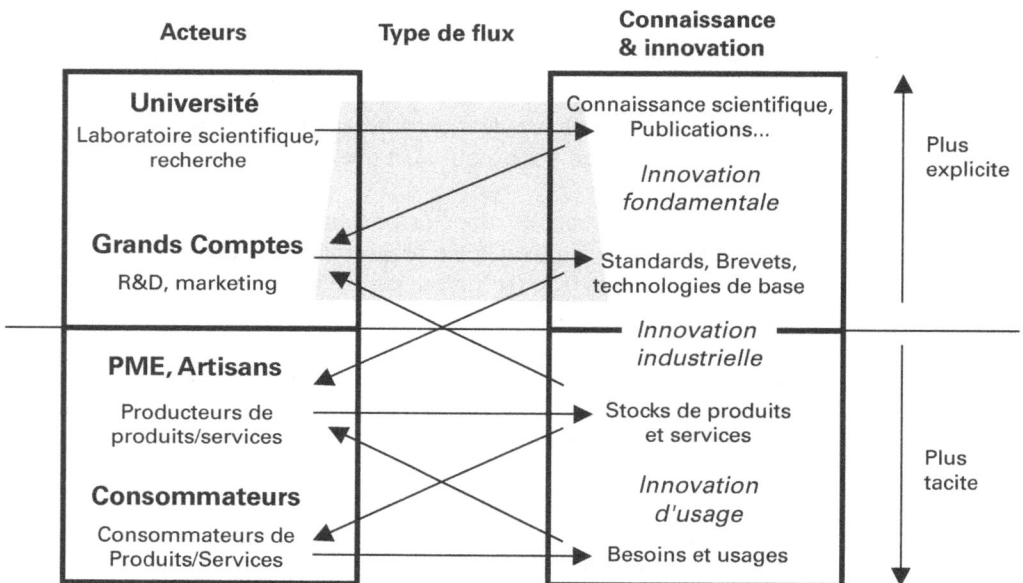

Figure 15. Dans la technopole (zone grise), l'innovation est fondamentale, issue de la recherche scientifique.

Les technopoles naissent souvent d'une *volonté politique et économique* manifeste d'un petit nombre d'acteurs clés. À partir d'une implantation initiale ou d'une création volontaire par décision publique locale universitaire ou autre, la croissance de cet espace tient ensuite à *l'économie de service* qui peut parfois former un marché local du travail, lui-même créant des économies d'agglomération.

La grappe industrielle

La grappe industrielle crée *de nouveaux produits, de nouveaux services et de nouveaux procédés*, le plus souvent à *partir de « technologies et savoir-faire existants »*, ce qui implique que l'essentiel des flux informationnels dans les processus d'apprentissage et d'innovation se situe entre les producteurs de technologies de base (constituants, matériaux) et les producteurs ou intégrateurs de solutions clés en main.

C'est par exemple un pôle verrier, qui produit des verres et des céramiques répondant à des caractéristiques particulières (température, coefficient de dilatation) ; ces matériaux seront ensuite utilisés et recombinés pour répondre aux attentes de clients professionnels comme l'automobile, les cosmétiques (flacons de parfum) et l'électronique.

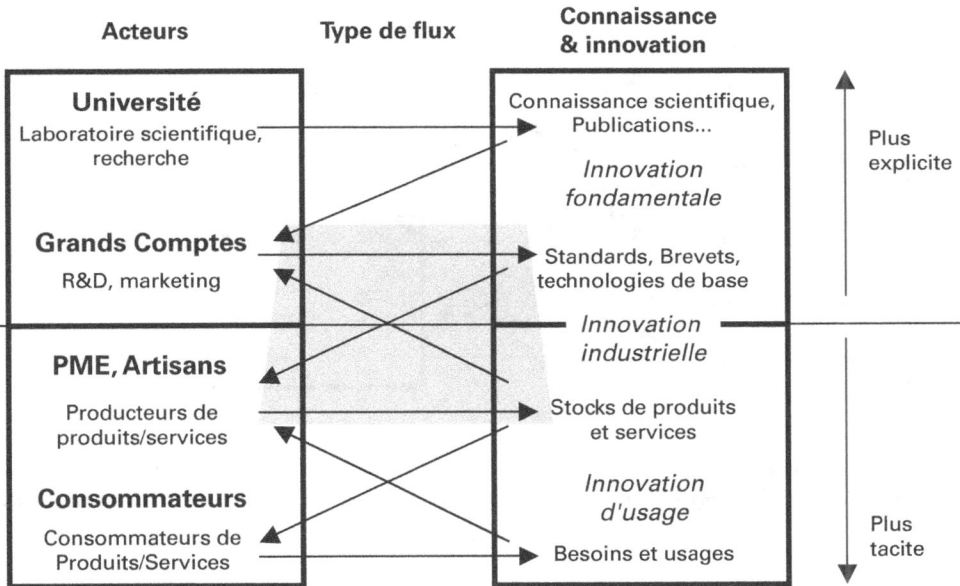

FIGURE 16. La grappe industrielle (zone grise) produit une innovation industrielle par les échanges de spécifications entre les producteurs de solutions et les producteurs de technologies.

Le district industriel

La nature des biens produits au sein des districts est fondée sur des usages qui sont moins prédéterminés par leurs concepteurs que par de nombreuses interactions avec les consommateurs finaux.

L'un des exemples les plus frappants est la « récupération » des vêtements de sport (sportswear) par les adolescents (réappropriation en «streets-wear») voulant montrer leur appartenance à une «tribu» [8].

Au moment de leur émergence, les connaissances tacites sont dominantes et gardent une réelle importance parce que le savoir-faire à l'origine est bien souvent difficilement transmissible.

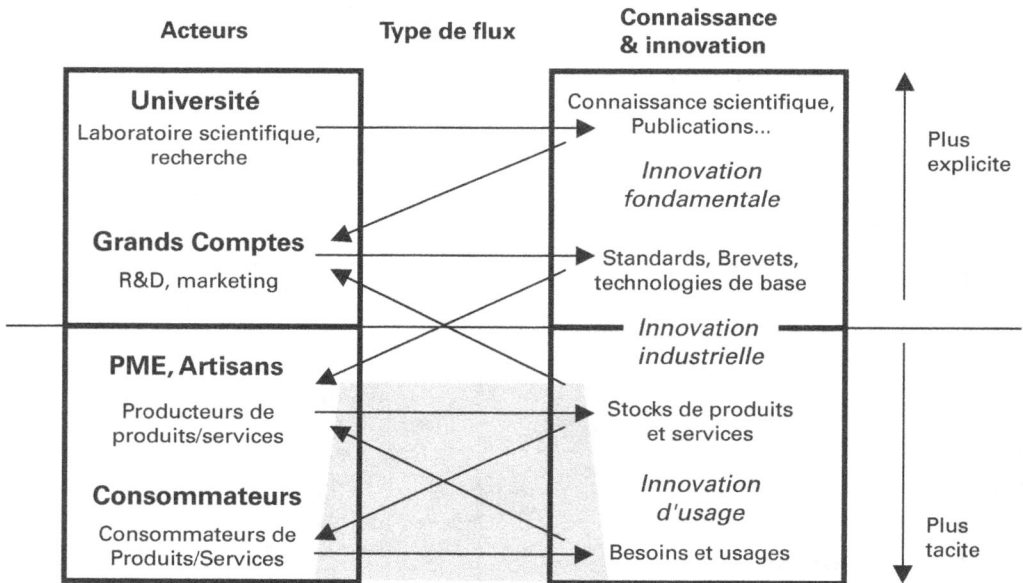

FIGURE 17. Dans le district, la zone grise se déplace vers le tacite, c'est-à-dire vers des interactions plus fréquentes et moins formelles entre le consommateur et le produit.

8. Il est d'ailleurs assez étonnant de voir les «caillras» s'habiller en Lacoste, Sergio Tachini !

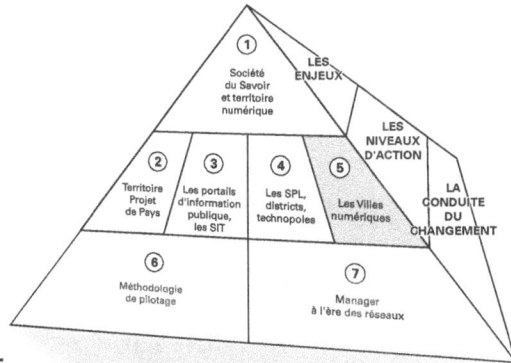

Chapitre 5

Les villes numériques

L'économie des savoirs, des réseaux et des échanges qui est en train d'émerger, celle qui associe savoir et matière, produits et services, qui suppose une coopération entre partenaires publics et privés, celle qui multiplie les compétences tout en les faisant travailler ensemble, pose au développement urbain des questions fondamentales :

* Qu'est-ce qu'une ville numérique ?
* Que peut-on attendre d'un réseau de villes ?
* Quels sont les rôles respectifs du secteur public et des citoyens dans le projet de ville ?
* Quelle relation entre l'économie urbaine et l'économie rurale ?

Nous analyserons dans ce chapitre le développement des villes numériques en nous appuyant notamment sur l'exemple de Parthenay. À partir de cet exemple, nous proposerons une méthodologie de conception et mise en œuvre d'une ville numérique ; cette partie s'adresse particulièrement aux élus et cadres des collectivités locales.

Puis nous aborderons la question du gouvernement métropolitain.

Le fonctionnement en réseau des villes n'est pas un phénomène nouveau : la ligue hanséatique, fondée en 1367, avait permis à ses membres d'exercer un véritable monopole sur le commerce dans la mer du Nord et la Baltique ; plus proche de nous, le Bade-Wurtemberg s'est érigé comme un vaste château fort industriel spécialisé dans les industries de biens d'équipements ; sa réussite tient de la parfaite organisation des relations entre les pôles du « polygone de la réussite industrielle » : grands groupes industriels, réseau dense de PME, université, R & D, institutionnels.

Avec l'avènement des réseaux numériques, et notamment du phénomène Internet, la ville en réseau n'a jamais été autant d'actualité, et ses potentialités sont tellement considérables... qu'elles dépassent encore largement l'entendement.

Les thématiques classiques ne rendent plus compte de la réalité.

DU RÉSEAU DE VILLES À LA VILLE EN RÉSEAU

Les villes ont souvent été classées en fonction d'un « profil » multicritères d'attractivité qui s'appuie sur des facteurs classiques, dont la réalité est souvent trompeuse ou en forte évolution :

Population – La difficulté ici est de déterminer le périmètre de l'agglomération, car si l'on considère l'agglomération comme un « espace urbanisé en continu autour d'un noyau », alors la Ruhr et la Randstad Holland sont des agglomérations de 10 et 8 millions d'habitants, comparables à Paris et Londres. La métropole lilloise se classe d'ailleurs dans cette catégorie « d'agglomération étendue ».

Rayonnement culturel et situation géographique – Il semble bien qu'il existe un lien croissant entre le développement de valleys high-tech récentes et un cadre géoculturel attractif (Venise, Sophia-Antipolis...) ; mais cette croissance peut aussi s'expliquer comme une réaction au côté répulsif des grandes mégalopoles.

Villes de spécialités – Largement qualitative et subjective, une spécialité soutenue particulièrement par une ville peut être un facteur de notoriété mondiale : produits de luxe et de prestige (mode, bordeaux...) ou touristiques (festival, châteaux, sports...)

Villes de foires, salons, congrès – C'est un bon indicateur du rayonnement des agglomérations, même si parfois ces manifestations traditionnelles, celles des « marchands du Moyen Âge et de la Renaissance », ne correspondent plus aux contenus réel des villes.

Télécommunications, infrastructures et activités high-tech – Cette carte est évidemment très importante et appelée à changer assez vite, même si les équipements de télécommunication suivent les développements urbains plus qu'ils ne les corrigent… (on ne prête qu'aux riches !)

Firmes multinationales – Au-delà de la place exceptionnelle de Paris et Londres et d'une série de villes européennes de première classe, certaines petites agglomérations doivent leur notoriété à l'implantation du siège d'une firme multinationale : c'est le cas de Clermont avec Michelin ou de Vevey en Suisse avec Nestlé.

Recherche, université – La réputation d'une université ou d'une grande école, la concentration des équipements d'un grand laboratoire sont susceptibles d'attirer des populations importantes dans des agglomérations de tailles très diverses : Aix est capable de faire de la concurrence à Marseille, Séville, à Barcelone, et, en Angleterre, les villes universitaires les plus connues sont… Cambridge et Oxford (plus de 40 000 étudiants, moins de 200 000 habitants).

Place financière – La présence de Bourses de valeurs ou de matières premières, la proximité du siège de grandes banques et établissements financiers peuvent structurer le développement de certaines activités. Palerme, Bilbao et les petits cantons suisses sont des exemples de petites villes au centre de « bassins financiers ».

Bien entendu, il conviendrait d'ajouter à cette liste incomplète beaucoup d'autres facteurs, comme par exemple : l'infrastructure de transport, la proximité d'une zone portuaire et aéroportuaire, un équipement hospitalier… mais aussi des facteurs négatifs : climat, sécurité, trafic, pollution, stress, âge de la population…

Créer et développer la ville numérique

Par définition, le développement de la ville en réseau, sa gestion, sa régulation ne pourront plus relever exclusivement du secteur public : *l'indépendance des acteurs sera la règle organique* et nul doute que la *solidarité consciente ou inconsciente des acteurs* ne soit la condition nécessaire au bon fonctionnement de l'économie et du développement territorial.

Ce partenariat, cette nouvelle mobilisation sociale impliquent un décloisonnement des champs de responsabilité et des logiques spécifiques à chaque acteur. Mais, paradoxalement, ce décloisonnement sera l'aboutissement des projets de ville en réseau et non leur préalable.

Une animation transversale s'impose donc : créer un projet « ville numérique », avec des fonctions transverses, créer une méthode et une pédagogie, de manière à accélérer le dialogue entre acteurs et ville, entre acteurs et acteurs, entre ville et ville.

⊃ **Zoom sur...** Parthenay, ville numérique pilote

Dès 1996, Parthenay, petite ville de 10 000 habitants (18 000 avec son district), a délibérément placé les nouvelles technologies au service d'une citoyenneté active. La réussite de cette expérience réside avant tout dans l'aptitude des Parthenaisiens à *adapter les potentiels d'Internet aux attentes de la vie locale*[1]. Pour comprendre cette démarche qui demeure exemplaire encore aujourd'hui, il faut connaître le contexte local ainsi que le travail mené en amont autour du lien social depuis 1980.

L'intervention associative, un terrain propice à la cyberdémocratie

Parthenay, ville enclavée située dans le département des Deux-Sèvres, à 50 kilomètres à l'ouest de Poitiers, a été touchée par la crise économique des années soixante-dix. Comme beaucoup de villes implantées au cœur d'un vaste territoire rural, *Parthenay a du mal à fixer sa population*. C'est dans ce contexte difficile que le maire, Michel Hervé, entame son premier mandat, en 1980.

Pour inverser la tendance et créer les conditions favorables au développement local, Michel Hervé va appliquer *le concept de la citoyenneté active*.

Tous les secteurs d'activité sont concernés : économique, social, touristique et culturel. Michel Hervé mise sur l'intervention des habitants, et l'équipe municipale s'attache tout particulièrement à animer les réseaux associatifs. La capacité d'initiative des Parthenaisiens est encouragée et leur autonomie d'action, favorisée. Le service public intervient mais simplement pour soutenir, fédérer et faciliter la recherche de financements. Les démarches participatives sont assurées par les 250 associations que compte la ville et qui réunissent 4 000 bénévoles, soit 40 % de la population.

Concrètement, les associations porteuses de projets contactent les services municipaux qui jouent le rôle de facilitateurs. Ils aident les habitants à travailler ensemble et produisent ainsi une valeur ajoutée collective. La réussite de ces entreprises est particulièrement visible dans le domaine culturel, notamment en ce qui concerne la revalorisation du patrimoine médiéval et de la culture orale. La Maison des cultures de pays, créée en 1993, contribue à renforcer l'identité locale. Cette structure gérée par l'association Metive est à l'origine du festival de musiques traditionnelles et métissées.

L'association du quartier Saint-Jacques organise «l'été des marchés traditionnels» dans la cité médiévale Dans le cadre du contrat de plan État-Région, Parthenay souhaite fonder un pôle d'économie du patrimoine et inciter des artisans de métiers d'art à s'implanter dans la rue médiévale.

Ces exemples montrent que des projets d'origines diverses entraînent une richesse économique, et donc du développement local. C'est aussi un processus didactique, puisque les habitants apprennent ainsi à exprimer leurs besoins et à s'organiser pour les satisfaire.

C'est sur un terrain rendu propice par *la vitalité du réseau humain et l'état d'esprit ouvert et innovant* de ses membres que sont arrivées les nouvelles technologies.

L'engagement des élus récompensé par l'apport de fonds européens

Député européen en charge des nouvelles technologies de 1989 à 1994, Michel Hervé put apprécier pendant ce mandat l'enjeu des systèmes en réseau et leur intérêt dans le cadre d'une dynamique locale. En 1995, Michel Hervé est réélu maire sur un programme politique particulier : faire de Parthenay une ville numérique. De 1994 à 1996, il cherche de nouveaux partenariats auprès de la Région et de la

---

1. Ce texte est issu d'une présentation faite par Marie-Georges Fayn, DESS Conseil auprès des collectivités territoriales en matière de développement et d'environnement, Paris-XIII.

nation. Mais la Région donne la priorité au Futuroscope et ne retient pas l'ambition d'une ville rurale. Quant à la France, elle souhaite plutôt encourager une grande métropole. Restait l'Europe. Michel Hervé réussit à convaincre cette dernière d'inscrire Parthenay au projet pilote européen Metasa (Multimedian european experimental towns with a social pull approach), mettant en avant le secteur associatif très actif et son souci d'associer l'ensemble de la population.

La candidature de Parthenay est retenue : la Commission européenne lui accorde 3 millions de francs, la ville en investit autant, le reste est apporté par les industriels (Siemens, Microsoft, Philips et France Telecom). Mais au-delà des aides financières, le soutien de l'Europe apporte une nouvelle dimension à Parthenay : une reconnaissance au niveau international, une image de modernité et d'avancée technologique voire même de laboratoire urbain.

Le projet Metasa : l'analyse des besoins

Metasa est en fait la première étape du *projet Villes numérisées : des* NTIC *citoyennes*. Il s'agit d'étudier les attentes de la population afin de concevoir des technologies qui leur seraient adaptées. Un *questionnaire* comprenant 70 questions sur la nature des équipements, *les attentes* mais aussi *les craintes* des citoyens fut envoyé aux 7 000 foyers du district de Parthenay. 1 800 répondirent, soit 25 %, ce qui représente une participation exceptionnelle.

Dans cette enquête, les Parthenaisiens purent exprimer leur peur de voir de nouvelles exclusions apparaître avec les nouvelles technologies, exclusions financières dues à leur coût élevé, exclusions humaines à cause des compétences requises pour leur utilisation, isolement entraîné par un repli sur son ordinateur. «Avec les nouvelles technologies, on n'aurait plus besoin de sortir de chez soi et le lien social serait rompu. »

Quant aux attentes, elles concernaient principalement l'information de proximité qui sert dans la vie de tous les jours. Les demandes portaient aussi bien sur l'éducation et la formation, l'emploi et l'économie, la santé, la culture et le divertissement ou l'administration et la gestion publique.

Metasa a clairement une finalité de société. Cette démarche éminemment politique est en même temps une démarche économique. Elle part en effet de l'hypothèse que les marchés de demain pour ces technologies innovantes ne peuvent préexister à leur conception et à leur diffusion, et que c'est l'invention même de leurs usages sociaux qui constituera ces marchés... «Le projet des villes numérisées se présente comme une démarche *social pull*, par opposition aux démarches dominantes qui s'inscrivent dans des perspectives *Technological Push-Market Driven*», déclare Alain d'Iribarne[2].

Démocratiser l'accès aux nouvelles technologies

En 1996, *le projet Mind (Multimedia initiation of the digital towns) a considérable-ment aidé à généraliser et démocratiser l'accès aux nouvelles technologies*. L'objectif étant de favoriser l'émergence rapide de communautés électroniques locales d'information et de transaction. Des bornes tactiles furent implantées à Parthenay, et un BBS (Bulletin Board System) permit aux employés municipaux et aux habitants d'échanger sur un réseau local en utilisant le réseau téléphonique et des micro-ordinateurs connectés par modems. Après six mois, plus de 300 personnes utilisaient le BBS, qui est ensuite devenu l'*In-Town-Net* actuel.

Le coût des nouvelles technologies ne devant pas constituer un obstacle, le district

---

2. Dans *Local democracy and information society : the citizen users as* ICNT *co-conceptors*, Centre interdisciplinaire d'études urbaines de Toulouse, présenté lors de la conférence Inet 97 à Kuala Lumpur.

de Parthenay a offert dès 1996 un *accès gratuit à Internet* et une adresse électronique à chacun de ses habitants. La connexion à Internet étant considérée comme un service d'utilité publique, elle bénéficie d'un financement direct par la ville. De plus, les Parthenaisiens ont la possibilité de faire configurer leur ordinateur et leur modem gratuitement par les techniciens de la ville, qui dispensent également des conseils d'utilisation élémentaires pour surfer sur le net et utiliser le courrier électronique. Une hot line est également mise à leur disposition.

L'opération 1 000 Micro lancée en 1997 par la ville en partenariat avec Siemens et France Telecom fonctionna comme une super promotion à l'échelle de la cité. Les ordinateurs étaient loués pour 300 francs par mois sur deux ans. 500 foyers se portèrent acquéreurs, et nombreux furent ceux qui allèrent acheter un PC dans les grandes surfaces locales.

Le lien social est loin d'avoir été rompu, au contraire, il semble avoir été réactivé.

Depuis 1996, le district a ouvert *11 espaces numérisés* dont certains sont spécialisés et situés dans des endroits stratégiques :
– un espace ouvert à tous à la Maison de la citoyenneté active et qui a progressivement évolué autour des thèmes de l'éducation et inter-générations ;
– le Garage, centre multimédia dédié à l'économie ;
– un espace à l'hôtel de ville, orienté vers les services aux citoyens ;
– un espace culturel, à la bibliothèque ;
– un autre, consacré aux jeux ;
– un autre, au Centre de congrès, mis à la disposition des congressistes et des jeunes pour qu'ils puissent « chater » en dehors des manifestations ;
– deux autres, installés à l'Office du tourisme ;
– deux villes du district, Pompaire et le Tallud, ont également ouvert un espace au sein de leur commune. Devant un tel succès, d'autres structures ouvrirent leur propre espace comme l'auberge de jeunesse et l'association de quartier Mieux vivre à Saint-Paul.

La dispersion des « cybermaisons » dans toute la ville favorise l'appropriation des nouvelles technologies par les habitants. La proximité avec la population, la gratuité et la présence permanente d'animateurs compétents dans chacune des salles soutiennent une importante fréquentation. Dans ces cyberespaces, les différents publics ont les mêmes droits d'accès, chacun dispose d'un savoir-faire et l'enrichit au contact des autres, des échanges ont lieu entre générations, entre utilisateurs et animateurs… *Progressivement une communauté se construit.*

On y retrouve des scolaires, des enseignants qui font leur recherche ou préparent celles de leurs élèves, des demandeurs d'emploi mais aussi des parents et des grands-parents. Chacun est susceptible d'avoir une adresse e-mail et de se présenter sur une page. Et s'il ne sait pas le faire, il bénéficie de l'aide d'un animateur rompu aux nouvelles technologies ou d'une formation adaptée.

En 1997, *la page d'accueil de l'In-Town-Net* présente 20 services de la ville : cité, services publics, urbanisme, mémoire vivante, vie pratique, économie, agroalimentaire, social-santé, informatique, ville numérisée, culture, sports, jeux, tourisme, patrimoine, éducation, emploi, vie citoyenne, médias, relations extérieures. Chaque service fonctionne comme un portail qui permet d'accéder aux sites et pages web du partenaire hébergé.

Priorité est accordée aux informations locales, aux services créés par des Parthenaisiens. Ainsi, quand on clique sur la rubrique agroalimentaire, on arrive sur une page composée de sous-rubriques : économie agroalimentaire (le service du district, la création d'entreprise, Gâtine initiative), la viande de gâtine (La Parthenaise, le marché de Parthenay, l'APVOS, les ovins), les produits régionaux (les produits agricoles,

les saveurs du pays de Gâtine, la gastronomie), les contacts (les entreprises, les services publics, les centres de gestion, les services à l'agriculture, l'enseignement agricole, les syndicats), la vie pratique (les fournisseurs, la météo, les actualités, les sites Internet), le tourisme rural (hébergement rural, Mouton-village). Ailleurs, les commerces mettent leur information en ligne, un supermarché propose même du « shopping on line ».

Chacun pouvant se définir comme il le souhaite et générer sa propre information, on obtient une grande diversité de pages et de messages.

L'In-Town-Net inclut d'autres applications : un répertoire avec des pages personnalisées pour les habitants, un agenda annonçant les événements locaux, également, des données sur le registre du cadastre, le POS, les impôts…

Enfin, *23 forums* ont été ouverts sur des sujets aussi variés que l'augmentation du prix de l'essence ou la guerre du Kosovo.

De 1997 à 1998, toutes les écoles primaires ont été systématiquement équipées de 3 PC par classe et de 6 prises de connexion.

Créer les conditions de la démocratie participative

Ces initiatives ont incité un maximum de citoyens à adopter les nouvelles technologies et à produire de l'information sur le net. Elles apparaissent aujourd'hui comme autant d'étapes essentielles permettant une appropriation démocratique des nouveaux réseaux.

Sans parler de démocratie interactive, mais simplement de meilleure information autour des conseils municipaux : l'ordre du jour est annoncé cinq jours avant, laissant à chacun la possibilité de faire connaître son avis aux élus. Le compte rendu des décisions prises apparaît aussi sur le site de Parthenay.

La démocratie est d'une certaine façon renouvelée avec la mise en œuvre de communications interactives avec, par exemple, la révision du Plan d'occupation des sols, la vie de la cité, etc.

La démocratie ne se télécharge pas sur le net, elle se construit tous les jours. L'expérience de Parthenay montre qu'avant de lui donner une quelconque cyberforme, les responsables politiques locaux gagnent à suivre un processus qui débute par la dynamisation de la vie associative locale, la formation du grand public aux nouvelles technologies et la diffusion des outils. À ce sujet, il importe de souligner le travail de fond des animateurs qui humanisent la technologie. Leur présence a permis à des centaines d'habitants de démystifier l'usage du web. À Parthenay, l'engagement municipal et le soutien de la Communauté européenne ont rendu l'expérience pérenne. Les chercheurs parlent même d'irréversibilité.

Pour que la *cyberdémocratie* soit effective, il reste encore à familiariser la population aux arcanes de l'Administration, de l'organisation municipale, du budget, et aux enjeux et contraintes de la décentralisation, au *cybercivisme*…

Parthenay a su conjuguer projet politique et approche pragmatique et participative, dans le cadre d'une démarche globale où développement local et démocratie sont intimement liés.

Un bilan en chiffres

Au 30 juin 1999, Parthenay dispose d'un site Internet de 48 000 pages, 4 036 adresses électroniques sont référencées sur le serveur – soit 22 % de la population du district. En septembre 1999, collèges et lycées sont également équipés et reliés au serveur du district de Parthenay.

Les Parthenaisiens ont apprivoisé les nouvelles technologies, elles n'excluent personne et jouent au contraire un rôle dynamique en stimulant le lien social.

Aujourd'hui, via le net, les associations accèdent plus facilement à l'information, apprennent à monter en commun des projets interassociatifs et rendent ainsi leur coopération plus efficiente encore.

UN CADRE MÉTHODOLOGIQUE POUR UN PROJET DE VILLE NUMÉRIQUE

Beaucoup d'élus de villes ou de collectivités se posent la question de la mise en place de services numériques aux citoyens, depuis la simple fourniture de renseignements sur un site Internet jusqu'à de véritables téléguichets interactifs.

Or, si les grandes collectivités disposent de compétences dans leurs effectifs ou ont les moyens de faire appel à des consultants extérieurs, ce n'est pas le cas de la majorité des 32 000 communes.

> ▶ L'enjeu d'un projet de ville numérique n'est pas de disposer d'une compétence technologique ou éditoriale, mais il s'agit de conduire une transformation radicale de la relation au citoyen.

Il faut comprendre que *l'enjeu n'est pas seulement de disposer d'une compétence technologique, ou éditoriale*, mais qu'il s'agit de conduire une *transformation radicale de la relation au citoyen*, ce qui, en retour, impacte fortement les organisations de travail et le mode de management dans les services.

Nous donnerons ici un *cadre méthodologique pour concevoir une ville numérique* (pour plus de détails, le lecteur pourra aussi se référer à la méthodologie de développement des SIT, au chapitre consacré aux portails d'information publique, chap. 2). Seule l'étape de conception est détaillée ci-dessous, jusqu'au cahier des charges. Les étapes ultérieures de réalisation et déploiement nous ont paru trop spécifiques à chaque contexte pour pouvoir faire l'objet d'une méthodologie générique.

Cette phase de conception se déroule en trois étapes principales (voir schéma général, figure 18) :

– une étape de lancement ;
– une étape d'analyse ;
– une étape de rédaction du cahier des charges.

Étape 1 : Lancement

Cette étape est décisive, sa véritable ambition étant d'insuffler dès le départ l'esprit participatif, ouvert et expérimental à la démarche.

Il s'agit de *composer un comité de pilotage*, avec un certain nombre d'acteurs représentatifs des différentes instances concernées et de les amener à une formulation commune des enjeux stratégiques de la ville numérique ; par exemple, on pourra animer la première réunion du comité de pilotage en le faisant répondre aux questions suivantes :

- Pourquoi je veux mettre en place un portail Internet pour ma ville ?
- À qui je m'adresse ?
- Quelles sont les attentes des différents types d'usagers ?
- Quels services, contenus suis-je capable d'offrir ?
- Quelles sont les ressources et l'organisation nécessaires à la qualité de l'information en ligne ?
- Comment piloter la démarche ?
- Quels bénéfices en aurai-je, en retour ?

À partir des *premières orientations* dessinées par ce travail, on pourra en déduire l'échantillonnage des personnes à interviewer dans la phase suivante d'enquête ainsi que le guide d'entretien.

On pourra également organiser le *programme de communication* autour de la démarche.

Lancement

- État des lieux des travaux en cours
- Cadrage stratégique de la démarche
- Organisation de la communication autour du projet
- Préparation de l'enquête

Analyse

Enquête « citoyens »

Enquête « interne »

Attentes des usagers

Enquête auprès d'un échantillon de 5 usagers types et auprès de 5 élus candidats à la VN

Analyse des VN existantes

Mapping des VN existantes ; analyse détaillée de 3 VN, diagnostic et «best practices» ; rédaction d'un guide méthodologique

Analyse technique

Analyse des technologies et des services innovants pouvant être intégrés au concept VN

Évaluation

Recherche des métriques pertinentes pour l'évaluation analytique d'une VN

Cahier des charges

Organisation éditoriale

Contenus et édition

Définition de l'organisation pour la gestion et le suivi des acteurs de la VN

Outils et services

Définition d'une première configuration technique et d'une panoplie de services

Pilotage et ressources

Définition de l'organisation pour assurer le développement, l'animation et la pérennité de la VN

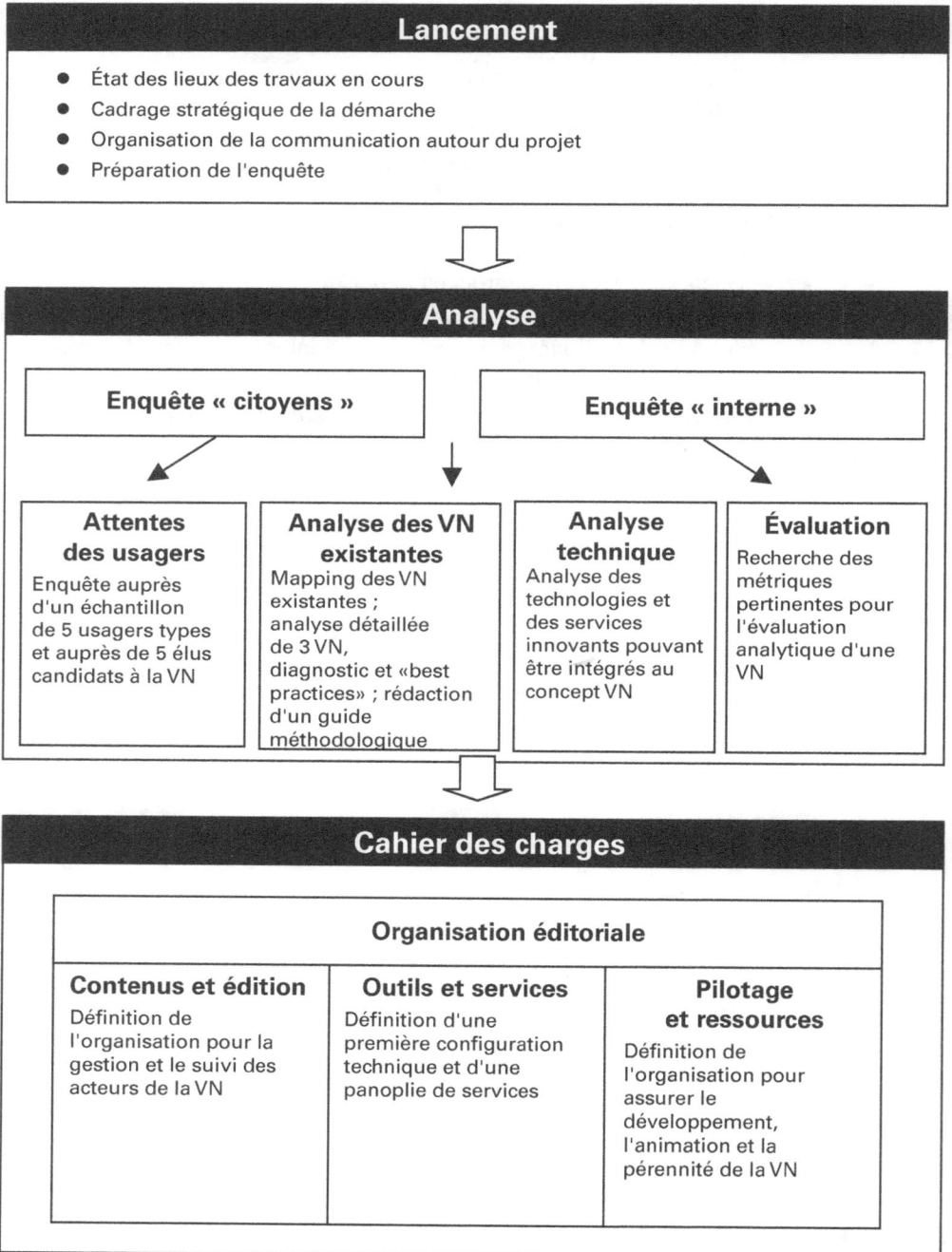

FIGURE 18. Cadre méthodologique pour la conception d'une ville numérique

114

Étape 2 : Analyse

Enquête terrain «attentes et usages»

La première étape consiste à effectuer une enquête terrain, auprès d'une vingtaine de personnes afin de *fonder le projet sur l'écoute des usagers* et non sur une démarche purement fonctionnelle et descendante.

Nous préconisons de rencontrer 12 usagers types (citoyens d'une ville, dirigeants de PME, professions libérales ou artisans, associations…), 12 employés de collectivité locale et 2 ou 3 élus pour les écouter pendant environ une heure sur leurs *attentes* et les *usages* pouvant être intégrés au concept VN (ville numérique), et également sur les *freins* et *leviers*.

L'objectif à ce stade n'est pas de faire une analyse exhaustive mais d'*identifier les premiers axes permettant d'orienter le cahier des charges*.

La méthode employée est l'Écoute 360® qui a déjà été détaillée dans cet ouvrage.

Analyse de quelques villes numériques existantes

On pourra aussi dresser un état des lieux des principales initiatives VN en France et en Europe. L'idée est de tenter d'établir une typologie à partir de laquelle pourraient se dégager les conditions favorables (facteurs clés de succès), les bonnes pratiques et les critères d'évaluation de la performance.

Dans un deuxième temps, une visite avec rencontre des acteurs clés peut être envisagée.

Analyse technique

Un élu n'est pas, a priori, un expert sur les derniers développements technologiques (XML, WAP, etc.) ; néanmoins, il subit un véritable harcèlement d'offres commerciales de la part des fournisseurs. Cela peut l'amener à des choix risqués, comme par exemple :

- faire travailler la petite société locale, qui l'effraie moins, mais en oubliant de respecter les grands standards ;
- se laisser séduire par telle ou telle solution «à la mode», ou tel vendeur efficace ;
- ne pas comprendre la segmentation des différents prestataires intervenant dans la solution finale : câblo-opérateurs, éditeurs de logiciel, intégrateurs, hébergeurs, offreurs de services en ligne, SSII ;
- découvrir les conséquences, techniques et financières, au fur et à mesure, etc.

Il s'agit donc de s'appuyer sur un prestataire compétent pour effectuer un *état des lieux de l'offre de services technologiques* et *choisir la plus adaptée au besoin exprimé* : mode d'hébergement, portails, services en ligne, éducation, représentations virtuelles VRML, 3D, SIG Internet… en réponse aux attentes exprimées par les acteurs locaux.

L'objectif à ce stade n'est pas de faire une analyse exhaustive mais d'*identifier les premiers axes permettant d'orienter le cahier des charges.*

Il s'agit notamment de fixer les fonctionnalités d'un dispositif VN minimum qui deviendrait une sorte de noyau de service de base, et de fournir des recommandations méthodologiques pour l'élaboration de ce noyau de service.

Évaluation

Il nous paraît important de définir dès l'amont les « métriques » qui permettront d'évaluer avec pertinence la performance du dispositif ville numérique, cela dans le but de soutenir la démarche, notamment face à ses éventuels détracteurs.

Formaliser des métriques (qualitatives ou quantitatives) est un exercice difficile, l'on se heurte à nouveau à des différences de points de vue sur les finalités du dispositif ; et cette analyse cristallise fortement ces différences : telle personne va réfléchir en termes de retour sur investissement et d'efficacité des services, telle autre en termes de transparence de l'information aux citoyens, telle autre en termes de support de communication entre des membres d'une communauté, etc.

Mais cette « négociation » des points de vue est le prix à payer pour qu'un véritable groupe projet se constitue (et non une collection d'individualités). Cette étape de la *construction sociale d'un groupe* est d'ailleurs traitée plus en détail dans le chapitre consacré à la conduite du changement (avec, par exemple, le modèle de Tuckman, cf. chapitre 7).

L'étape 2 d'analyse est clôturée par une *restitution des différents éléments d'enquête au comité de pilotage.* À partir de ces éléments, un diagnostic général est posé, et le plan d'action avec des priorités est dressé. Ce travail est ensuite consigné dans le cahier des charges.

Étape 3 : Cahier des charges

Le cahier des charges comporte *plusieurs chapitres*, assez différents dans leur nature ; chaque chapitre comportera cependant *un volet budgétaire et un phasage.*

Contenus et organisation éditoriale

Un chapitre concerne *les contenus et leur éditorialisation* :

• Quelles sont les thématiques phares qui vont susciter la consultation, donner une spécificité à la ville numérique et exercer un tropisme sur les acteurs (école, commerce électronique chez les artisans, musée virtuel, cantons ruraux, qualité de l'eau, festival…) ?

- Comment animer les producteurs d'information : quels sont les flux et les traitements d'information ?
- Comment organiser la chaîne éditoriale ? Comment protéger les données et garantir la validité des informations publiées ?
- Comment garantir que les informations en ligne soient valides, à jour, lisibles… ?

Une des fonctions importantes de la cellule éditoriale (parfois appelée webmestre) est *l'animation de ces contenus en ligne*. C'est une compétence rare, et, par conséquent, le comité de pilotage devra se poser la question de son acquisition : quelle organisation (cellule éditoriale), centralisée ou décentralisée, quelles ressources ?

Architecture technique et fonctionnelle

Un autre chapitre concerne bien entendu *l'architecture technique destinée à supporter les services en ligne* :

- S'appuie-t-on sur des technologies standards ou bien faut-il prévoir des développements spécifiques ?
- Le serveur est-il dimensionné pour supporter les flux de consultation ?
- Faut-il prévoir un hébergement par un prestataire, mutualisé ?

Pilotage du changement

Un autre chapitre concerne *le management du projet et le pilotage du changement d'organisation de travail dans les services*.

L'idéal est de faire animer la démarche par *un chef de projet* qui présente les compétences nécessaires pour :

- mettre en œuvre les orientations fixées par le comité de pilotage dans les meilleures conditions possibles (qualité, respect des délais et budgets…) ;
- mettre en place et suivre des groupes de travail autour de différents sujets concernant le dispositif ;
- animer un groupe technique en charge des problèmes techniques, d'interconnexion et de sécurité ;
- animer les groupes thématiques chargés de travailler sur les contenus ;
- définir la charte graphique, veiller à la qualité et à l'ergonomie des informations en ligne.

Maquette jetable

Pour nous, une maquette n'est pas simplement un livrable intermédiaire, sorte de passage obligé dans l'élaboration d'un produit, c'est un *véritable principe actif : elle facilite la formulation d'attentes et la conception d'usages nouveaux.*

En effet, dans un domaine d'usages innovants, l'expression des besoins ne peut pas se faire *ex abstracto* : il est délicat de demander à des utilisateurs de formuler des besoins et des avis pertinents sur une technologie et des usages qu'ils ne connaissent pas encore ; le risque est important qu'ils découvrent l'étendue des possibilités offertes en cours de projet, entraînant par là des modifications tardives, donc coûteuses et imprévues... et beaucoup de conflits avec les programmeurs !

L'intérêt de la maquette est d'atteindre une validation quasi permanente, tout au long du projet, en impliquant les utilisateurs dans le processus de développement. On parle même de méthodologie par *maquette jetable* et *incrémentale, dans le but d'effectuer des développements accélérés d'applications (RAD) et d'effectuer, à chaque étape, une convergence entre le besoin des utilisateurs, d'une part, et le système* (sur le plan fonctionnel et sur le design), *d'autre part.*

Bien entendu, ce qui est « jeté », ce n'est pas le fond (l'infrastructure technique, les contenus) mais la forme (présentation des données, logique d'arborescence interactive, champs d'indexation, design graphique, etc.).

⊃ Zoom sur... label villes internet 2001

Toute ville qui le désire peut librement participer au label Villes Internet 2001. Pour cela, il faut qu'elle référence ses initiatives Internet sur le Centre de ressources Internet citoyen. Un classement des villes, de 1 à 4 arobases, est effectué annuellement par un jury d'experts sur la mise en œuvre d'un Internet local citoyen à la disposition de tous. Il est décliné en plusieurs points tels que :

– la mise à disposition d'accès publics et d'accompagnement aux usages ;
– la simplification de l'Administration ;
– le développement d'usages de services publics ;
– l'aide à l'autoproduction de contenu par les acteurs locaux ;
– la mise en réseau des associations, des entreprises et des organismes locaux ;
– l'utilisation pour l'expression citoyenne et les échanges avec les élus ;
– des actions spécifiques du domaine de la politique de la ville, de l'action culturelle, de la coopération décentralisée, de la santé, du tourisme, etc.

À la suite de la remise du label par le ministre délégué à la Ville, les villes peuvent poser des panneaux publics et utiliser le label dans le cadre de leur communication locale, nationale et internationale, à l'image des 87 villes labellisées en 1999 et 2000.

Depuis trois ans, le programme d'action Villes Internet a mis en relief la nécessité pour les villes de partager leurs idées, leurs expériences et les difficultés rencontrées dans leur mise en œuvre de l'Internet local et citoyen.

Le Centre de ressources de l'Internet citoyen a donc été conçu pour être une plateforme d'échange d'expériences entre acteurs locaux. Libre d'accès et gratuit, il est destiné à permettre aux collectivités d'exposer et de partager leurs initiatives en matière d'Internet local et citoyen.

Il permet une observation continue des développements d'usages locaux, des comparaisons avec les initiatives des autres villes, la constitution d'historique, le classement thématique des expériences. Il offre également un outil de travail public ou privé pour le suivi de ces projets.

Chaque ville peut librement participer à cet échange et utiliser l'outil comme elle le souhaite, de manière privée, limitée ou publique.

LES GRANDES VILLES ET LE GOUVERNEMENT MÉTROPOLITAIN[3]

Depuis quelques années, la question du gouvernement des grandes villes est de nouveau à l'ordre du jour, avec la remise en chantier de nombreuses expériences de *constitution d'institutions d'agglomération*.

Ces évolutions se traduisent par des systèmes d'acteurs plus complexes et par des modalités d'action fondées sur la réactivité, la souplesse, le partenariat et le volontariat.

Toutes les expériences en cours qui sont présentées comme des succès sont celles qui sont menées avec des démarches radicalement nouvelles : à l'approche top-down, caractéristique de bon nombre de tentatives antérieures, est substituée une recherche de participation entre les principaux acteurs sur des objectifs communs.

La gouvernance métropolitaine suppose des capacités de négociation, de partenariat, de volontariat et de souplesse dans la constitution des nouvelles structures. L'objectif à atteindre (c'est-à-dire la forme et le contenu de l'autorité d'agglomération) n'est pas fixé à l'avance mais devient le produit du système d'acteurs au fur et à mesure que le processus se déroule. Ce processus possède ainsi son propre dynamisme, alimenté par les acteurs eux-mêmes. Mais cette alimentation n'est pas laissée au hasard ; elle passe par des formes spécifiques, des procédures négociées qui encadrent et rythment le processus. À l'encontre du modèle métropolitain classique, où le processus d'instauration était généralement court mais où la mise en œuvre s'avérait souvent défaillante, ici, le processus est long, peut constamment s'arrêter ou ralentir mais chaque succès a une forte légitimité car il est le fruit de l'ensemble des acteurs.

Le gouvernement métropolitain, qu'est-ce que c'est ?

L'expression «gouvernement métropolitain» renvoie généralement à une structure de gouvernement qui possède quatre caractéristiques principales :

---

3. La notion et l'histoire de la « gouvernance métropolitaine » sont particulièrement bien développées dans un article de Christian Lefèvre, maître de conférence, Institut d'urbanisme de Paris, chercheur au LATTS, UPVM-ENPC.

– *une légitimité politique forte*, obtenue par l'élection directe de ses représentants politiques ;
– *une autonomie significative* vis-à-vis aussi bien des « gouvernements d'ordre supérieur » que des collectivités locales de base, acquise grâce à des ressources financières et humaines adéquates ;
– *des compétences importantes* ;
– *une assise territoriale « pertinente »*, comprenant grosso modo l'aire urbaine.

Panorama des gouvernements métropolitains

La renaissance des gouvernements métropolitains dans les années quatre-vingt-dix doit beaucoup à la nouveauté des démarches mises en œuvre. Si le contexte urbain et international a changé, ce sont aussi les conceptions de la mise en place des autorités d'agglomération qui sont maintenant profondément renouvelées, notamment parce qu'elles ont tiré les leçons des échecs passés.

États-Unis – Les lois sur la qualité de l'air et sur le transport intermodal remettent en selle les Metropolitan Planning Organizations (MPO) constituées dans les années quatre-vingt. Bien entendu, toutes ces expériences ne sont pas au même niveau d'achèvement.

Canada – Metro, l'autorité métropolitaine de Toronto, a été confirmée dès 1988 par l'élection au suffrage universel direct de son conseil, par la création au niveau provincial d'une structure technique couvrant le Grand Toronto et par l'approbation en 1991 du plan stratégique de l'aire métropolitaine.

Italie – En Italie, c'est l'expérience bolognaise, décrite dans notre encadré, qui a servi de modèle pour les agglomérations de Rome, Turin, Gênes ou Venise, probablement les cités métropolitaines les plus dynamiques.

Pays-Bas – Aux Pays-Bas, la région de Rotterdam est la plus avancée avec l'OOR (Overlegorgaan Rijnmondge-meenten), structure de coordination locale.

Espagne – En Espagne, on assiste selon des géométries diverses au développement de structures couvrant le Grand Barcelone, le Grand Madrid ou le Grand Valence, structures se limitant à des associations de communes (mancommunitat) ou placées directement sous le contrôle des communautés autonomes.

Allemagne – En Allemagne, la communauté régionale de Stuttgart (Verband region, Stuttgart) qui comprend 179 communes et 5 *Kreise* regroupant plus de deux millions d'habitants ; cette structure dispose d'élus au suffrage universel direct ayant en charge un certain nombre de services importants (planification stratégique, transports publics, traitement des déchets, développement économique...)

⊃ **Zoom sur...** Bologne

La cité métropolitaine de Bologne est considérée, aussi bien en Italie qu'ailleurs, comme l'une des mieux engagées dans cette voie en Europe[4].

En février 1994, un accord baptisé Accordo per la Città Metropolitana (ACM), entre 48 communes et la province de Bologne, est signé à Bologne. Cet accord repose sur une conception nouvelle de la construction institutionnelle : il ne s'agit pas d'instituer une structure de coopération ex ante et de lui attribuer certaines compétences prédéfinies lui permettant de produire des politiques publiques sur un territoire prédélimité. Tout au contraire, c'est la constitution de l'institution (la Cité métropolitaine) qui est posée comme l'objectif à atteindre. L'institution apparaît alors comme un processus issu de la mise en œuvre de politiques publiques : le territoire bolognais a repris les rênes en considérant qu'il valait mieux *fare da sé* (faire soi-même).

L'ACM fonctionne sur une base *volontaire :* n'adhèrent que les communes qui le souhaitent et qui peuvent se retirer lorsqu'elles le désirent, et souple : les communes peuvent adhérer soit à l'ensemble des actions prévues par l'ACM soit à une partie seulement de ces actions.

L'ACM crée des structures spécifiques au niveau métropolitain :

– une structure politique, la Conférence métropolitaine, composée des maires des communes adhérentes et présidée par le président de la province,
– une structure administrative légère, le secrétariat de la Conférence métropolitaine, chargé de gérer l'ACM, et trois structures techniques dans les domaines « économico-territorial » (transport, environnement, planification), administratif et financier et sanitaire et social.

La Conférence métropolitaine n'est pas un organe décisionnel car elle ne se substitue pas aux conseils municipaux et au conseil provincial ; elle établit les priorités du secrétariat et des comités techniques qu'elle approuve à l'unanimité. Elle sert surtout de forum où les questions métropolitaines peuvent être abordées, y compris avec les quelques communes non adhérentes à l'ACM invitées en tant qu'observateurs.

Les comités techniques fonctionnent par projets précis (diagnostic et résolution de problèmes spécifiques sur l'agenda depuis longtemps) et réunissent les techniciens des divers partenaires qui se déclarent concernés par le projet.

Sur un plan plus général, l'ACM crée des observatoires (observatoire sur les investissements métropolitains, observatoire sur l'économie et l'emploi) et prévoit l'élaboration de projets plus globaux (plan stratégique métropolitain, programme d'assistance administrative et de formation des personnels communaux, etc.). Le partenariat s'établit concrètement à l'intérieur des trois comités techniques réunissant les fonctionnaires des différentes communes et de la province concernés par un même projet.

Les règles de l'échange politique qui prévalent à l'intérieur de la Conférence métropolitaine – c'est-à-dire la libre coopération entre les communes signataires sur des dossiers précis – favorisent ainsi le découpage des politiques publiques en une multitude de microprojets permettant de satisfaire les intérêts de chacune des parties prenantes.

Les techniciens se saisissent de dossiers très ponctuels, comme l'élargissement d'un pont, l'harmonisation du recrutement dans les collectivités locales, la mise en place d'une City-card permettant de simplifier les démarches des usagers auprès des administrations communales de l'aire métropolitaine.

Chaque projet collectif peut ainsi potentiellement mettre en présence des communes différentes.

---

4. Conferenza Metropolitana, Bologne, 1995.

La méthode bolognaise trouve aujourd'hui des échos dans d'autres métropoles italiennes. Elle s'apparente aussi aux expériences en cours aux Pays-Bas, notamment avec la relance de l'idée métropolitaine à Rotterdam. Ces expériences modifient donc profondément le modèle métropolitain. Si nous avons affaire à une méthode négociée fondée sur le partenariat, le volontariat et la flexibilité, deux innovations importantes sont à mettre en exergue car, sur le fond, elles tirent les leçons des expériences antérieures en abordant de front la question de la légitimité du gouvernement métropolitain. Cette dernière est déjà annoncée par la mise en œuvre des autorités métropolitaines mais celle-ci ne peut suffire à elle seule car la légitimité ne dépend pas uniquement de la méthode de constitution des institutions métropolitaines ; elle repose également sur la reconnaissance politique de l'institution par les acteurs concernés, au premier rang desquels les collectivités territoriales et les populations. En ce sens, trois éléments de ce que l'on peut appeler « le nouveau modèle métropolitain » sont fondamentaux :

- Le premier concerne la *légitimité populaire* jusque-là grandement sous-estimée. La loi 142 italienne et ses applications locales (sanctionnées parfois par des lois régionales), tout comme les projets de loi néerlandais sur Rotterdam et Amsterdam, contiennent toutes des dispositions visant à soumettre à référendum les formes et contenus des institutions métropolitaines.
- En second lieu, ces structures ne sauraient devenir des échelons institutionnels supplémentaires mais devraient au contraire *se substituer aux provinces existantes*, ce qui élimine en partie la question du conflit d'autorité avec ces collectivités locales-là. Ainsi, dans les cas de Bologne et de Rotterdam, les futures institutions d'agglomération auraient rang de province.
- Enfin, la *cassure des villes centres* (leur fragmentation en plusieurs nouvelles municipalités) et la *recomposition territoriale de certaines communes* sont juridiquement prévues, afin d'éviter un conflit de légitimité et d'autorité avec l'institution métropolitaine (il ne saurait y avoir deux collectivités fortes sur le même territoire). Il semble donc y avoir dans ces expériences tous les ingrédients de la réussite.

La gouvernance métropolitaine est-elle la pierre philosophale qui permettrait de réduire et d'annihiler les conflits précédents ? Ou avons-nous affaire à une énième tentative de constitution de gouvernements métropolitains destinés malgré les innovations en matière de gouvernance à subir le même sort que leurs prédécesseurs ?

La gouvernance métropolitaine ou les nouvelles formes de l'action publique dans les politiques institutionnelles

Les nouvelles formes de l'action publique que l'on voit se dessiner dans la plupart des pays occidentaux se caractérisent par *des systèmes d'acteurs plus complexes*.

Elles s'élaborent sous le registre du partenariat et de la négociation entre les collectivités territoriales (de l'État aux structures locales), le secteur privé, le monde associatif, les groupes d'intérêt, les populations elles-mêmes.

En France, pays de forte tradition centralisatrice s'il en est, le changement est sensible dans la remise en cause de la conception « républicaine » du territoire. Les lois d'amélioration de la décentralisation et les nouveaux schémas directeurs français diminuent fortement les contraintes par l'établissement de *structures de coopération à géométrie variable. Le territoire compte, et, à ce titre, les politiques institutionnelles s'efforcent de refléter cette diversité.*

La conduite du changement

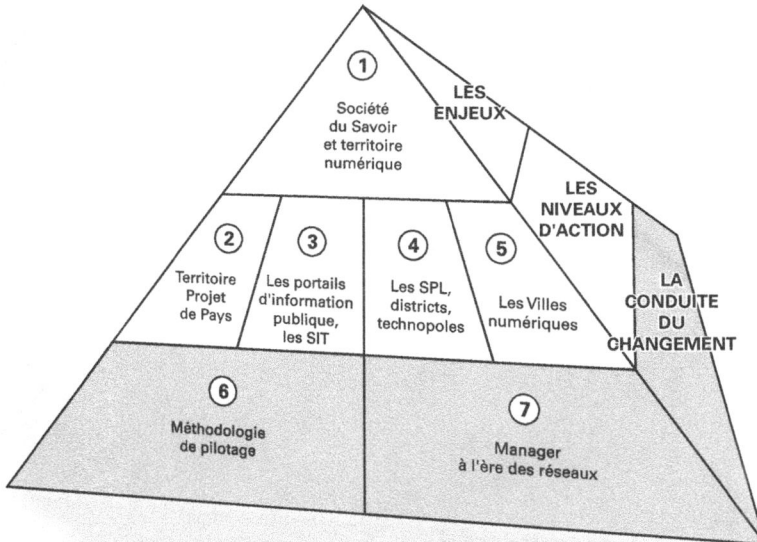

① Société du Savoir et territoire numérique   LES ENJEUX

LES NIVEAUX D'ACTION

② Territoire Projet de Pays ③ Les portails d'information publique, les SIT ④ Les SPL, districts, technopoles ⑤ Les Villes numériques   LA CONDUITE DU CHANGEMENT

⑥ Méthodologie de pilotage   ⑦ Manager à l'ère des réseaux

Chapitre 6

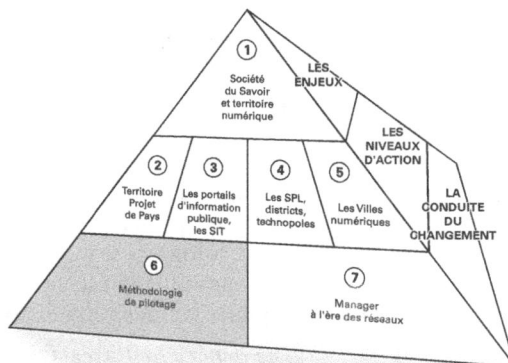

Piloter le changement : une méthodologie générique

La méthodologie que nous allons décrire dans ce chapitre bénéficie d'une longue expérience de conduite du changement dans les grandes organisations. Pour réussir, elle doit respecter quelques principes de base, parmi lesquels les plus importants sont :
– la recherche permanente de participation
– éviter la confusion entre la fonction et l'usage

Une démarche participative

Tous les projets décrits dans cet ouvrage : projet de territoire, portail d'information publique, ville numérique… ont en commun une recherche de participation ; par conséquent, la composante humaine y est fondamentale ; or, la meilleure façon d'obtenir la participation des acteurs au cours de la mise en œuvre d'un projet est de les impliquer dès les phases de conception ; faisons en sorte qu'ils en deviennent les co-auteurs. Pour respecter ce principe, le diagnostic et l'analyse, première phase de notre méthodologie, est menée selon une méthode de conviction à l'écoute des citoyens ; puis la mise en œuvre, deuxième phase de notre méthodologie, s'appuie sur des projets concrets portés par les acteurs eux-mêmes.

Une démarche basée sur « l'intelligence embarquée »

Pour expliquer ce concept, je m'appuierai sur une métaphore « cabalistique » : supposons que nous disposons d'un canon sur pied articulé pour viser une mouche, posée sur un mur à vingt mètres ; pour l'atteindre, il faudrait introduire dans le système de guidage du canon des spécifications d'une précision infinitésimale. Supposons maintenant qu'au moment de tirer, la mouche s'envole et aille se poser sur le mur voisin. Raté !

C'est exactement ce qui se passe avec les méthodologies classiques de cahier des charges ou avec certains programmes et directives : les spécifications fonctionnelles et techniques, les procédures sont rédigées, au départ, avec une grande précision sur les moyens, mais sans s'exprimer sur la finalité.

Si l'environnement technique, socio-économique change, le programme continue à s'appliquer, pour livrer un produit obsolète ! Il n'existe qu'un moyen d'atteindre une cible qui bouge, c'est de « verrouiller la cible[1] » (finalité) puis d'« embarquer l'intelligence dans le projectile » ; c'est tout le principe de notre conduite de projet ou, plus largement, de « l'intelligence collective » : on s'assure qu'il y a un consensus sur la cible à atteindre puis on laisse les acteurs décider, chemin faisant, du moyen d'y parvenir, avec, bien entendu, un support méthodologique, technologique et financier.

« Think global, act local »

Notre principe d'action s'appuie sur quatre éléments clés qui se nourrissent l'un l'autre :

- une cible stratégique, explicite et partagée, qui donne une finalité collective et globale au projet, un sens pour l'action ;
- des projets concrets et locaux, dits « projets de percée », portés par des acteurs locaux (embarqués) pour expérimenter en grandeur réelle les

---

1. Pour filer la métaphore pseudo-militaire…

différentes facettes de la problématique, réaliser des «vitrines», évaluer les bénéfices et impliquer concrètement et localement les acteurs;

- des facilitateurs pour encadrer l'action, l'inscrire dans la durée, fournir un cadre technique, financier, méthodologique cohérent, capitaliser les retours d'expérience et piloter le changement;
- des technologies qui instrumentalisent le processus de changement, matérialisent la production des contenus et catalysent de nouveaux usages.

La fonction crée l'usage qui recrée la fonction

Il ne faut jamais oublier de faire la distinction entre les fonctions ou services que proposent les concepteurs, et les usages qu'en font les clients. Toute l'histoire de l'innovation technologique est parsemée d'objets qui ont été détournés de leur fonction initiale. C'est le cas, par exemple, du langage HTML d'Internet, qui n'a pas été conçu au départ pour les particuliers, ou du téléphone, qui a été conçu par Bell pour faire de la retransmission philharmonique d'opéra!

Paul Saffo, directeur de l'Institut du futur à Palo Alto, dans la Silicon Valley, déclare: «En présence d'une nouvelle technologie, la tendance naturelle est d'en surestimer l'impact à court terme et d'en sous-estimer les implications à long terme. Concernant le web (…), il ne s'agit pas de savoir comment on accédera à l'information, mais comment vont se créer les environnements sociaux… Ce réseau est constamment réinventé avec des applications qui n'étaient pas anticipées, et cela va continuer.»

Les usages sont, par essence, imprédictibles, que ce soit dans le domaine des nouvelles technologies ou dans le domaine social, où l'effet réseau joue à plein; un phénomène à peine amorcé peut prendre une ampleur incontrôlée; on parle alors de croissance virale. Dans d'autres cas, une technologie n'a aucun succès car les conditions d'appropriation sociale ne sont pas assurées: c'est par exemple le cas de la xylographie, inventée en Chine pour servir le pouvoir des mandarins, quelques siècles avant l'imprimerie, ou du carrosse propulsé à la vapeur inventé par Joseph Cugnot, en 1769, sous Louis XV.

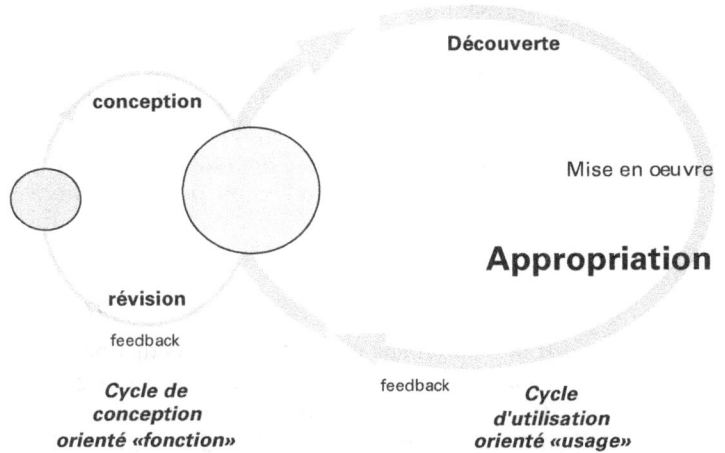

FIGURE 19. Double boucle conception-usage
À partir d'une première idée des besoins (boule de gauche) le concepteur met sur le marché un prototype (boule de droite) ; les utilisateurs vont s'approprier le produit et, le plus souvent, le détourner de sa fonction première. Le feed-back du marché servira alors à adapter le produit.

On assiste à un *phénomène de double boucle rétroactive* : lorsqu'une fonction nouvelle est mise à disposition d'un marché, certains utilisateurs pionniers (ou pilotes, si cela a été organisé) se l'approprient et inventent en retour de nouveaux usages, qui exigent parfois des modifications importantes de la fonction initialement offerte.

C'est pourquoi les concepteurs des systèmes innovants ont besoin, de façon itérative, du *feed-back du marché*, pour mieux adapter leurs produits aux besoins et réorienter leurs développements ; cela est d'autant plus difficile que :

- Dans un contexte d'innovation, le feed-back est toujours très faible, ce qui constitue un facteur de ralentissement et un mauvais ajustement de l'offre avec la demande.
- Il est difficile de demander à l'utilisateur d'exprimer des besoins par rapport à des usages qu'il ne connaît pas encore : les usages seront inventés au fur et à mesure de l'appropriation des techniques,
- Si le produit implique une forte interdépendance d'acteurs, il y a risque de cercle vicieux (tout le monde attend tout le monde), comme ce fut le cas, par exemple, des CD audio : le client n'achète pas de lecteur CD car il n'y a pas de titres, l'éditeur ne peut pas prendre le risque d'éditer un titre avec un si faible parc installé, et le constructeur est contraint de pratiquer des prix élevés parce qu'il n'y a pas d'acheteur…

Ces différents éléments expliquent la fameuse courbe en S.

La courbe en S du changement

Le changement dans le temps épouse la forme d'un S : dans un premier temps, l'arrivée d'une *technologie innovante* signale l'émergence d'une rupture ; dans un deuxième temps, *le monde économique* s'en empare, il y a accélération brutale et croissance du changement, à tel point que la société perd ses repères et réagit souvent négativement ; dans un troisième temps, il y a *intégration sociale*, modification profonde des valeurs, on parle de changement de paradigme.

L'imprimerie, l'électricité, la voiture, la télévision, le téléphone ont causé ce type de mutations dans le passé.

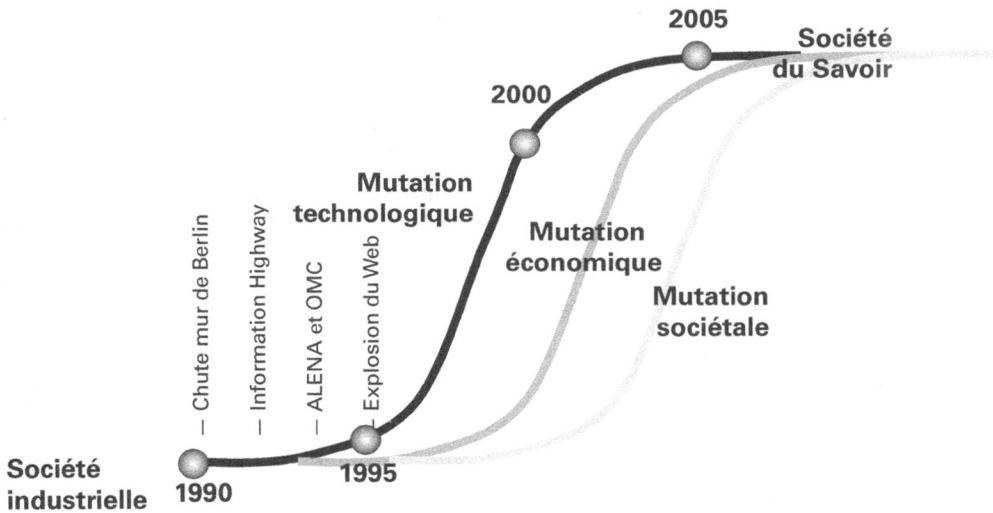

2005
Société du Savoir

2000

Mutation technologique

Mutation économique

Mutation sociétale

— Chute mur de Berlin
— Information Highway
— ALENA et OMC
— Explosion du Web

Société industrielle **1990**

1995

Figure 20. Les trois mutations – technologique, économique, sociétale –, qui conduisent au passage de la société industrielle à la société du savoir, sont décalées dans le temps (d'après des textes et entretiens avec Michel Cartier).

PILOTER LA DÉMARCHE EN MODE PROJET

Les instances décisionnaires

Un projet est conduit par trois acteurs :

– *les instances stratégiques* (maîtrise d'ouvrage) décident des grands axes du projet : cible, délai, budget, et veillent à leur respect ;

– *les instances opérationnelles* (maîtrise d'œuvre) définissent le moyen d'arriver à la cible ;

— *les consultants* orientent, en fonction de leur mutualisation d'expériences extérieures.

Le chef de projet coordonne l'ensemble de ces acteurs.

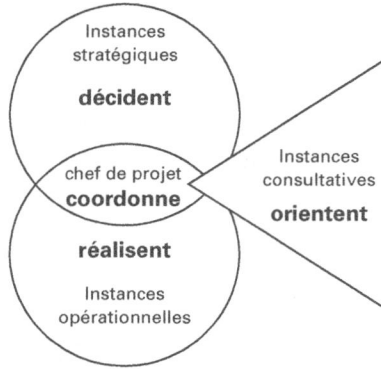

FIGURE 21. Trois acteurs coordonnés par le chef de projet

Notre expérience montre que beaucoup de projets échouent par non-respect de ces éléments fondamentaux ; par exemple : les instances stratégiques s'occupent beaucoup trop des «moyens» mais oublient les «finalités» ; le chef de projet est trop souvent absent ; on laisse les consultants ou sous-traitants prendre le pouvoir…

Le phasage

Un projet se conduit en trois phases principales :

— *la phase d'analyse et de diagnostic*, qui aboutit au document fondateur de la démarche ;
— *la phase d'accompagnement* de projets pilotes, dits projets de percée, expérimentaux ;
— *la phase de déploiement* ou généralisation.

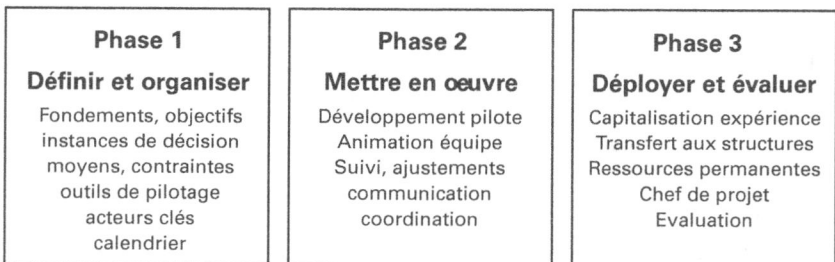

Phase 1	Phase 2	Phase 3
Définir et organiser	**Mettre en œuvre**	**Déployer et évaluer**
Fondements, objectifs instances de décision moyens, contraintes outils de pilotage acteurs clés calendrier	Développement pilote Animation équipe Suivi, ajustements communication coordination	Capitalisation expérience Transfert aux structures Ressources permanentes Chef de projet Evaluation

de l'intention...   à l'appropriation

FIGURE 22. Trois temps forts, depuis la conception jusqu'à la mise en exploitation

Le respect de ces trois temps est indispensable au bon jalonnement d'un projet, pour plusieurs raisons. D'une part, *les allocations budgétaires* sont très différentes dans les trois phases : la première phase implique surtout des frais d'études (cabinet consultant), la deuxième, plutôt des frais de développement informatique et des investissements matériels, la troisième, des frais d'exploitation (abonnement télécom, temps personnel).

Par ailleurs, *les allocations de ressources humaines* et leurs rôles respectifs évoluent : les deux premières phases sont des phases de conception-mise en œuvre qui supposent donc des allocations temporaires de personnes ; la troisième phase est une phase d'exploitation, les allocations sont permanentes.

Phase 1 : la méthode Écoute 360®

La méthode Écoute 360® a été mise au point par l'auteur de ce livre en croisant les travaux théoriques du Pr. Shiba[2], père fondateur de la TQM (Total Quality Management), et une longue expérience de terrain ; elle s'inspire de la méthode CEM (Conception à l'écoute du marché), qu'elle a énormément simplifiée pour la rendre plus opératoire et qu'elle a adaptée à des environnements autres que la conception industrielle.

L'intérêt de cette méthode est qu'elle donne le maximum de chances de faire remonter des attentes tacites ou implicites. Les attentes sont exprimées sous forme de verbatim, qui sont fidèlement retranscrits puis regroupés par affinité, ce qui permet de dégager un diagnostic systémique en créant une représentation « spatiale » de la complexité.

Conditions générales

Le choix des personnes interviewées est important : il faut constituer un *échantillon de personnes représentatives des populations cibles* – professionnels ou grand public, différentes tranches d'âges, différents milieux sociaux, etc.

Le questionnaire est fait de *questions ouvertes*.

Le groupe d'interview se compose d'un consultant qui mène l'entretien et d'un « scribe » qui note intégralement les réponses de l'interviewé, en prenant soin de conserver le style oral et souvent fleuri de l'expression.

---

2. Shoji Shiba, *La conception à l'écoute du marché*, INSEP Éditions, Paris, 1995.

Processus

Phase	DESCRIPTION
Entretien	Le consultant et le scribe rencontrent les personnes pour un entretien de 30 à 60 minutes sur leur lieu familier.
Débriefing	À la suite de chaque entretien, le consultant et le scribe retranscrivent l'entretien sur des Post-it, un par verbatim.
Construction des d'affinités	À la suite d'une série de 5 entretiens, les Post-it sont lus et regroupés sur un papier kraft par affinités. Chaque groupe de Post-it est synthétisé. Ce tableau permet de rédiger l'ensemble des entretiens sous une forme spatiale qui autorise à la fois une lecture globale et une grande précision.
Restitutions	Des restitutions orales sont régulièrement faites au groupe de pilotage ; ce groupe réagit et réoriente éventuellement les entretiens ultérieurs.

Résultats attendus

Les attentes sont exprimées sous forme de verbatim anonymes et regroupés par affinité. Elles sont prises en compte à chaque étape ultérieure de la démarche. Certaines sont très générales et concernent le cadre de vie sociale et politique, d'autres sont très précises et peuvent contenir des idées de projets d'action, concrets et originaux. La plupart nous désignent sans ambiguïté *les priorités que devra respecter notre plan d'action*.

La grille d'analyse : l'exemple du projet de territoire

La grille d'analyse systémique d'un territoire peut être plus ou moins sophistiquée et demande à être bien conduite. L'idée générale est d'aborder *l'analyse d'un territoire à travers cinq composantes systémiques*, à savoir :

— un sous-système institutionnel (intercommunalité, chambres consulaires, services de l'État...) ;
— un sous-système productif (entreprises toutes branches, artisanat, agriculture...) ;
— un sous-système socioculturel (éducation, loisirs, patrimoine, monde associatif...) ;
— un sous-système environnement-cadre de vie (environnement, transport, habitat...) ;
— un sous-système exogène, regard des acteurs étrangers sur le pays concerné (insertion-exclusion, comparaison avec d'autres pays...).

Il s'agit de faire s'exprimer les acteurs locaux sur leur vision du fonctionnement de chacun de ces sous-systèmes et surtout des relations qu'ils ont entre eux, des relations qu'ils entretiennent avec l'extérieur et le reste du monde. In fine, les consultants pourront dégager les éléments d'une *vision commune (par affinités) des ressources et handicaps* propres à chaque sous-système et de leurs relations avec les autres sous-systèmes et avec l'extérieur.

Cette problématique et les données ainsi obtenues constituent la base sur laquelle s'édifiera le reste de la démarche jusqu'au plan d'action.

En termes plus opératoires, le processus comportera quatre étapes distinctes :

Étape 1 : une *analyse documentaire* et un premier repérage afin d'échantillonner les acteurs qui seront interviewés et constituer les groupes de travail relatifs à chacun des cinq sous-systèmes ;

Étape 2 : la mise en place de cinq *groupes de travail*, chargés de retranscrire et synthétiser la vision de la problématique de leur sous-système par les acteurs interrogés ; ces travaux peuvent être nourris par des études ou des expertises, en fonction des besoins ;

Étape 3 : des *réunions de mutualisation inter-groupes* régulièrement organisées, pour identifier les affinités communes à l'ensemble du système territoire.

Étape 4 : une *synthèse générale* des travaux de chacun des groupes qui donne une image globale du territoire « vécu » et de ses perspectives.

(Un exemple très détaillé d'analyse territoriale est donné dans l'annexe 21 de cet ouvrage.)

Phase 2 : Le management par projets de percée

Un problème complexe ne peut être abordé que par une somme d'éclairages complémentaires. Un projet complexe, comme un projet de pays, avec une telle diversité d'acteurs et de facteurs, ne peut résulter que de la *fédération de plusieurs sous-projets*, chacun contribuant pour sa part à atteindre la cible globale.

Le principe d'action est de s'inspirer de la méthode de « management par percée », qui a largement fait ses preuves dans les processus de conduite du changement au sein des organisations professionnelles complexes.

Un projet de percée est un *projet concret, avec un objectif visible et facile à atteindre, porté par des acteurs motivés*. Il permet d'expérimenter en grandeur réelle et collectivement les différentes étapes du processus de construction du projet de pays, de réaliser des « démonstrateurs » et d'apprendre « chemin faisant ».

Il crée une communauté (groupe projet) d'acteurs qui focalisent leur énergie et leur intelligence sur l'objectif à atteindre.

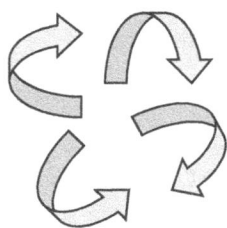

Initiatives foisonnante et isolées

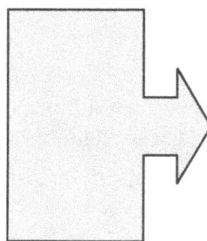

Méga-projet unique

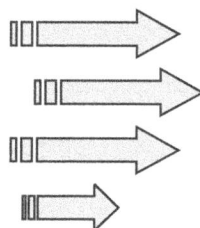

Projets de percée

FIGURE 23. Dans la figure de gauche, de multiples initiatives foisonnent mais sans cohérence; leurs porteurs s'épuisent et la résultante des actions est faible. Dans la figure centrale, un acteur tente d'imposer un point de vue unique dans un méga-projet; en général, il ne cumule que des frustrations. Dans la figure de droite, la démarche est à nouveau participative, mais les «projets de percée» sont fédérés.

L'important dans la méthode est de fédérer les différents projets de percée au sein d'un projet global.

Le plan d'action se définit alors comme un ensemble cohérent d'actions complémentaires, retenues parce que chacune d'entre d'elles, par ses effets et ceux de ses synergies avec les autres, contribue aux objectifs affichés dans la stratégie du territoire.

Différents dispositifs de mutualisation sont mis en œuvre pour s'en assurer :
- un cadre contractuel cohérent, donnant aux porteurs de projets des obligations en matière de délai, livrables, choix des technologies, principes à respecter ;
- des réunions régulières de mutualisation et capitalisation des groupes projets ;
- un plan de sensibilisation, communication global ;
- une architecture de communication et capitalisation inter-projets (portail du projet de pays) ;
- une assistance méthodologique (animation, apport de méthodes de management de projet…).

FICHE TYPE D'UN PROJET DE PERCÉE

Le contexte

Rappeler les éléments de diagnostic ayant servi à rendre ce projet prioritaire ; préciser l'environnement socio-économique du projet, les freins et leviers, les enjeux et opportunités.

Finalités-objectifs-bénéficiaires

Préciser le rôle que cette action va jouer dans les transformations recherchées du système local. Et préciser comment elle se situe au sein d'une typologie fonctionnelle :

– Est-ce une action moteur ?
– Est-ce une action de préparation ?
– Est-ce une action d'accompagnement ?
– Est-ce une action à vocation expérimentale ?
– Est-ce une action ponctuelle (opportunité) ?

Préciser également les bénéficiaires de l'action : citoyens, troisième âge, entreprises, etc.

Instances de pilotage

	COMPOSITION	ROLES ET RESPONSABILITES
Maîtrise d'ouvrage		
Chef de projet		
Représentants usagers, métiers		
Consultants		
Opérateurs chargés de la mise en œuvre		

Démarche : phases, livrables, délais

PHASES	MOYENS	RESSOURCES	LIVRABLES	DELAI
Description du processus actuel	Modélisation par groupe de travail	Réunions groupe de travail	Modèle de processus	
Identification des optimisations	Entretiens piloté par le modèle de processus	Réunions collectives et individuelles	Cartographie des connaissances	
Appropriation du processus nouveau	Communication, formation	Déploiement par thématiques	Support de formation	
Évolution du processus	Critères performance, optimisation	Forum Intranet	V2/V3…	

Budget et procédures

	AFFECTATION DES COUTS	MODE DE FINANCEMENT	PROCEDURES
Coûts de développement	Infrastructure	Partenariat privé	
	Accompagnement	Public (source ?)	Contrat de plan État-Région
	Internes		Programme européen
Coûts d'exploitation	Internes		

Critères de performance et environnement

CRITERES DE PERFORMANCE	FACTEURS DE RISQUE	INFRASTRUCTURE TECHNIQUE	POLITIQUE DE COMMUNICATION	SYSTEMES CONNEXES	AUTRES
Définition de critères ou métriques permettant de mesurer objectivement le bénéfice	Manque de motivation des acteurs			Relations de motricité ou de dépendance par rapport à d'autres actions	

Actions ultérieures

Mise en application du projet, évaluation, évolution et suivi.

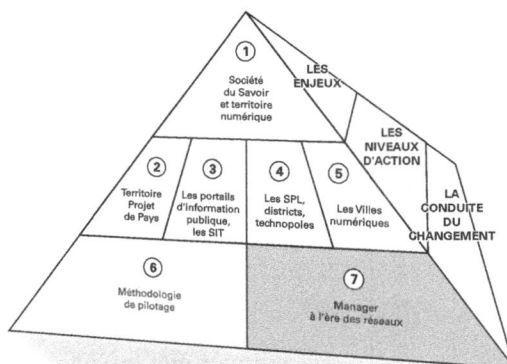

Chapitre 7

Manager
à l'ère des réseaux

Mettre le citoyen au centre du service public... voilà un véritable projet mobilisateur, un projet politique et managérial, et non plus seulement un projet d'efficacité ou de gestion des dépenses!

Les sites Internet des collectivités et de l'État ne se contenteraient plus de jouer un rôle pseudo-moderne d'affichage électronique d'informations, ils deviendraient une plate-forme de service, un lien entre les citoyens et les services, un lien entre les citoyens eux-mêmes.

Mais c'est plus facile à dire qu'à faire, et l'erreur de base consisterait à greffer un système et une cellule technologiques sur une organisation inchangée; il s'agit de former et de changer les pratiques des cadres du plus haut niveau: les amener à adopter le processus de changement vers les logiques de réseau. L'enjeu n'est pas d'apprendre à se servir de sa messagerie mais d'apprendre à manager à l'ère des réseaux: manager les compétences dans leur pluralité, combiner les compétences dans des organisations de travail, dans des processus, révéler les talents, apprendre à apprendre, être performant collectivement, dans la complexité et le changement...

Dans ce chapitre, nous tenterons de répondre à trois questions fondamentales :
- Qu'est-ce que la performance collective en environnement complexe ?
- Comment manager à l'ère des réseaux ?
- Quel peut être le rôle des pouvoirs publics ?

LA PERFORMANCE COLLECTIVE EN ENVIRONNEMENT COMPLEXE

Affirmer que le Soleil tourne autour de la Terre ou, au contraire, que la Terre tourne autour du Soleil, cela n'a aucun effet sur le Soleil ou sur la Terre. Une science de la nature s'occupe du comportement d'objets. En revanche, *une science sociale comme le management traite du comportement d'êtres humains et d'institutions humaines*. Et les praticiens auront tendance à se conduire, en retour, comme leur indiquent les postulats de leur discipline.

Depuis les années trente, date de la fondation des premières théories du management, toutes les écoles ont tenté d'ériger le modèle unique du management : il existerait une manière de manager meilleure que les autres ; le management traite des problèmes internes de l'entreprise ; le manager est défini par statut, etc.

Énoncés comme cela, ces postulats paraissent presque caricaturaux ; tous les modèles d'excellence érigés depuis cinquante ans se sont montrés faux voire catastrophiques. Et pourtant, ces traits sont encore largement appliqués et toujours enseignés.

Pour être accepté dans l'économie du savoir et des réseaux, le management doit évoluer profondément. Cette évolution du management est un chemin long et difficile ; pour l'emprunter, *il faut comprendre les véritables mécanismes qui régissent les échanges de savoir*. Commençons par aborder la notion des systèmes de représentation en milieu complexe.

La rationalité collective

Abordons ce sujet avec une série de devinettes, que je donne souvent dans mes conférences sur le sujet et que je vais vous relater.

Dans un premier temps, je projette à l'écran une figure (fig. 24). La question est : « Quelle est la longueur de L ? » ; je m'adresse à l'auditoire et demande au premier qui a trouvé la réponse de lever la main.

Lorsqu'une personne lève la main, je lui demande sa réponse, puis m'adresse à elle :

– Pensez-vous avoir raison ?

La personne répond timidement, car elle s'attend à un piège de ma part :

– Oui…

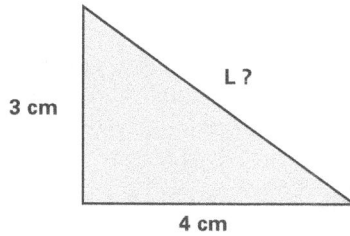

FIGURE 24 : *quelle est la longueur de L ?*

Puis je m'adresse au reste de la salle en posant la même question :

– Pensez-vous que cette personne a raison ?

La salle en convient facilement.

À ce moment, je déclare que, grâce à Pythagore qui nous a légué un théorème, universellement reconnu et prêt à l'emploi pour résoudre cette situation, au demeurant déjà connue, nous pouvons nous mettre collectivement d'accord sur une solution. Nous sommes dans un cas de résolution collective de situation compliquée pour lequel le théorème sert de médiateur.

Dans un tel registre, celui qui est détenteur du savoir peut revendiquer le pouvoir. C'est pourquoi, on peut légitimement penser que les ingénieurs ou administrateurs qui ont eu les meilleures notes dans les meilleures grandes écoles sont armés pour être les meilleurs managers !

Alors, je projette à l'écran deux autres devinettes et demande à la première personne qui a trouvé la bonne réponse de lever la main.

Comment agir face aux caprices d'un adolescent ? Comment réformer l'éducation nationale ?

FIGURE 25 : *Exercice de résolution collective de questions complexes*

Amusement embarrassé dans la salle… J'attends qu'une personne ose lever la main pour lui poser les mêmes questions qu'auparavant : Avez-vous raison ? Est-ce que la salle pense qu'elle a raison ?

▶ La chose la pire qui pourrait se produire dans un fonctionnement collectif serait qu'une personne déclare «avoir raison»: cette posture bloquerait immédiatement le jeu collectif.

Ce qui est à retenir dans cette démonstration c'est que, dans le deuxième cas, la chose la pire qui pourrait se produire dans un fonctionnement collectif serait qu'une personne déclare «avoir raison»: cette posture bloquerait immédiatement le jeu collectif.

Par définition, le complexe ne peut être résolu par l'analyse; chaque personne peut avoir son propre «point de vue», parfaitement subjectif, c'est-à-dire lié à son expérience passée, à son milieu socioprofessionnel, à son projet…

Aborder collectivement une situation complexe, c'est relier les points de vue et non chercher à ériger une vérité. Ce qui compte finalement, c'est le chemin parcouru ensemble, le processus, davantage que le résultat.

Dans l'économie des réseaux, le lien est plus fort que le bien.

Chris Argyris relate une recherche faite sur deux groupes d'étudiants en compétition chargés de définir une politique sociale sous la présidence de Jimmy Carter[1]. Il observe que les groupes de travail :

– avaient des positions arrêtées,
– se refusaient d'en changer,
– avaient beaucoup de sujets de désaccord,
– communiquaient mal,
– n'étaient pas habitués à travailler ensemble,
– n'avaient personne qui faisait face aux problèmes réels,
– essayaient d'imposer leurs programmes chaque fois qu'ils le pouvaient,

… Personne ne semblait se soucier de politique sociale !

Cette situation décrit une lutte classique pour le pouvoir. Sommes-nous surpris du résultat ? Les acteurs sont préoccupés de leur petite personne, obsédés par la sauvegarde de leur vérité ; s'ils perdent, ils perdent l'estime de leur personnel.

Les systèmes de représentation ou patterns cognitifs

En situation de routine, pour optimiser son énergie cognitive, l'homme fabrique des *patterns cognitifs*, c'est-à-dire des modèles de représentation, qu'il applique sur la réalité. Face à une situation inédite, la personne saine adopte certaines stratégies cognitives, comme :

– *l'encapsulation*: recherche d'un environnement plausible «englobant» le problème, recherche d'un statu quo ; nous reviendrons là-dessus ;

---

1. *Knowledge for Action, A guide to Overcoming Barriers to Organizational Change*, Jossey-Bass Inc., San Francisco, 1993.

– *l'analyse* : analyse des détails du problème et recherche d'indices significatifs ;

– *la transformation* : le problème est mentalement transformé par l'émission mentale d'une hypothèse qui vient renforcer la connaissance tacite de l'individu.

Il faut donc un surcroît de stimuli pour le faire accéder au niveau de l'acquisition de connaissances nouvelles. *Il faut une rupture forte, un dysfonctionnement, un incident grave, pour qu'il accepte de changer ses patterns routiniers.*

Un sens partagé

Une fois admis que la subjectivité gouverne l'ensemble des représentations individuelles, on conçoit que *le processus de construction collective d'une représentation passe nécessairement par une étape de mise en commun des perceptions*, de confrontation, de négociation et de délibération de ces différentes subjectivités. En ce sens, l'organisation n'est pas tant un système de «traitement de l'information» mais bien de «création de connaissance collective». C'est là que réside l'enjeu humain du *knowledge management*.

Les nouvelles technologies de l'information et de la communication

C'est dans ce contexte que l'arrivée massive des nouvelles technologies d'information et de communication a joué un effet de catalyseur du changement, érigé en véritable révolution culturelle : les nouveaux médias comme Internet et la messagerie électronique abolissent la mainmise de la hiérarchie sur l'information stratégique et favorisent l'émergence de nouveaux réseaux d'acteurs autour d'activités économiques intangibles fondées sur la confiance, la reconnaissance mutuelle des compétences, la valeur finale apportée au client.

La rationalité sociale

▶ La reconnaissance du pluralisme des représentations et donc des compétences individuelles est une condition d'émergence de la cohésion sociale.

Mais revenons à notre question de rationalité de l'action collective. Suite à notre petit jeu de devinettes, on comprend qu'on peut proposer deux types de rationalité : une rationalité absolue (l'exemple de Pythagore) et une rationalité sociale. *La reconnaissance du pluralisme des représentations et donc des compétences individuelles est une condition d'émergence de la cohésion sociale.*

Les actions habiles (manipulation, désinformation)

Mais il faut prendre garde à *ne pas confondre cohésion sociale avec statu quo*. Chaque individu apprend très tôt, probablement à l'école ou à la maison, à agir de façon à éviter habilement l'embarras, la menace, le conflit, et il apprend à dissimuler cette esquive, à rechercher le statu quo. Chris Argyris appelle cela des «actions habiles» et déclare qu'elles contribuent aux *routines défensives* que toute organisation se crée et qui la surprotègent mais, en même temps, l'empêchent d'apprendre et d'innover, voire même d'être efficace.

Chacun de nous a connu les rituels d'entreprise, où les dirigeants obligent leurs collaborateurs à passer régulièrement un temps infini dans des réunions inutiles et improductives. Les collaborateurs considèrent qu'assister à ces réunions est une perte de temps mais continuent à le faire en cachant leur sentiment. Ils pensent que révéler leur sentiment violerait les normes du groupe, et, parce qu'ils ont le sens de la protection de leur poste, de la poursuite de la routine, les gens s'adaptent en se repliant sur eux-mêmes. Cette esquive n'a pour effet que de maintenir, préserver la situation embarrassante du départ et même renforcer les auteurs dans leur conviction.

LA CONDUITE DU CHANGEMENT

▶ Il faut prendre garde à *ne pas confondre cohésion sociale avec statu quo.*

C'est pour toutes ces raisons que la conduite du changement est une opération si difficile : un changement qui ne porterait pas en premier lieu sur la définition de ce qu'est une action efficace ne saurait être durable parce qu'il continuera d'exposer les individus à des *situations socialement embarrassantes*. L'objectif est de déterminer si, dans une action efficace, il y a vraiment apprentissage et s'il a engendré des changements au niveau comportemental puis une assimilation des nouveaux schèmes d'action au niveau tacite et partagé (culture du «cela va de soi», paradigme).

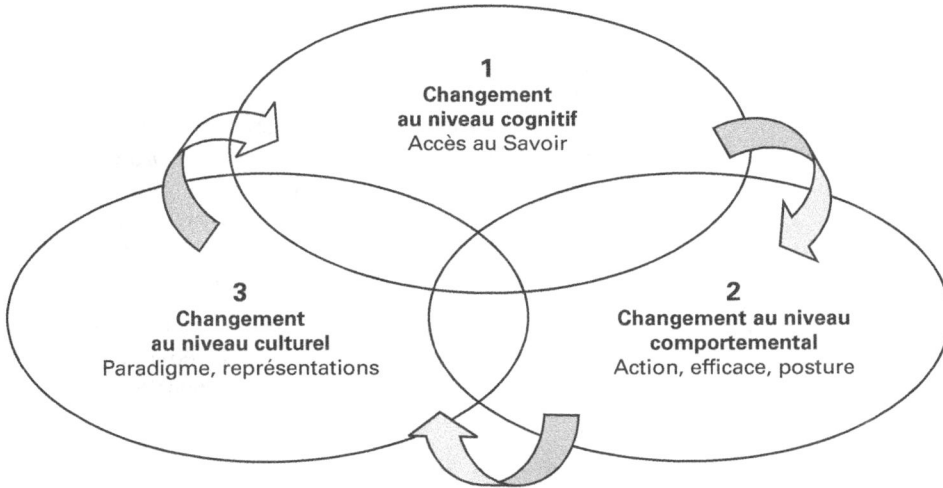

FIGURE 26. La spirale du changement

Le premier temps est caractérisé par la découverte d'une nouvelle technologie par les usagers ; le deuxième, par une appropriation de cette technologie sous forme de nouveaux usages ; le troisième, par un enracinement social de ces nouveaux usages. Comme, en général, ce processus s'accompagne d'un détournement des fonctions premières imaginées par les concepteur, l'appropriation génère une rétroaction (feed-back) sur la technologie elle-même ; c'est là que réside l'effet spirale.

Une enquête[2] menée avec plus de 500 entreprises américaines sur leurs investissements en capital intellectuel (éducation, formation), croisée avec des mesures objectives de leur performance, a fait ressortir *quatre facteurs clés de succès* :

– *des pratiques de travail à haut rendement* : participation des employés aux décisions, équipes de travail autonomes, accès des employés à l'information pertinente ;

– *des pratiques de rémunération novatrices* : partage des bénéfices, actionnariat des employés, rémunération par équipe et par objectif ;

– *des pratiques de formation novatrices* : formation des formateurs, e-learning, télétutorat ;

– *des pratiques centrées sur les habiletés* : programme d'accréditation des compétences.

---

2. L. Bassi et M. Van Buren, « Investments in Intellectual Capital : creating Methods » conférence présentée au World Congress on Management of Intellectual Capital, 1998.

Du programme au pilotage stratégique

La différence entre l'action programmée et l'action basée sur une stratégie cognitive peut s'appliquer fidèlement au fonctionnement de l'entreprise : le programme est constitué d'une séquence préétablie d'actions ou de tâches s'enchaînant les unes aux autres selon un ordre défini, et se déclenchant sur un signal donné. Le programme obéit à une *prérationalité absolue*, il suppose que les critères d'enchaînement qui le définissent soient connus et « vrais » et que l'environnement soit stable. *Le programme* optimise la productivité collective *en situation de routine*.

La stratégie, elle, se construit au cours de l'action, en modifiant, selon les événements ou la réception des informations, la conduite de l'action envisagée. La stratégie est *prédéterminée dans ses finalités, non dans ses opérations*.

▷ **La stratégie est prédéterminée dans ses finalités, non dans ses opérations.**

La stratégie de l'entreprise va donc devoir s'appuyer sur une véritable capacité cognitive, en développant ses fonctions de « veille » tant externe qu'interne : *l'objectif est une réactivité aux signaux émergents, voire une anticipation des changements de l'environnement*.

L'intelligence stratégique désigne cette aptitude à affronter l'aléa, à dialoguer avec le nouveau, à prendre à son compte l'instable, l'informel et le complexe pour les transformer en avantages de réactivité, d'anticipation et d'invention. *L'intelligence stratégique est l'art de mobiliser la connaissance et l'action pour résoudre des situations inédites.*

Dans l'organisation, milieu d'interactions sociales intenses et complexes, soumis à des aléas, à des évolutions brusques et imprévisibles, l'action efficace et la décision ne peuvent plus se fonder uniquement sur des livres de procédures, sur l'exercice de la planification : elles doivent s'appuyer sur une réactivité, une anticipation répartie sur l'ensemble des acteurs, tout en maintenant une vision commune, un sens partagé.

La question de la confiance

La confiance est un facteur déterminant de la performance collective, en particulier dans le cas des communautés virtuelles ou/et d'équipes dont la production est à forte intensité immatérielle. Même si, d'expérience ou d'intuition, nous partageons tous cette conviction, *les mécanismes de création de la confiance restent énigmatiques et peu maîtrisables* : la confiance, qu'est-ce que c'est ? Comment la créer ? À quelle rationalité obéit-elle ?

Analyser la confiance, c'est aborder l'un des aspects les plus délicats du fonctionnement d'une communauté.

La confiance, qu'est-ce que c'est?

La littérature sur le sujet est abondante, et les définitions, très diverses et variées, par exemple :

> *Analyser la confiance, c'est aborder l'un des aspects les plus délicats du fonctionnement d'une communauté.*

- La confiance analysée *d'un point de vue rationnel*, comme un choix raisonné, par exemple le ratio effort-bénéfice d'une action individuelle au sein d'un collectif ; on entend parler d'indice de confiance, de ce qui est maîtrisable ; la notion s'applique à la délégation.

- La confiance analysée *d'un point de vue normatif*, conforme à un label, une certification : par exemple, nous sommes capables de confier notre santé et notre vie à un médecin parfaitement inconnu au seul prétexte qu'il a obtenu un diplôme national, diplôme que nous ne vérifions même pas, alors que nous hésiterons à confier les clés de notre véhicule à un laveur de voitures. Telle marque de voiture ou de matériel informatique nous inspire confiance.

- Une confiance *par intuition, par croyance*, qui ne suppose pas de véritable délibération critique ; elle est affective, esthétique, c'est-à-dire purement émotionnelle et, par conséquent, tout à fait irrationnelle. Beaucoup de comportements racistes sont typiquement dans ce registre mais même sans aller jusque-là, essayez donc d'aller solliciter un emprunt à votre banquier en babouches !

- La confiance vue *d'un point de vue social*, basée sur une sorte d'«engagement de moyens» issu d'un code partagé (souvent implicite) de devoirs réciproques, de valeurs morales et d'éthique. «Il n'a pas réussi, mais il a fait tout ce qu'il pouvait»
  La perspective rationnelle se définit comme «une attente sur les motivations d'autrui à agir conformément à ce qui était prévu dans une situation donnée». Elle considère l'individu comme un acteur rationnel, prévisible, et sa rationalité est confortée par le fait que ses choix et ses actes sont gagnants, utiles. On n'est pas loin du «poulain sur lequel on a misé». Cette définition de la confiance, largement présente dans le monde professionnel, a des avantages et des limites :

- L'avantage majeur est qu'*il n'y a pas confusion entre «confiance» et «affinité»* ; une personne peut acheter un livre par amazon. com, car elle *a confiance* dans le système de paiement et de livraison, mais aucune affinité. Ne vous est-il jamais arrivé, impressionné par le professionnalisme d'un individu, de dire : «Il est bon et je lui fais entièrement confiance, mais je ne passerais pas mes vacances avec lui…» ?

- *La limite réside dans la prévision de rationalité* : un individu confronté à un système complexe – environnement incertain, jeu de contraintes, choix difficiles – n'agit pas toujours de la façon qui était prévue et n'obtient pas toujours les résultats escomptés.

La théorie de la rationalité en économie voudrait que les choix individuels s'appuient sur des raisonnements utilitaires : si je préfère A à B et B à C, alors je préfère A à C.

Toute décision est fondée sur un calcul coût-bénéfice, ou sur une analyse de risque. Dans la vraie vie, cette rationalité n'existe pas ! En effectuant leurs choix, les hommes n'obéissent pas aux lois bayésiennes de la décision :

– ils accordent trop de poids à l'information qui leur est parvenue en dernier ;

– ils ne sont pas sensibles à la taille de l'échantillon, c'est même souvent l'inverse[3] ;

– ils réagissent plus à la forme qu'au fond.

La perspective sociale considère qu'un individu n'est pas évalué uniquement par ses résultats mais aussi en tant qu'acteur social ; il peut conforter les prévisions ou les décevoir, à condition qu'il le fasse dans le respect de ses obligations morales et d'un certain nombre de codes.

Une intentionnalité limitée au champ d'interaction

Comme nous le constatons, le champ d'investigation est immense. Mais on peut singulièrement le réduire si l'on accepte l'hypothèse d'une confiance limitée au domaine d'interaction. Je m'explique : lorsqu'on fait confiance à une autre personne, ce n'est pas dans l'absolu, c'est dans un domaine précis, qui est le champ d'interaction prévu ; ainsi, une jeune adolescente qui accepte de sortir au cinéma avec son ami lui fait confiance par rapport à un certain nombre de critères ; ces critères ne sont pas les mêmes que ceux qui dicteront le choix du futur directeur général d'une firme internationale, ou encore d'un guide de haute montagne.

Nous nous limiterons ici à une analyse de la confiance dans un environnement professionnel (même si cette limite ne supprime pas complètement les facteurs affectifs et moraux, loin s'en faut), et principalement dans le champ de l'action collective au sein d'une communauté : travail en équipe, partage de connaissances, mutualisation de compétences, décision collective, process...

La confiance est en forte interaction avec la compétence. Si l'on prend soin de distinguer la confiance de l'affinité, alors on devine que, dans un groupe de travail ou une équipe, *la confiance est en forte interaction avec la compétence* : chaque membre *fait confiance à* un individu *pour sa capacité à...*

Alors la question devient : « Comment créer dans une équipe les conditions de la confiance mutuelle ? »

---

3. « Un mort, c'est un drame, dix morts, c'est un accident, mille morts, c'est une statistique. »

Comment créer la confiance ?

L'approche de la compétence que propose R. Wittorski[4] nous renseigne sur le processus de création de confiance au sein d'un groupe ; selon lui, la compétence s'élabore à partir de cinq composantes :

La composante cognitive – Elle est constituée de deux éléments : les représentations et les théories implicites (paradigmes) ; on distingue les représentations cognitives (savoirs et schèmes d'interprétation) et les représentations actives (construction par l'auteur du sens de la situation).

La composante affective – C'est l'un des moteurs de la compétence. Elle regroupe trois éléments : l'image de soi (valorisation de notre personne), l'investissement affectif dans l'action (plaisir de ce que l'on fait), l'engagement (motivation). Le premier élément suggère à quel point elle est influencée par l'environnement social immédiat : un jugement positif ou négatif agira directement sur l'image de soi et aura pour effet de renforcer ou casser la motivation (voir l'effet Pygmalion ci-dessous).

La composante sociale – Elle représente la reconnaissance par l'environnement immédiat de la pratique de l'individu ou du groupe et aussi l'image que ces derniers se font de cette reconnaissance ; ce dernier point indique que la composante sociale comporte également le choix que l'acteur fera de « ce qui est montrable ». La stratégie du connaisseur n'est pas tant de connaître mais de faire savoir qu'il connaît.

La composante culturelle – Elle représente l'influence de la culture sociale sur les compétences.

La composante praxéologique – Elle renvoie à la pratique dont le produit fait l'objet d'une évaluation sociale ; il s'agit de la partie observable (évaluable) de la compétence.

L'effet Pygmalion

Nous opterons pour une approche mixte, à la fois rationnelle, sociale et affective de la confiance, c'est-à-dire l'ensemble des facteurs permettant la collaboration entre les membres d'une équipe, basée sur le respect mutuel, l'intégrité, l'empathie, la fiabilité. Ces qualités sont à la fois *l'image de soi-même et l'image de soi vu à travers le regard des autres*. Le groupe agit comme un miroir grossissant ; en psychologie, on appelle cela l'effet Pygmalion : « La prédiction faite par un individu A sur un individu B finit par se réaliser par un processus subtil et parfois inattendu de modification du comportement réel de B sous la pression des attentes implicites de A. »

Il s'agit d'un *mécanisme amplificateur en boucle* : un jugement négatif de

---

4. R. Wittorski, « De la fabrication des compétences », *Éducation permanente*, n°135, 1998-2.

A casse la confiance de B en lui-même, ce qui se voit et a pour effet de renforcer A dans son jugement négatif initial[5].

Rappelons ces belles paroles d'Alain[6] :

« J'ai souvent constaté depuis, avec les enfants et avec les hommes aussi, que la nature humaine se façonne aisément d'après les jugements d'autrui, comme on donne la réplique au théâtre, mais peut-être encore par cette raison plus profonde, que l'on a une sorte de droit de mentir à celui qui vous croit menteur, de frapper celui qui vous juge brutal, et ainsi du reste. La contre-épreuve réussit souvent ; on ne frappe guère celui qui tient ses mains dans les poches, et l'on n'aime point tromper la confiance vraie. Et je tire de là qu'il ne faut point se hâter de juger les caractères, comme si l'on décrète que l'un est sot et l'autre, paresseux, pour toujours. Si vous marquez un galérien, vous lui donnez une sorte de droit sauvage. Au fond de tous les vices, il y a sans doute une quelconque condamnation à laquelle on croit ; et dans les relations humaines, cela mène fort loin, le jugement appelant sa preuve, et la preuve fortifiant le jugement. J'essaie de ne jamais juger tout haut, ni même tout bas, car les regards et l'attitude parlent toujours trop…

> Essayez d'élever un enfant d'après l'idée, mille fois répétée à lui, qu'il est stupide et méchant ; il sera tel… »

La misanthropie ne mène à rien. Si vous vous défiez, vous serez volé. Si vous méprisez, vous serez haï. Les hommes se hâtent de ressembler au portrait que vous vous faites d'eux. Au reste, essayez d'élever un enfant d'après l'idée, mille fois répétée à lui, qu'il est stupide et méchant ; il sera tel… »

La confiance dans le partage de connaissances

Au cours de nos missions de knowledge management, nous avons pu interroger un certain nombre de professionnels de tous niveaux sur la question : *« Qu'est-ce qui favorise (ou empêche) le partage de connaissances dans un groupe de travail ? »* Tous ont spontanément insisté sur *le caractère primordial de la confiance* dans une équipe, et ils ont précisé *les facteurs susceptibles de la créer.*

Réciprocité (jeu gagnant-gagnant)

J'accepte de donner mes idées, mon ingéniosité, mon expérience au groupe, mais j'attends que les autres membres en fassent autant ; chacun veille à respecter un équilibre en faveur d'une performance collective. Ce *mécanisme de surveillance* exclut le « passager clandestin », c'est-à-dire

---

5. L'auteur souligne que l'effet Pygmalion joue à plein régime dans les classes de la 6e à la terminale ; à partir de son attitude pendant les cinq premières minutes du premier cours de l'année, un professeur peut littéralement « casser » un élève ou créer une vocation.
6. Extrait du propos *Père et fils* du 21 avril 1921, éditions de la Pléiade, tome 1, p. 198-200 et *Dieux déguisés* du 27 avril 1931, éditions de la Pléiade, tome 1, p. 1010-1012 ; ces citations m'ont été adressées par e-mail par un de mes lecteurs, monsieur Cyril Vidal, que je remercie.

celui qui à l'intention de recueillir les fruits du travail du groupe sans y avoir vraiment contribué.

Paternité (identité, reconnaissance)

J'accepte de donner une bonne idée à mon entreprise, et de voir cette dernière transformée en une innovation majeure ; mais je ne tolérerai jamais de voir l'idée signée du nom de mon chef à la place du mien. Il s'agit d'un fort *besoin de reconnaissance de la contribution d'un individu* au sein d'un groupe.

Rétroaction (feed-back du système)

L'erreur est la première source d'apprentissage ; à condition d'avoir un feed-back du système. L'enfant apprend par un processus répétitif de type essai-erreur-conséquence :

- essai : il faut que l'organisation encourage les initiatives, les «stratégies tâtonnantes», afin de développer l'autonomie et la créativité ; comment un enfant apprendrait-il à marcher s'il avait peur d'être ridicule ?
- erreur : elle doit être documentée et communiquée (feed-back) ; la conséquence la plus immédiate sera d'éviter aux autres de la reproduire !
- conséquence : c'est le point le plus fondamental ; un système est *apprenant* dans la mesure où il délivre à l'individu le feed-back sur son action, ce qui lui permet immédiatement d'évaluer l'impact de son action sur le système. C'est ce qui pose problème dans les très grandes organisations : l'individu peut faire *tout et son contraire* – dans la mesure où il n'a jamais de réponse du système –, il ne saura jamais évaluer le bien-fondé de ses actions et progresser.

Dans un groupe, l'erreur doit être admise, c'est un signe très fort de la confiance et du fonctionnement effectif du groupe. En revanche, on ne devrait *jamais laisser quelqu'un la dissimuler.*

Sens (unité de langage, de valeurs)

Une connaissance strictement personnelle ne peut être partagée que par l'utilisation d'un code, d'une syntaxe, connu d'un groupe social, qu'ils soient verbaux ou non, alphabétiques ou symboliques, techniques ou politiques… En faisant partie de la mémoire collective, le langage fournit à chaque individu les possibilités de son propre développement tout en exerçant un fort contrôle social sur lui. Ainsi, *le langage est à la fois individuel, communicationnel et communautaire.*

Mais ce n'est pas tant un problème de traduction que de sens : dans une conversation, deux interlocuteurs peuvent arriver à partager des mêmes *points de vue* s'ils établissent un processus de coopération – écoute active, participation, questionnement, adaptation sémantique, feed-back, reformulation. En effet, si le mot, comme symbole collectif, appartient à la communauté linguistique et sémantique, le *sens* qu'il recouvre est purement individuel car il est intimement lié à l'expérience et à l'environnement cognitif dans lequel se place l'individu.

La confiance, une construction incrémentale

Les auteurs et nos expériences s'accordent sur la *nature incrémentale du processus de construction de la confiance* ; dans certains domaines commerciaux, par exemple, on dit : « Il faut dix ans pour gagner la confiance d'un client, et dix minutes pour la perdre ! »

Cette notion est largement étayée par le modèle de Tuckman qui voit quatre états chronologiques (ontologiques) majeurs dans le développement d'un groupe : formation, turbulence, normalisation, performance[7].

La confiance se construit, puis se maintient ; alors qu'il est difficile de distinguer un processus standard de construction de la confiance, en revanche, il semble qu'*un modèle en cinq composantes puisse rendre compte de son maintien : instantanée, calculée, prédictive, résultat, maintien.*

La confiance instantanée

À l'instant même de la rencontre, un individu accorde à l'autre un « crédit de confiance » ; c'est un processus instantané mais limité, peu fondé ni étayé, donc fragile, sous haute surveillance ; une sorte de confiance sous caution. C'est ce qui permet à des gens qui sont parachutés dans des groupes temporaires de pouvoir travailler ensemble, par exemple dans les équipes de théâtre ou de production cinématographique, dans les équipages d'avion, dans les staffs médicaux, etc.

Cette confiance se base principalement sur deux facteurs :

– on estime que les autres membres ont été sélectionnés par rapport à des critères de fiabilité, compétence, valeurs, etc. On a affaire à la notion de tiers certificateur, dont on verra plus loin que le rôle peut être capital ;

– on suppose qu'il y a réciprocité : si je n'accorde pas ma confiance à l'autre, alors l'autre en fera autant et il nous sera impossible de construire la moindre relation.

---

7. Les termes originaux de Tuckman, *forming, storming, norming, performing,* sont assez difficiles à traduire. Beaucoup d'auteurs français traduisent notamment *storming* par « conflit » ; je pense que, dans le mot anglais *storming,* comme par exemple dans *brainstorming,* il y a une connotation de chaos créatif, de nécessité de passer d'un état à un autre ; l'adolescence pourrait être une bonne métaphore.

Ce type d'équipe se met très vite au travail et devient performante sans passer par les longues et progressives étapes de maturation.

La confiance calculée

Cette étape est franchie lorsque les acteurs attendent qu'une collaboration apporte un certain bénéfice. La confiance trouve alors sa source dans la conformité ou non de l'exécution d'une tâche collaborative particulière ; par exemple, la confiance d'un client dans une entreprise générale qui construit sa maison peut être assortie de mécanismes de contrôle et de clauses de pénalité de façon à maîtriser des dérives ou comportements opportunistes.

L'une des façons de créer un climat de confiance est de mettre en place des procédures, comme la définition des rôles et responsabilités, des mécanismes de reporting, etc.

La confiance prédictive

Dans le process prédictif, la confiance est largement basée sur le fait que les acteurs se connaissent bien : ils se basent sur le comportement passé pour prédire le comportement à venir. Les acteurs qui n'ont pas la possibilité d'avoir des relations ou expériences communes réclameront des séances d'entraînement, des réunions ou d'autres dispositifs leur permettant de mieux se connaître.

La confiance basée sur le résultat

Dans ce mécanisme, la confiance est basée sur la performance de l'autre. Au départ, cette confiance dépend des succès passés ; elle sera encore renforcée si l'autre accomplit sa tâche avec succès, et rompue si des problèmes sont rencontrés. Ce mécanisme est particulièrement important dans les communautés virtuelles où les acteurs ne se connaissent pas, ne peuvent pas voir comment les autres travaillent ; ils ne peuvent juger que sur le résultat : délai, qualité des produits…

La confiance intensive

Finalement, la confiance intensive suppose que les deux parties identifient et acceptent les objectifs, finalités et valeurs de l'autre.

La confiance dans les communautés virtuelles

Le texte ci-dessous est le résultat d'une expérience menée avec quatre groupes d'étudiants devant effectuer un travail commun à distance en utilisant des outils de *groupware* et de visioconférence.

L'expérience a montré que la confiance jouait un rôle primordial dans la qualité du travail collaboratif et que l'usage d'un outil présentait de nom-

breux risques de sérieusement l'entamer, voire la détruire. Un certain nombre de comportements ont été révélés comme porteurs de danger :
- s'enflammer : s'énerver tout seul et se décharger dans une longue tirade écrite ;
- poser des requêtes ou assigner des tâches irréalisables ;
- ignorer les requêtes ; ne pas répondre à ses mails ;
- dire du mal ou critiquer quelqu'un ;
- ne pas remplir ses engagements.

Bien entendu, on se doute que ce genre de comportements n'est pas fait pour améliorer la confiance, mais il se trouve que *l'usage d'un outil les rend davantage possibles qu'une interaction physique*. En effet, dans une conversation face-à-face, il se produit des sortes de micro-boucles qui ont la vertu de désamorcer des conflits par une meilleure compréhension des points de vue de chacun. *La plupart des crises sociales sont des crises du langage et du sens.*

Le tableau de la figure 27 résume les facteurs qui renforcent ou au contraire diminuent l'établissement de la confiance dans un groupe.

La confiance est renforcée quand :	*La confiance est affaiblie quand :*
La communication est fréquente, les membres sont bien informés et partagent leurs compréhensions	Il y a peu de communication, les idées ne sont pas partagées
Les messages sont catégorisés ou formatés, ce qui permet aux récepteurs une économie de temps	Les membres ne sont pas réactifs ; certains messages urgents restent sans réponse
Les tâches, rôles et responsabilités sont bien définis, chaque membre connaît ses propres objectifs	Les objectifs n'ont pas été clairement définis
Les membres tiennent leurs délais et leurs échéances	Les délais et livrables n'ont pas été clairement définis
Il y a un esprit positif permanent, chaque membre reçoit des encouragements et un feed-back	L'esprit n'est pas positif et il n'y a pas de feed-back, ou celui-ci est systématiquement négatif
Les membres s'entraident mutuellement	Les membres cherchent plutôt à esquiver, à éviter de contribuer
Les attentes personnelles et celles du groupe ont été clairement identifiées	Les attentes personnelles et celles du groupe n'ont pas été identifiées
Les membres ont le même niveau d'engagement	Les membres ne s'engagent pas vraiment

Figure 27. **Facteurs de renforcement ou d'affaiblissement de la confiance dans une communauté**

Ces facteurs contribuent à une performance du groupe élevée ou faible, qui elle-même contribue par une boucle de retour à la motivation des acteurs pour coopérer. On peut parler d'une *véritable spirale de la confiance.*

La spirale de la confiance

À partir des différents éléments cités ci-dessus, on peut ainsi évoquer un *processus cumulatif*, une sorte de roue de Deming, qui peut être positive ou négative :

– au départ, un acteur va contribuer au groupe sur la base d'une «confiance instantanée», donc forcément limitée ; elle est encore théorique, c'est-à-dire basée sur les injonctions – «on m'a demandé de faire cela, je tente le coup, on verra bien ! » ;

– dans un deuxième temps, l'acteur se retrouve en situation d'effort dans un contexte particulier, il doit s'adapter pour réaliser la performance ;

– dans un troisième temps, il va tirer un bilan de son effort, de la performance et de la contribution des autres ;

En fonction de la contribution des autres, du côté positif du feed-back et éventuellement de la reconnaissance qu'il en retire, cet acteur sera incité à renforcer sa contribution et sa confiance.

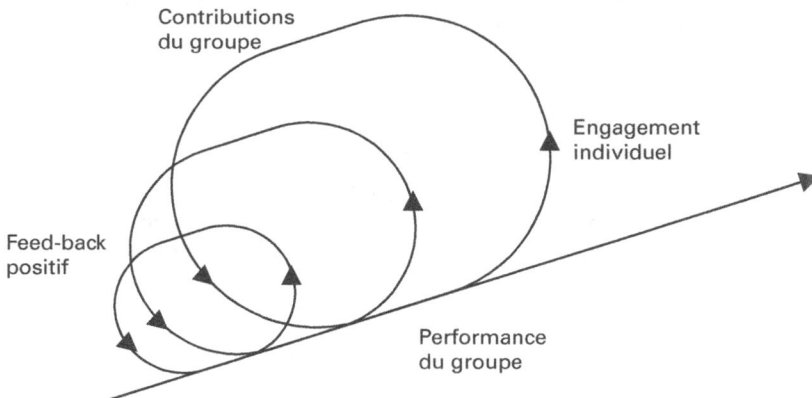

FIGURE 28. La spirale de la confiance

En sens opposé, on peut vite imaginer comment se crée un «processus contre-productif» où la dimension sociale d'un groupe joue dans le sens contraire de la compétence individuelle et finit par démotiver complètement la personne. C'est ce qui nous amène à dire que *si l'on oppose une personne compétente à un système déficient, le système gagne à tous les coups.*

La compétence individuelle, sixième facteur de performance collective

Dans cet esprit, une étude nord-américaine a démontré que *la compétence individuelle n'intervenait qu'en sixième position comme facteur de performance collective*; les spécifications des produits, le système organisationnel, les feed-back du système aux actions… étant des préalables à l'efficacité collective.

1. Spécifications claires (produit de sortie, standards…)
2. Support organisationnel (ressources, priorités, processus, rôles…)
3. Conséquences personnelles (reconnaissance des autres…)
4. Feed-back du système (résultat d'une action)
5. Savoir-être de l'individu (physique, mental, émotionnel)
6. Compétence et savoir individuel

FIGURE 29. **Facteurs intervenant sur la performance** *(d'après Rummler et Brache, 1995)*

Cela tend à montrer que *les dispositifs de formation professionnelle sont certes nécessaires, mais qu'ils peuvent être très dispendieux s'ils ne s'inscrivent pas dans une démarche globale*, incluant une refonte des organisations (modes de fonctionnement de l'équipe, management), du système d'évaluation et de reconnaissance (objectifs, réalisation, évaluation de la performance), des processus (modélisation des tâches et des compétences), des spécifications produit.

Les conventions du travail collaboratif

Revenons à nos *équipes virtuelles*: il semblerait qu'*un certain nombre de conventions ou protocoles favorisent l'établissement d'un niveau de confiance suffisant pour un travail collaboratif efficace*. Ces conventions se regroupent en *cinq catégories: intégrité, habilitation, ouverture, charisme, attentes.*

Catégorie	Caractéristiques	Facteurs et comportements
Intégrité	Honnêteté, éthique, loyauté, respect, fiabilité et engagement	Être honnête Tenir ses engagements Être réactif Être droit et loyal Être fiable
Habilitation	Savoirs, savoir-faire, compétences individuelles et collectives	Mettre en application avec succès les savoirs, compétences Partager les expériences, les bonnes pratiques
Ouverture	Volonté de partager des idées et des informations, intérêt aux autres, apprendre des erreurs	Informer les autres Partager librement les idées et les informations Être curieux Donner un feed-back positif Reconnaître ses erreurs
Charisme	Empathie, envie de bien faire, bonne volonté, générosité	S'entraider Être amical Être courtois Avoir de la considération Rester humble Savoir apprécier le travail des autres
Attentes	Bénéfice potentiel, cohérence, évaluation	Être à l'écoute des attentes Rechercher un consensus ou des compromis Rester cohérent sur les attentes

Figure 30. Les conventions du travail collaboratif

Ce qui est important dans cette énumération de facteurs, c'est qu'ils n'ont pas tous la même importance par rapport au processus cumulatif de construction de la confiance :

- *certains sont mineurs*, ils seront corrigés en temps réel : quelqu'un oublie de communiquer une information, le groupe lui fait remarquer, il s'en excuse ; c'est une mise au point nécessaire ;
- *certains sont « proportionnels »* : tout le monde n'a pas le même charisme et cela n'empêche pas forcément un groupe de fonctionner ;
- *certains sont majeurs et définitifs* : c'est notamment le cas des facteurs regroupés dans la catégorie « intégrité » ; une trahison sera perçue comme une atteinte définitive à la confiance.

Conclusion : le rôle de la confiance dans la connaissance collective

Une fois admis que la subjectivité, l'affectif, l'émotion gouvernent nos représentations individuelles, on conçoit que le processus de construction collective d'une représentation passe nécessairement par une étape de mise en commun des perceptions, de confrontation, de négociation et de délibération de ces différentes subjectivités. Ce processus nécessite des *qualités humaines d'empathie, de « reliance[8] », davantage que des capacités d'analyse.*

En ce sens, l'organisation n'est pas tant un système de «traitement de l'information» mais bien de «création de connaissance collective». C'est là que réside l'enjeu humain du knowledge management.

LE MANAGEMENT DES COMPÉTENCES COMBINATOIRES

L'inventeur chinois qui a mis au point le premier moteur à piston hydraulique, cinq cent trente années avant Jésus-Christ, vivait dans une économie où seule l'aristocratie féodale avait le droit de toucher des revenus supérieurs au niveau de subsistance[9]. Toute nouvelle richesse créée appartenait, de droit divin, au seigneur de guerre local. Il n'est donc pas étonnant que les innovations aient été si rares.

Les mêmes conditions prévalent encore largement dans la société industrielle : les droits de propriété sont structurés de façon à profiter aux détenteurs du capital.

▶ **Le capital humain est une «dette» de l'entreprise vis-à-vis de ses salariés.**

Le management à l'ère des réseaux est avant tout un management des compétences, dans leur pluralité, et se situe comme un prolongement naturel du management des connaissances. Il respecte plusieurs principes fondamentaux : l'entreprise n'est pas propriétaire de la compétence et des savoirs de ses collaborateurs ; le capital humain est une « dette » de l'entreprise vis-à-vis de ses salariés, au même titre que le capital social est une dette vis-à-vis des actionnaires.

Le capital humain entre et sort matin et soir par la porte de l'entreprise.

La compétence doit être définie en termes de savoirs opératoires et combinatoires : ce qui compte face à une situation professionnelle donnée, *c'est la combinaison d'une compétence et de l'environnement dans lequel elle s'exerce* : organisation système, spécifications produit, process…

---

8. Le mot est d'Edgar Morin.
9. Ces éléments sont détaillés dans un chapitre consacré au management des compétences de mon livre *Le guide du Knowledge Management*, Dunod, Paris, 2000.

N'oublions jamais que si l'on oppose une personne compétente à un système déficient, c'est le système qui gagnera à tous les coups !

La compétence ne peut pas se réduire à un comportement stéréotypé ; il peut y avoir plusieurs stratégies ou conduites efficaces par rapport à une situation donnée.

De ces principes, on peut déduire quelques règles de base :

– ne pas raisonner en termes de « référentiels de compétence » – ce qui a tendance à étiqueter, cataloguer, juger les individus – mais plutôt en termes de « cibles » – c'est-à-dire de points vers lesquels va s'orienter la contribution des compétences ;

– ne jamais oublier de relier la compétence avec l'environnement (organisation de travail, spécifications des produits), c'est-à-dire les ressources dont elle dispose pour s'exercer.

QUEL EST LE RÔLE DES POUVOIRS PUBLICS ?

Le premier objectif de l'administration territoriale, on l'a dit, est de se réformer elle-même : mettre le citoyen au centre du service public est avant tout un projet politique puis managérial.

Des compétences nouvelles sont nécessaires : ce sont d'abord les compétences méthodologiques, juridiques et économiques nécessaires au montage de dossiers et projets complexes, partenariats avec des entreprises, régulation, délégation, etc.

Mais ce sont aussi *des compétences d'interface, c'est-à-dire de gestion des réseaux humains et informationnels* : organiser la veille, faciliter la capitalisation de l'expérience, faire émerger des projets, réguler les flux croissants d'information, mutualiser des moyens, fédérer des initiatives, etc.

Mettre le citoyen au centre du service public, c'est intégrer la chaîne de valeur, c'est redessiner le territoire en termes de projet commun. L'enjeu pour les collectivités et l'administration territoriale n'est pas de s'adapter aux nouvelles technologies, mais de réinventer leur rôle démocratique au sein de la nouvelle société du savoir, la société des réseaux.

Agent du développement territorial

Pour cela, les pouvoirs publics ont un deuxième rôle fondamental à jouer, celui de devenir un agent du développement au service des acteurs de leurs territoires.

Il faut apporter à la population le niveau de compréhension de ces évolutions par des actions de sensibilisation et formation. Cette démarche est d'autant plus importante qu'elle porte en elle une dimension sociale : fédérer les acteurs, privés et publics, marchands et non marchands, autour d'une initiative commune, tisser de nouveaux dialogues, de nouveaux liens.

L'implication des pouvoirs publics est justifiée par un autre facteur : il semblerait que les entreprises n'adoptent pas les nouvelles pratiques de management et de gestion des ressources humaines aussi rapidement que le justifieraient les considérations théoriques d'efficience ; ces stratégies nécessitent des investissements importants et soutenus sur le personnel, et on peut se demander si les investisseurs sont en mesure de récolter les gains suffisants dans un contexte de main-d'œuvre très mobile.

Il y a là une construction d'un « bien public », un avantage collectif sous la forme de création de richesses et d'emplois (se référer à notre chapitre sur les SPL, chap. 3).

Voici quelques domaines où *des soutiens publics territoriaux pourraient être envisagés* : observatoire stratégique « intelligence territoriale », orientation et diagnostic, recherche et évaluation, sensibilisation et apprentissage.

Observatoire stratégique « intelligence territoriale »

Recueillir l'information stratégique et la rediffuser sur le mode « juste ce qu'il faut-juste à temps[10] ». Veiller à l'évolution aux niveaux local, régional, national et international. Organiser des visites dans des entreprises innovantes, des missions d'étude, établir des échanges avec les entreprises qui ont adopté les « meilleures pratiques ».

Fédérer l'ensemble de ces flux informationnels au sein d'un portail régional d'intelligence économique.

Orientation et diagnostic

Définir les besoins, notamment en termes de filières professionnelles et bassins de compétences, élaborer des projets inter-entreprises et créer de la liaison entre les employeurs. Guider les organisations vers les prestataires de services, vers les soutiens de l'État, les sources d'aides financières locales, régionales ou européennes. Maintenir un répertoire de facilitateurs expérimentés pour intervenir dans le changement des organisations.

---

10. Ce concept répond à la préoccupation de l'utilisateur : « Apportez-moi l'information dont j'ai besoin, au moment où j'en ai besoin. »

Recherche et évaluation

Soutenir la recherche de pointe, appuyer la publication des travaux de recherche, des études de cas. Créer des programmes d'incitation et de récompense aux personnes et aux organisations jouant un rôle de chef de file dans l'innovation ; offrir des stimulants financiers pour qu'ils diffusent leurs idées et expériences.

Sensibilisation et apprentissage

Offrir des possibilités d'apprentissage croisé dans le cadre de symposiums régionaux et sectoriels. Collaborer avec les universités et écoles pour créer des programmes de formation professionnelle.

CONCLUSION

VERS UN NOUVEAU PACTE SOCIAL

Une société se bâtit à partir de l'imaginaire, des représentations collectives des gens, qui elles-mêmes se construisent à partir du flot d'images, d'informations que l'environnement offre[1]. Notre société est de plus en plus façonnée par la communication. Mais le *village global* annoncé par Marshall McLuhan restera probablement une utopie, car cette société du savoir qui se construit est beaucoup plus complexe, métissée, polycentrique.

Trois ruptures ont simultanément contribué à modifier le tissu social : l'avènement d'Internet, la nouvelle économie, un changement social et générationnel. Les deux premières ont été fortement médiatisées, mais peu d'analystes ont encore compris les puissances à l'œuvre qui bouleversent actuellement la troisième.

1990-2000 : QU'EST-CE QUI S'EST PASSÉ ?

Beaucoup d'événements ont marqué la dernière décennie du XXe siècle ; parmi eux, quatre nous paraissent avoir joué un effet majeur sur les com-

---

1. Ces propos sont le fruit de nombreux échanges avec Michel Cartier ; voir notamment son article « 2005 : la nouvelle société du savoir et son économie », octobre 1999, accessible sur *www.mmedium.com*.

portements collectifs, et, par là, sur la reconception du tissu social et des territoires :

- *la population de la planète s'est multipliée par trois en cinquante ans*, avec une modification profonde de la pyramide des âges (allongement de la durée de vie, diminution de la fécondité) ;
- les populations se sont massivement déplacées du monde rural *vers le monde urbain* ;
- *le bloc familial dans les pays riches a éclaté*, modifiant complètement les valeurs des jeunes et leur rapport à l'environnement, aux institutions, à la citoyenneté ;
- *les volumes d'échanges de biens et services ont considérablement augmenté*, grâce à la fois à la création des trois blocs économiques (l'ALENA, l'Union européenne et le *Pacific Rim*) et à la baisse considérable des coûts de transport et de télécommunication.

La complexité, l'accélération du changement, l'imprédictibilité sont devenues les maîtres mots de la conduite des organisations ; avec Internet, ce n'est pas le plus fort qui gagne, mais le plus rapide ! Cela implique une modification profonde des modes de management, et un rapport nouveau à l'éducation.

Le cyberespace est apparu, modifiant les rapports de l'homme au temps et à l'espace et commençant à modifier profondément des valeurs sociales aussi profondes que le langage et le travail.

▶ **Le cyberespace est apparu, modifiant les rapports de l'homme au temps et à l'espace et commençant à modifier profondément des valeurs sociales aussi profondes que le langage et le travail.**

L'accroissement démographique et l'accroissement informationnel

À chaque accroissement de la population correspond un accroissement au carré de la quantité d'information échangée[2] ; cela implique deux choses :

- La nécessité d'adopter de *nouveaux outils de communication*, aptes à gérer ces volumes d'information, avec plus de « bande passante » et surtout plus « d'intelligence »[3]. Entre 1970 et 1985, les rapports scientifiques accessibles sur bases de données sont passés de cinquante-deux millions à deux milliards et croissent de cinq mille par jour. Il y a vingt ans, la denrée rare, c'était l'information ; aujourd'hui, elle est pléthorique et nous devons nous équiper d'outils pour nous repérer dans cette jungle informationnelle.

- La naissance d'une *communication par paliers* : aux deux modes traditionnels de communication (la communication de masse, comme la télévision ou les journaux, et la communication interpersonnelle,

---

2. La loi de Metcalfe dit que la valeur d'un réseau augmente au carré du nombre de ses usagers.
3. Voir mes travaux sur le knowledge management et sur la gestion électronique documentaire.

comme le téléphone) vient s'ajouter une communication horizontale structurée entre des groupes formels ou informels ; Internet est son support favori. Les facteurs de tropisme ne sont plus les mêmes : aux seuls critères d'institutionnalisme ou de proximité géographique vient se substituer la recherche d'un esprit communautaire (échanges d'idées, de pratiques, de croyances) mais sans pour autant impliquer un engagement (effet de *zapping*).

Déplacement du rural vers l'urbain : vers le développement durable

En 1800, Londres était la seule ville au monde qui dépassait un million d'habitants ; en 1940, elle en comptait déjà 8,6 millions. Selon les estimations des Nations unies, 43 % (2,5 milliards) de la population vit aujourd'hui dans les villes et, d'ici 2025, ce chiffre dépassera 60 % (5,2 milliards). En 2000, 80 % des Américains vivaient dans des villes de plus de 5 millions d'habitants !

Les villes consomment plus de ressources (énergie, nourriture) qu'elles n'en produisent sur leur propre territoire et elles génèrent plus de déchets qu'elles n'en peuvent absorber au niveau local. Elles dépendent de l'arrière-pays ou de régions éloignées (la plupart du temps, des pays en voie de développement), ce qui a des répercussions sur l'écosystème entier. Cette hyperconcentration urbaine cause ainsi une pollution régionale et mondiale qui a des effets catastrophiques sur la biosphère.

L'un des plus grand défis du XXIe siècle pour l'humanité sera le développement durable du territoire : dans les années à venir, l'on devra être à même de résoudre de façon autonome les problèmes de pollution, d'exclusion, de non-emploi, de criminalité…, sans les transmettre à d'autres ou aux générations futures.

Un tel défi ne pourra être relevé que grâce à un nouveau pacte de responsabilité citoyen-État, basé sur les fondements du développement durable.

Il s'agit concrètement de *trouver un nouvel équilibre entre une économie mondialisée* (règles, sécurité, investissements structurants) *et la valorisation des ressources locales* (mobilisation, solidarité), *pour donner naissance à un nouvelle entité territoriale responsable économiquement, socialement et politiquement.*

Mondialisation des échanges : vers l'apparition d'un nouvel acteur, le client

L'un des principaux impacts de la déferlante Internet est *l'apparition d'un nouvel acteur, le client*, jusqu'alors peu pris en compte par les pro-

ducteurs de biens et services, par les médias ; on découvre la nécessité de tenir compte de ses exigences personnalisées pour le fidéliser :
– modification de ses besoins et attentes de services personnalisés ;
– démultiplication des usages de « proximité », multiplication des « intermédiaires à valeur ajoutée » ;
– attente de produits, services, informations plus finalisés, c'est-à-dire plus utiles.

Il y a une accumulation considérable des sources d'approvisionnement, en particulier en information, *et donc des possibilités de substitution de la part du client.* C'est cette offre pléthorique qui redonne du pouvoir au client par rapport à ses fournisseurs et l'amène à vouloir payer « le juste prix ». On dit que l'internaute « vote avec ses clics ».

Ces dimensions laissent supposer qu'un nouveau modèle économique[4] doit prendre forme ; il débordera largement la problématique d'Internet et sera en rupture avec de nombreux aspects de l'économie traditionnelle ; la situation des opérateurs actuels s'en trouvera largement modifiée, et tous les scénarios peuvent être attendus : tentative d'hégémonie d'un détenteur d'une variable, coopérations et dynamiques de réseau pour couvrir tous les maillons de la chaîne de valeur, apparition de nouveaux entrants, etc.

Nous avons vu que les formes d'organisation de production basées sur les réseaux – systèmes productifs locaux, grappes et districts industriels, technopoles – s'inscrivaient largement dans ces perspectives.

Manager dans la société du savoir

Dans l'organisation, milieu d'interactions sociales intenses et complexes, soumis à des aléas, à des évolutions brusques et imprévisibles, l'action efficace et la décision ne peuvent plus se fonder uniquement sur des livres de procédures, sur l'exercice de l'autorité, de la planification et du contrôle, mais doivent mettre en avant une anticipation répartie sur l'ensemble des acteurs, tout en maintenant une vision commune, un sens partagé.

L'organisation fondée sur le savoir suggère *l'émergence d'un nouveau manager : dirigeant-pédagogue, son rôle devient symbolique*, il personnifie les performances de son équipe ; il est réactif, perçoit, comprend, met en relation, anticipe les exigences de son environnement et pèse de façon discrétionnaire sur les décisions.

Corrélativement, on assiste à une évolution de ses qualités et missions : il doit être capable de former et d'animer des équipes, d'organiser la coopération, de stimuler les échanges et l'innovation, de capitaliser et transférer

---

4. Cette analyse de l'économie de l'immatériel est largement développée dans mon ouvrage *Le guide du Knowledge Management, op. cit.*

les compétences, de comprendre les attentes implicites des clients, de mener les projets, d'avoir le sens de l'organisation... *Le manager incarne une mission de coach d'équipe, de pédagogue et de communicant.*

Parallèlement, ses tâches quotidiennes se trouvent modifiées, et le temps gagné grâce aux outils d'automatisation et monitoring des processus va être consacré à la dynamique du groupe et à la pédagogie.

Apprendre dans la société du savoir

La deuxième conséquence de l'accélération du changement concerne la pédagogie. Auparavant, un individu qui avait acquis, à l'école, des connaissances techniques avait toutes les chances de les mettre en œuvre pendant tout le restant de sa carrière professionnelle. Aujourd'hui, dans beaucoup de secteurs professionnels, l'individu va être confronté tous les cinq à dix ans à des ruptures majeures, qui l'obligeront à remettre profondément en cause son corpus de connaissances.

L'enjeu sera d'apprendre à apprendre, ensemble, tout au long de la vie.

▷ Le système éducatif devra favoriser le développement d'esprits libres, autonomes, responsables, mais sachant apprendre en groupe, travailler en groupe, être performants en groupe.

Ce n'est pas l'accumulation de programmes de connaissances inutiles, ni l'excellence requise par l'entreprise que le système éducatif devra servir, mais *« l'entreprise de soi »* : il devra favoriser le développement d'esprits libres, autonomes, responsables, mais sachant apprendre en groupe, travailler en groupe, être performants en groupe.

Le savoir partagé, issu de la synergie de ces esprits, peut devenir le véritable moteur d'un capitalisme du savoir, un facteur de développement à la fois durable et plus humain de notre société.

Les nouvelles générations : vers les cultures tribales multicentriques

Traditionnellement, *le bloc familial et les amis* encadrent le vécu : c'est un palier où dominent les rapports interpersonnels et où s'intériorisent les règles et les valeurs de la société. L'enfant y apprend à adapter ses comportements, à trouver sa personnalité et à découvrir les rôles qu'on attend de lui, pour passer à l'âge adulte.

Ce palier est en mutation depuis un demi-siècle : *la rupture a modifié le foyer[5] traditionnel en l'élargissant[6].*

---

5. Une analyse sociologique sur des familles dans le Midi avait montré qu'autrefois, dans chaque maison, il y avait le portrait du grand-père sur la cheminée ; celui-ci symbolisait l'unité familiale autour du foyer. Lorsque la télévision est apparue, le portrait du grand-père a d'abord été déplacé sur la télévision, puis a finalement été rangé !
6. « Il faut tout un village pour élever un enfant », dit Hillary Clinton.

Puis est apparue la nouvelle génération (*Nintendo generation, millenium generation*), fruit du nouveau boom démographique d'après 1985 ; c'est une génération qui ne subit pas le changement, elle est née avec. Elle a grandi dans un environnement multiculturel et plurilingue, sa culture est homogène d'un pays à l'autre ; elle aime éprouver des émotions en groupe, sentir les vibrations collectives ; ses héros sont de toutes nations, races et couleurs (l'équipe de France de football).

Sa méthode de travail est basée sur une grande sensibilité, immédiateté, imagination, très ouverte à la création, beaucoup moins ouverte à l'analyse et à la méthode. Elle est peu sensible au milieu immédiat dans lequel elle vit mais se préoccupe de *son environnement* et de *sa planète*.

Les micro-ordinateurs, Internet, les jeux électroniques sont son environnement naturel. Cette génération baigne continuellement dans une sous-culture de produits bas de gamme américains (fast-food, drogue, sexe, violence) et de consommation, elle est très attirée par l'habillement et les marques. Ses slogans sont : « Je ne veux pas perdre ma vie à la gagner » et « Je n'existe que par le regard de l'autre ».

▷ « Je ne veux pas perdre ma vie à la gagner ».

En 2005, c'est elle qui pèsera sur notre économique, modèlera notre contrat social, structurera notre démocratie ; elle bâtira *une société métissée, aux points de repère multiples et éclatés, une culture tribale multicentrique*[7].

L'information : vers un quatrième pouvoir

Les trois pouvoirs démocratiques traditionnels – le législatif, l'exécutif et le judiciaire – se trouvent, depuis cinquante ans, progressivement complétés puis dominés par un quatrième : l'information.

Les innombrables affaires de ces dernières années nous ont montré que les puissances médiatiques et le lobbying des grands organes d'information étaient capables de faire fléchir des États. Pour le meilleur ou pour le pire...

Affranchi des frontières des nations, clamant sans cesse sa liberté d'expression et son devoir d'information, n'obéissant plus à aucun système d'évaluation de qualité ou d'autocensure, ce pouvoir atteint aujourd'hui un niveau démesuré et contrôle l'idéologie à travers le robinet à images.

Il tient sa force dans le fait qu'il s'adresse à un marché de masse composé uniquement de consommateurs isolés les uns des autres.

Face à cette force démesurée, l'individu recherche des points d'ancrage sociaux à son échelle ; le développement de la nouvelle démocratie passe

---

7. Ce concept un peu compliqué désigne la différence avec la tribu primitive, très hiérarchisée et isolée : l'individu gardera une grande liberté d'adhérer à plusieurs tribus à la fois et d'en changer à sa guise.

par *l'utilisation d'Internet comme intermédiateur entre les citoyens et la société dans son ensemble.* Participer à la vie publique, c'est construire un nouvel espace de conscientisation collective.

L'Internet n'est pas un média d'information de masse (de type *broadcasting*), c'est un média à caractère décentralisateur, qui permet une communication horizontale, d'individu à individu et de groupe à groupe (les Anglo-Saxons parlent de *narrowcasting*).

VERS LA MORT DE L'HUMANITÉ ?

Dans son triptyque *L'ère de l'information*, Manuel Castells[8] nous met en garde sur un risque majeur : *une rupture fondamentale avec les institutions et les valeurs de la société pourrait disloquer la société sans être capable de la reconstruire* ; au lieu d'institutions transformées, nous aurions une prolifération de communautés ; à la place des classes sociales, des tribus ; nous verrions de puissantes élites mondialisées, retranchées dans des lieux immatériels, constituées de réseaux de communication et de flux d'information, alors que le reste de l'humanité serait voué à la ségrégation.

J'ai la conviction, pour avoir vécu l'introduction des nouvelles technologies dans les organisations au cours de ces dix dernières années, que le e-mail ne supprimera jamais le besoin de contacts physiques, de même que le CD-ROM n'a jamais supprimé les livres, que le « zéro-papier » n'est qu'un mythe, que les fameux NC (Network Computers) n'ont jamais tué les ordinateurs de bureau, que l'IP n'est pas prêt de supprimer la télé, et que toutes ces imprécations funestes ne sont en définitive que des effets d'annonce destinés à faire vendre les journaux ! *Toute nouvelle technologie ne survit que s'il y a réappropriation sociale*, ce qui certes provoque un bouleversement des structures établies, parfois même des institutions, mais sans forcément faire table rase du passé.

> Toute nouvelle technologie ne survit que s'il y a réappropriation sociale, ce qui certes provoque un bouleversement des structures établies, parfois même des institutions, mais sans forcément faire table rase du passé.

VERS UNE CITOYENNETÉ DE PROJET

Les forces démocratiques voudraient faire des technologies de l'information un espace de réflexion collective, une agora où se construit l'intelligence collective.

---

8. *Op. cit.*, tome 3, Fin de millénaire, p. 416.

Ces communautés d'idées, de pratiques, d'intérêts, de projets sont à même de construire une citoyenneté intégrant le droit à la différence, l'éthique et le respect des personnes, la diversité des points de vue et des sources de connaissance. *L'ambition est de construire des communautés identitaires à partir d'un niveau de projet élevé, basé sur les valeurs partagées et les expériences individuelles.* Les exemples sont déjà nombreux : la mobilisation universelle pour la défense des droits de l'homme, l'adhésion croissante à un modèle de développement économique durable, la sensibilisation à l'environnement, l'égalitarisme des races et des sexes, etc.

La *citoyenneté de projet* peut apparaître, mobilisant les citoyens sur un niveau d'action plus petit qu'autrefois, pour des idéaux communs plus vastes qu'alors.

Internet pour la France, quels usages ?

« La seule chose permanente, c'est le changement. » Henri Bergson

Les mutations qu'affronte la France sont multiples : technologiques, économiques, sociétales, culturelles. Les unes après les autres, elles produisent des ruptures majeures et contribuent à transformer la société. Face à cela, trois acteurs – le secteur public, le secteur privé et la société civile – adoptent ces ruptures technologiques à des rythmes différents et parfois de manière imprédictible.

L'objet de cette annexe n'est pas de dresser une prévision exhaustive des usages possibles de l'Internet dans tous les domaines, mais il nous a paru bon d'évoquer les plus marquants d'entre eux pour deux raisons :

- donner au lecteur non spécialiste le moyen de se repérer dans ce jargon (*streaming video*, market places...), terminologie parfois ésotérique ;
- évoquer les impacts, parfois considérables, que ces nouveaux usages pourraient avoir sur les politiques de management territorial.

L'ÉQUIPEMENT DES FRANÇAIS EST-IL UN FREIN AU DÉVELOPPEMENT DES SERVICES?

D'après Médiamétrie, la France aurait compté près de 7,1 millions d'internautes au premier trimestre 2000, soit 15 % de sa population, avec une augmentation de 46 % sur l'année précédente. Pour la première fois, révèle l'étude, le domicile devient le lieu de connexion dominant : 45 %, contre 43 % pour le lieu de travail. Le profil de l'internaute français reste plutôt masculin (environ 60 %) et plutôt jeune, même si les 35-49 ans restent nombreux.

De façon générale, on constate que la France souffre encore d'un sous-équipement en matière d'informatique et de raccordement à l'Internet, alors qu'elle est plutôt suréquipée en matière de décodeurs. Cette tendance se poursuit encore actuellement.

PAYS	FRANCE	USA	UK	ALLEMAGNE
Ménages possédant un PC	30 %	57 %	39 %	42 %
Ménages possédant un décodeur interactif	13 %	3 %	14 %	6 %
Ménages connectés à Internet sur le PC	8 %	42 %	20 %	13 %

FIGURE 31. Équipements des ménages en terminaux Internet (*d'après Strategy Analytics*)

L'INTERNET RAPIDE MODIFIE DÉJÀ CERTAINS USAGES

La tarification selon la durée des connexions constitue un frein financier et ergonomique. L'arrivée des connexions rapides (ADSL), qui permet une connexion permanente pour un coût d'abonnement fixe, confirme cette tendance : on imagine l'obstacle que cela représente lorsqu'un utilisateur a soudainement envie de rechercher une information particulière sur le web, et qu'il doit alors lancer une procédure de connexion qui peut durer jusqu'à trois minutes et immobiliser la ligne de téléphone du domicile !

Comment caractériser les usages?

Les usages peuvent être caractérisés suivant une liste de critères :
– l'usager peut être *passif ou actif* : un usager de la télévision est totalement passif (si on excepte l'action de zapper), un lecteur de roman est également passif, tandis qu'un usager d'un ordinateur est beaucoup plus actif ;
– l'usager peut être *nomade ou sédentaire* ;
– l'usager peut être *un individu, un groupe* informel ou formel ;
– l'usager peut *chercher* une information ou bien *effectuer* une transaction (achat en ligne, formulaire) ;

Enfin, et de manière faussement évidente[1], on peut caractériser le profil de l'usager : grand public-professionnel, jeune-vieux, homme-femme, etc.

L'éventail médiatique

Avant l'arrivée de l'Internet, le monde communautaire était fait de groupes réunis dans un espace géographique, parfois en dépit de profondes divergences d'idées. Aujourd'hui, on assiste à l'émergence de communautés virtuelles qui réunissent les individus à partir de croyances partagées, de pratiques, et pas nécessairement de liens géographiques.

Cette modification des facteurs de tropisme induit une modification des outils de communication.

Auparavant, deux formes principales de média régissaient la société :

- les médias dits «de masse» (*broadcasting*), qui organisent la communication verticale entre un émetteur et une multitude de récepteurs, indifférenciés. C'est le modèle de la télévision, de la radio, des journaux.
- les médias dits «point à point» (*pointcasting*), qui permettent une communication horizontale entre un très petit nombre d'individus (deux en général). C'est le modèle du téléphone, de la télécopie et, dans une certaine mesure, de la messagerie électronique.

Aujourd'hui apparaît un troisième média, qui régit des communications entre des groupes. On parle de communautique (*narrowcasting*). Il répond à une aspiration contemporaine de l'individu à appartenir à une ou plusieurs «tribus», dans lesquelles il est socialement écouté et reconnu, où il peut partager ses idées, échanger des savoirs.

Les portails thématiques de l'Internet se situent dans cette logique, et il est probable que l'impact sur la dynamique des territoires (participation citoyenne, tissu associatif, etc.) sera énorme.

USAGES ET SERVICES POUR LE SECTEUR PUBLIC

Dans le domaine des NTIC, l'Administration française cherche à être exemplaire et à utiliser ces nouvelles technologies afin de se moderniser et d'améliorer son fonctionnement interne. Elle s'est donnée des objectifs ambitieux qu'elle a rendus publics. Pratiquement toutes les administrations ont aujourd'hui des réseaux locaux, des Intranets et des accès permanents à l'Internet. Cependant, une partie encore faible des postes de travail (250 000 en avril 2000) disposent d'un accès à la messagerie électronique sur Internet.

---

1. Il faut effectivement rester prudent sur de fausses évidences : beaucoup de «particuliers» se connectent (services financiers, radio, jeux, shopping…) depuis leur ordinateur de bureau. Ainsi, aux États-Unis, on a constaté que l'audience des radios sur Internet était constituée pour 20 % de postes de bureau, pendant les heures de travail. De même a-t-on constaté l'arrivée massive des «cyberpapis» sur Internet ou un équilibrage du ratio homme-femme.

Les perspectives générales

Un rapport du Commissariat général du plan sur la réflexion et la prospective en matière de NTIC souligne que l'État français est en bonne voie ; il cite un foisonnement d'applications déjà opérationnelles ou en cours de développement.

Mais il souligne aussi que, pour le moment, les NTIC ont pour principal effet d'amplifier les qualités ou les défauts des organisations antérieures.

L'enjeu principal, au-delà de l'aspect technique, est que l'Administration intègre véritablement ces technologies dans son fonctionnement : redéfinition du rôle de la hiérarchie, réorganisation et décloisonnement des services, nouvelles relations entre citoyens et fonctionnaires…

L'Intranet des administrations d'État

Afin de faciliter le déploiement des technologies tout en en conservant la maîtrise, notamment sur le plan de la sécurité, l'Administration met actuellement en place un Intranet inter-administrations (AdER), sous la maîtrise d'ouvrage de l'ATICE[2].

Cette infrastructure doit permettre des échanges rapides et sécurisés de messages aux agents des administrations centrales ou des services déconcentrés, l'accès à des sites web, la connexion à des applications ministérielles territoriales ou interministérielles.

La version AdER 2 prendra en compte des évolutions importantes en termes de technologies d'accès (ADSL, mobile, GSM, etc.), de niveau de qualité de service et d'intégration de flux de données (XML), voix et images.

Les SIT (Extranets territoriaux de l'État) constituent une priorité majeure[3].

Sur le plan des services, le « schéma de services collectifs de l'information et de la communication[4] » fixe les objectifs de développement de l'accès à distance pour les usagers du service public ainsi que ceux de numérisation et de diffusion de données publiques.

Ce schéma définit les conditions dans lesquelles l'État peut favoriser la promotion de nouveaux services utilisant les réseaux interactifs à haut débit, notamment à travers la réalisation de projets d'expérimentation et le développement de ressources multimédia.

Les programmes européens : Les échanges de données administratives

Le programme IDA (Interchange of Data between Administrations), qui a débuté en 1993, a été reconduit en août 1999 pour cinq ans par le Conseil et le Parlement

---

2. Agence interministérielle de soutien technique pour le développement des technologies de l'information et de la communication dans l'administration, préalablement appelée MTIC.
3. Ils largement traités dans un chapitre de ce livre.
4. Prévu explicitement dans la loi Voynet du 29 juin 1999 d'orientation pour l'aménagement et le développement durable du territoire.

européen : c'est le programme de l'Union européenne pour l'échange de données entre administrations ; il a pour mission d'aider celles-ci dans la mise en place de réseaux télématiques européens.

L'Europe veut ainsi contribuer au développement du cadre légal et de lignes directrices pour l'échange de données électroniques dans tous les secteurs, promouvoir les résultats des projets qui ont bien réussi et proposer des lignes directrices pour la migration des procédures administratives du papier vers l'électronique.

Il doit également permettre d'améliorer le processus décisionnel au sein de l'Union européenne par l'automatisation de la circulation des documents officiels entre les institutions européennes et les États membres.

La société de l'information pour tous en Europe : le projet eEurope

L'initiative eEurope lancée par la Commission européenne a été adoptée par les chefs d'État au sommet de Feira en juin 2000. L'objectif d'eEurope est de promouvoir une utilisation accrue des technologies numériques dans l'Europe et de donner à tous les Européens les moyens de les utiliser. Pour ce faire, trois objectifs principaux ont été définis :

- mettre en ligne chaque individu, foyer, école, entreprise et administration ;
- créer en Europe une culture et un esprit d'entreprise ouverts aux technologies de l'information ;
- veiller à ce que la société de l'information ait une vocation d'intégration sociale.

Ces objectifs se déclinent en dix domaines d'action prioritaires :

- faire entrer la jeunesse européenne dans l'ère numérique ;
- un accès moins cher à l'Internet ;
- accélérer le commerce électronique ;
- un accès Internet rapide pour les chercheurs et les étudiants ;
- un accès électronique sûr grâce aux cartes à puce ;
- développer le capital-risque pour les PME de haute technologie ;
- l'e-participation des personnes handicapées ;
- promouvoir la santé en ligne ;
- promouvoir les transports intelligents ;
- développer les administrations en ligne.

Le développement des relations numériques entre l'Administration et le citoyen

Les sites d'information de l'Administration

Au 1er avril 2000, la Dire[5] a comptabilisé plus de 1 600 sites Internet publics, dont plus de 600 sont hors collectivités territoriales. 141 sont des sites publics de

---

5. Délégation interministérielle à la réforme de l'État.

l'État avec une extension. gouv. fr (l'extension rapide de ce nombre est liée à la croissance rapide des sites des services déconcentrés).

Les portails interministériels

Le portail Admifrance est le portail de l'Administration française. Il permet l'accès à l'ensemble des sites publics présents sur Internet et propose un guide sur les droits et démarches, des formulaires administratifs, les annonces de marchés publics et des rapports publics.

Le site Legifrance fournit gratuitement « l'essentiel du droit français » avec les lois et décrets publiés au *Journal officiel* depuis le 1er janvier 1998, les grands textes de loi, la plupart des Codes officiels ainsi que la jurisprudence des hautes juridictions de l'État.

Le guichet administratif en ligne: les téléprocédures

Depuis deux ans, les téléprocédures (accès en ligne aux procédures administratives) sont juridiquement opposables à l'État[6].

Au 25 avril 2000, 513 formulaires CERFA sur plus de 2 000 étaient accessibles en ligne sur Internet.

Rendre l'Administration accessible par voie électronique oblige à travailler simultanément sur plusieurs fronts. Il faut en effet:
- équiper les services en relation avec le public de points d'accès à l'Internet;
- lever les préalables juridiques au développement des NTIC;
- réorganiser les services en fonction des nouveaux modes de travail;
- mettre en place des bornes de consultation dans des lieux publics (bureaux de poste, agences ANPE, etc.);
- développer de nouveaux outils pour permettre aux citoyens de mieux s'orienter dans le maquis des procédures et textes réglementaires;
- proposer un accès pédagogique en privilégiant l'accès aux contenus par thèmes de la vie quotidienne;
- fournir des solutions et des conseils en ligne.

De nombreuses initiatives dans ce domaine ont vu le jour sur le plan local. Les services de l'Administration les recensent, les analysent et, dans le cas où elles s'avèrent être un succès, les promeuvent auprès de l'ensemble des autres acteurs.

La démocratie en ligne

Les relations entre l'Administration et les citoyens changent déjà, et cela risque de s'accélérer avec la croissance de l'usage de l'Internet dans la population. Jusqu'à présent, les consultations publiques en ligne au travers de forums thématiques étaient réalisées par l'État principalement sur des sujets techniques, comme par exemple:

6. Le décret du 2 février 1999 définit les conditions de mise en ligne des formulaires administratifs; l'arrêté publié le 18 juin 2000 au *Journal officiel* définit la liste des sites habilités pour l'accomplissement des démarches administratives de l'État.

– le futur cadre législatif de la société de l'information ;
– le commerce électronique ;
– le développement et l'usage des logiciels libres ;
– les portails de l'Administration ;
– la corégulation de l'Internet ;
– le livre numérique.

Sur des sujets plus populaires, il est très probable que les volumes d'échanges lors de ces consultations publiques pourront atteindre des niveaux particulièrement élevés, ce qui posera nécessairement des questions de ressources et d'organisation, et par conséquent des interrogations sur les vraies missions des services déconcentrés de l'État.

Le vote électronique

Le vote électronique présente a priori de nombreux avantages, comme par exemple la rapidité du dépouillement, l'économie dans la gestion du scrutin ou la possibilité de diversifier les modalités de réponse. Mais sur le plan technique, la présence d'une garantie totale de fiabilité – lutte contre la fraude électorale, confidentialité et anonymat du vote – est indispensable. Il faut aussi s'assurer que la totalité des électeurs ont la possibilité d'avoir un accès à un terminal pour voter.

De nombreuses expérimentations sont en cours : par exemple, le projet Cyber-Vote, qui réunit Nokia, British Telecom, l'université de Leuven, l'université d'Eindhoven, les villes de Brême, Issy-les-Moulineaux et Kista Stockholm ; ce projet de recherche & développement a pour objectif de développer de nouveaux algorithmes de cryptographie et un nouveau protocole de vote qui garantira à l'électeur que son vote restera anonyme et qu'il sera correctement comptabilisé, et ceci sans dévoiler son identité.

⊃ Zoom sur... les élections municipales électroniques, au Brésil

En octobre 2000, les Brésiliens ont élu leurs maires à travers un processus totalement informatisé. Pour l'occasion, plus de 325 000 urnes électroniques avaient été réparties sur toute l'étendue d'un pays de plus de 8 millions de km² (11 fois la France !)

Selon le Tribunal supérieur des élections (TSE), les votes nuls se sont élevés à moins de 10 %, chiffre modeste si l'on considère que la moitié des électeurs participaient à un vote électronique pour la première fois.

Le scrutin s'est déroulé de façon simple, même pour ceux qui ont des problèmes pour lire et écrire : il leur suffisait de taper sur le clavier de l'urne, semblable à celui d'un téléphone, le numéro du candidat. Sur l'écran, le programme montrait alors la photo, le numéro et le nom du candidat, ainsi que celui de son parti. Si les différentes informations étaient correctes, il suffisait d'appuyer sur un bouton vert pour confirmer le choix, sinon, sur un bouton orange pour le modifier.

Le dépouillement s'est fait en un temps record. À l'issue du premier tour, où les électeurs devaient choisir entre plusieurs candidats à la mairie et les conseillers municipaux, 96 % des voix avaient été comptées en moins de sept heures.

Les accusations de fraude n'ont pas manqué. Un des bureaux de vote mis en cause se trouvait à Itapecuru, dans le nord-est du pays, où des plongeurs professionnels *ont passé la nuit du scrutin à chercher deux urnes électroniques jetées à l'eau par le maire, qui craignait une défaite cinglante. D'autres anecdotes de ce genre montrent que les incidents n'étaient pas dus au processus électronique, mais aux traditions qui sévissent dans l'intérieur du pays.*

USAGES ET SERVICES POUR LES ENTREPRISES

L'avènement du concept d'entreprise en réseau, l'internationalisation des marchés, la part croissante du commerce électronique dans les échanges et les nouvelles formes d'organisation du travail induisent des modifications importantes du contexte technique et économique, qui entraînent une plus grande dépendance de l'entreprise avec son environnement et par conséquent un nécessité accrue de communiquer en temps réel.

Cependant, le manque de standard et de pérennité des technologies, l'exigence de sécurité et le coût des télécommunications ont longtemps constitué des freins à l'appropriation des applications réseau par les entreprises.

Avec l'arrivée de l'Internet et la déréglementation du secteur des télécommunications, on assiste à la prolifération des usages de ces réseaux par les entreprises.

Mais le développement des NTIC dans l'entreprise n'est pas qu'une préoccupation technologique, elle s'accompagne d'une nécessité de reconcevoir profondément les organisations du travail : les structures hiérarchiques sont touchées, les relations aux clients sont changées, la chaîne de valeur doit être réexaminée, le positionnement et les relations avec les partenaires, les sous-traitants, les fournisseurs sont revisités. Il arrive même que ce soit le secteur professionnel entier dans lequel l'entreprise évolue qui soit complètement bouleversé.

Les grandes entreprises disposent en général d'équipes compétentes et de budgets conséquents ; elles sont en mesure de faire de la veille, de faire appel à des consultants, ou de mener des opérations pilotes pour maîtriser les potentialités et les difficultés de mise en œuvre. Il n'en va pas de même des PME et TPE. Leurs moyens sont beaucoup plus limités et elles sont bien souvent tributaires des grandes entreprises. Elles ont alors deux voies possibles :

– se diriger vers des « solutions packagées », sorte d'applications clés en main, ce qui comporte des risques importants (on a vu les dégâts des ERP[7]),

– se mutualiser avec d'autres entreprises du même secteur afin d'avoir la taille critique suffisante pour aborder de tels projets de changement. Dans ce dernier cas, les appuis institutionnels et les services publics peuvent jouer un rôle déterminant.

---

7. Les ERP sont des logiciels intégrés qui prétendent traiter l'ensemble des processus d'une entreprise : depuis la comptabilité jusqu'aux ressources humaines, en passant par la gestion commerciale, etc. Le problème est que, compte tenu de la complexité de ces logiciels (plusieurs millions de lignes de code), il n'est pas question de les adapter aux spécificités de l'entreprise mais, au contraire, c'est l'entreprise qui doit s'adapter au logiciel. Tout le monde n'a pas envie de travailler comme Mercedes Benz (qui a servi de modèle au premier SAP commercialisé dans le monde).

Les Intranets, support du knowledge management

Dans une étude sur les Intranets de Ian Campbell[8] déclare qu'un retour sur investissement de 1 000 % est une bonne moyenne : un investissement technologique incluant le coût du matériel et du personnel de 1 dollar doit rapporter 10 dollars.

Parmi les nombreux exemples, il cite Silicon Graphics Corp., qui a réalisé sur trois ans une économie de 24 millions de dollars pour un investissement de 1,3 millions de dollars, soit un retour sur investissement de 1 427 % (10 000 personnes connectées à travers 800 sites web internes).

Pourtant, d'autres entreprises interrogées témoignent qu'en dépit de la mise en place d'un Intranet, elles continuent à éprouver des difficultés à localiser les informations les plus élémentaires

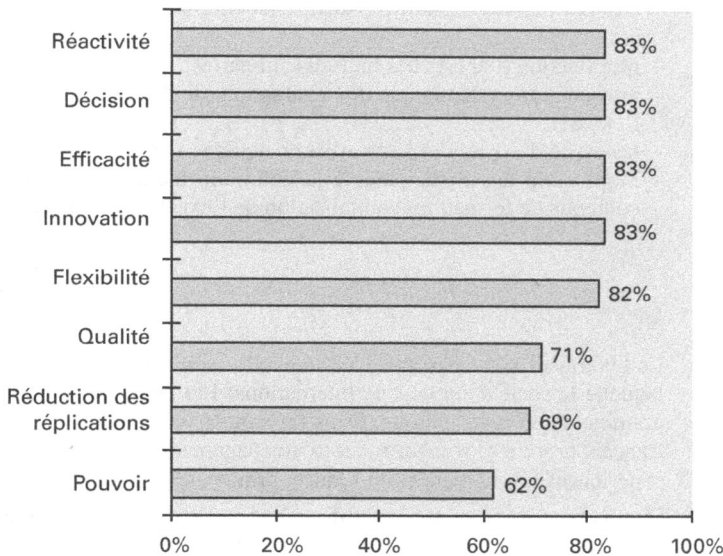

FIGURE 32. Réponses de managers à la question[9] : quels bénéfices votre entreprise tirerait d'un meilleur management de sa connaissance ?

---

8. IDC Collaborative and Intranet Computing Services, janvier 1997.
9. Données issues d'une analyse menée par Ernst & Young, publiée sur leur site www.ey.com/knowledge

La formation professionnelle continue : apprendre tout au long de la vie

L'entreprise d'aujourd'hui devient un acteur majeur de la formation de ses employés. Les applications de formation en ligne et à distance (*e-learning*) leur permettent de suivre des enseignements au moment où ils veulent, et là où ils veulent.

Le *e-learning* abolit donc la contrainte de temps et de lieu : il permet à l'élève d'apprendre quand il veut, à son propre rythme, et là où il est.

Mais au-delà de cet aspect technique, l'irruption des nouvelles technologies provoque une profonde remise en question des fondements mêmes de la pédagogie. La formation professionnelle continue tend vers une professionnalisation des pratiques pédagogiques, dont les éléments clés sont :

– possibilité d'alterner des dispositifs favorisant les différentes formes d'apprentissage : oral-écrit, auditif-visuel, séquentiel-navigationnel, théorique-pratique, etc. ;
– introduction d'approches multidisciplinaires ;
– introduction systématique de l'évaluation (du dispositif pédagogique et pas de l'élève !) ;
– nécessité d'apprendre à travailler en équipe ;
– implication des participants à la définition même et à la mise en place des contenus de formation (capitalisation de l'expertise, tutorat).

Le télétravail

Le télétravail n'est pas une idée nouvelle ; son origine remonte à 1962, date à laquelle la société anglaise F. International Ltd délocalisait des emplois de programmeurs en informatique. Dans les années soixante-dix, les pouvoirs publics français crurent y voir un mode d'aménagement du territoire, et les premières expériences furent menées en France, principalement à France Telecom.

Depuis les années quatre-vingt-dix, on parle de télétravail mobile, ce qui signifie une appropriation de l'ensemble des technologies mobiles de communication : téléphone mobile, ordinateur portable. Le télétravail se développe sous deux logiques principales : l'une de délocalisation et d'externalisation du travail, l'autre de mobilité vue comme nouveau mode de coordination.

⊃ **Zoom sur...** l'expérience « Nomadisme et télétravail » des attachés commerciaux de France Telecom

Le projet Nomade est une expérimentation qui s'inscrit dans le cadre d'une réflexion engagée par la direction des ventes d'une agence de professionnels de France Telecom, concernant la mobilité des agents commerciaux[10]. Dans un contexte où les agents commerciaux sont amenés à effectuer de longs trajets sur le territoire, il a été

---

10. D'après l'enquête « Nomadisme et télétravail dans l'activité des attachés commerciaux d'affaires de France Télécom, bilan d'usage de l'expérimentation Nomades », réalisée par Alexandre Mallard et Céline Charrier du CNET.

envisagé de les doter d'équipements pour leur donner une large autonomie d'action. L'expérimentation a porté sur un nombre limité d'agents (trois au départ) et a consisté à les équiper avec les outils du nomadisme: téléphone mobile, micro-ordinateur portable, modems RTC et GSM, ainsi qu'une imprimante et un fax installés à leur domicile.

Les enseignements

Le travailleur nomade n'est pas prêt à voir disparaître son bureau individuel à l'agence. La réaction est légitime si l'on considère que l'instauration du télétravail s'inscrit dans un objectif de réduction des coûts pour l'entreprise et que l'approche télétravail est davantage un palliatif qu'un changement radical de la façon de travailler. Les commerciaux souhaitent que leur bureau ne disparaisse pas pour les raisons suivantes:

– disparition de la convivialité liée à l'environnement du bureau;
– difficulté de gérer une information diffuse et peu formelle qui circule à l'agence et qu'il serait difficile de transmettre par voie électronique;
– difficulté à organiser une base d'information collective en l'absence des dossiers physiques;
– alourdissement et rigidité dans l'organisation d'un système de «bureaux tournants» qui suppose que tous les commerciaux ne passent pas à l'agence au même moment;
– sentiment de dépossession des équipements de l'agence qui assurent un certain confort et une efficacité.

Les personnes concernées soulèvent des questions de management et d'organisation: elles savent qu'elles vont être confrontées à de nouvelles méthodes de travail et qu'elles seront managées (et évaluées) de façon forcément différente des salariés sur site.

Le télétravail pose la question de l'autonomie, et notamment de l'autonomie managériale. Selon le CNET de France Telecom, les commerciaux sont amenés à réguler et à gérer par eux-mêmes une partie de leur activité, qui est soustraite du contrôle hiérarchique. Comme le soulève le responsable des ressources humaines de l'agence, cette question engage conjointement plusieurs aspects: la question de repères d'évaluation de l'activité de travail et la question des formes de socialisation qui sont associées au travail collectif et à sa régulation hiérarchique; question d'autant plus délicate que ces formes de socialisation peuvent être perçues de façon très différentes par les personnes.

Le principal enseignement de cette expérimentation est que le salarié «doit garder contact avec sa tribu»! Il peut être joint et doit communiquer à tout instant avec son entreprise. À partir de là, il faut inventer un schéma de management à distance intégrant les NTIC; il faut anticiper le risque de voir apparaître une catégorie d'individus qui, se sentant moins impliqués dans l'entreprise qui les emploie, se comportent en «indépendants».

L'expérience révèle l'importance d'associer les personnes concernées très tôt dans la démarche: «La structuration du projet, associant de façon démocratique promoteurs et utilisateurs, constitue une démarche favorable pour un bon déroulement de l'opération; en l'occurrence, les attachés commerciaux d'affaires ont été choisis sur la base du volontariat; aucun matériel ne leur a été installé sans leur demander leur avis. À toutes les étapes du projet, ils ont pu exprimer leurs craintes et attentes.»

Les centres d'appel

Le service offert aux clients bénéficie aujourd'hui d'une qualité accrue grâce aux centres d'appels (*call centers*) qui croissent de manière importante et sont parmi les téléservices les plus utilisés. Le principe est de coupler un accès au web avec la voix numérique pour permettre l'assistance en ligne par un téléconseiller. Certains pays ou certaines Régions ou départements en ont fait un axe stratégique d'aménagement du territoire et un moteur de croissance.

La visioconférence

Au début très limitées à des « niches » – télémédecine, télésurveillance, télémaintenance… –, les applications de la visioconférence finissent peu à peu par s'imposer, apportant de réels bénéfices en matière de délai d'intervention, d'économie de déplacements, d'optimisation des ressources et des expertises. On peut prédire que le marché de la visioconférence explosera lorsqu'elle s'intégrera aux messageries électroniques, c'est-à-dire à un usage asynchrone.

⊃ **Zoom sur…** la télémédecine : « **Déplacer l'information plutôt que le patient ou le professionnel de santé** »

La définition de la télémédecine, littéralement « médecine à distance », donnée par l'AIM en 1990 est : « L'investigation, le pilotage et la gestion du patient, l'éducation du patient et des équipes soignantes, utilisant des systèmes qui autorisent un accès immédiat à l'expertise technique et à l'information sur le patient, indépendamment de leurs localisations géographiques » [11].

Elle ouvre un champ d'applications nouvelles, dans le domaine de la consultation, du diagnostic et du traitement, dont l'impact sur l'organisation des services de santé sera majeur.

Le champ d'application est vaste : télésurveillance, télédiagnostic, téléconsultation, téléstaff, téléformation, etc.

Les données échangées sont également très variées : aide à la prescription de médicaments, envoi de lettres de référence ou de décharge entre praticiens généralistes et hospitaliers, de rapports émanant des laboratoires d'analyse ou d'examens radiologiques, interprétation à distance d'images anapathes, d'images radiologiques, dermatologiques, examens endoscopiques, fibroscopiques, etc.

Parmi les applications de la télémédecine, la télésurveillance à domicile, parfois nommée « biotélévigilance », s'appuie sur des systèmes de transmission téléphonique couplés à des systèmes de réception, permettant la surveillance médicale à domicile permanente : téléalarme, monitoring, télétraitement. Cette surveillance médicale, qui s'adresse en priorité aux personnes âgées, peut être étendue à d'autres secteurs : diabétiques, grossesses à risques, cardiaques, chimiothérapies, handicapés, familles avec enfant en bas âge. La télésurveillance présente des enjeux

---

11. Ces propos sont issus d'une série de conférences données par l'auteur de ce livre pour le ministère de la Santé, en CHU ou devant des médecins.

médicaux, sociaux et économiques évidents et importants, et peut également avoir une portée pédagogique – hygiène et diététique, chauffage – et psychologique – conseils, tranquillisation…

Les bénéfices de la télémédecine ont été clairement démontrés par de nombreuses expérimentations :

– assistance aux communautés isolées ;
– meilleure accessibilité des «compétences rares» ;
– meilleure répartition des rôles entre généralistes et spécialistes ;
– meilleure réponse à l'urgence médicale ;
– meilleure communication entre les différentes équipes, entre les différentes spécialités et entre les différents corps, et par là, vocation pédagogique, économies du système de santé : déplacements, lits…

Le déploiement des applications de télémédecine se heurte cependant à un certain nombre de questions et difficultés :

– coût et disponibilité de l'infrastructure technique et formation des professionnels de santé à son utilisation ;
– qualité des données transmises (et coût) : poids d'une image radiologique…
– stabilisation des standards (normes de compression, format d'échange de données médicales, encryptage) ;
– harmonisation des thesaurus, de la sémiologie ;
– problèmes éthiques et juridiques liés à la transmission de données patient et à la
– responsabilité des soignants ;
– problème de la disponibilité des «téléexperts» et de leur mode de rémunération.

Le commerce électronique

Le commerce électronique représente une part croissante des échanges commerciaux.

Vis-à-vis du grand public (BtoC, pour *Business to Consumer*), cela suppose néanmoins que ce dernier ait accès aux serveurs dans des conditions de confort minimal. La sécurisation des échanges monétaires, la généralisation de l'ADSL sont des facteurs de succès.

Certains opérateurs expérimentent des applications de commerce en ligne innovantes, comme par exemple :

Le «shopping en *streaming 3D*» qui permet au client de se déplacer dans les rayons d'un magasin virtuel en 3D et de zoomer sur un rayon ou un produit.

Le «webcam» : *l'e-shopper* se déplace cette fois dans un vrai magasin en donnant des instructions vocales à un vendeur sur patins à roulettes, surmonté d'un casque équipé d'une webcam. Ce dispositif a été expérimenté et médiatisé par le groupe PPR au Printemps.

Vis-à-vis des entreprises (BtoB, pour *Business to Business*), les perspectives de développement des affaires sous forme de transactions électroniques interentreprises sont aujourd'hui considérables et dominent de loin (facteur 10) celles du commerce électronique avec des particuliers.

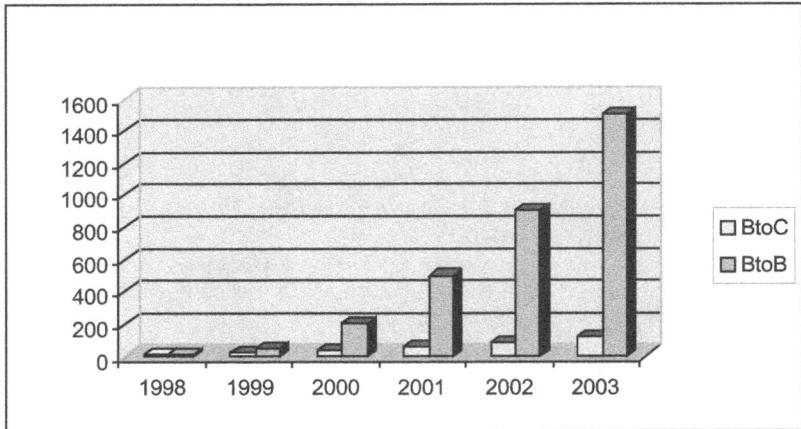

FIGURE 33. Le marché du commerce électronique, en milliards de dollars (d'après le BCG)

Le BtoB est donc un enjeu économique mondial de première importance et on peut comprendre, au regard des chiffres (voir la figure 33), à quel point il est indispensable que chaque PME française puisse prendre part à une telle évolution.

Les places de marché numériques

D'après le cabinet Forrester Research, les places de marché (*market places*), véritables plates-formes électroniques d'achat, pourraient traiter, en 2004, autant de transactions numériques que le BtoB, soit environ 1 300 milliards de dollars.

NOM	SECTEUR	ACTEURS	POTENTIEL MILLIARD $
ChemConnect	Chimie-plastique	BASF, BP Amoco,Dow Chemical, DSM, GE Plastic, Sumitomo, Repsol, etc.	1 600
PaperExchange	Papier	Asia Pulp, Staples, Bowater, Kraft	500
Covisint	Automobile	Ford, GM, DaimlerChrysler, Renault Nissan	300
PartsBase	Aviation	Boeing, Honeywell, Pratt & Whitney, Northrop	300
Global NetXchange	Distribution	Sears, Carrefour, Sainsbury, Metro	250
WW Retail Exchange	Distribution	Ahold, Auchan, K-Mart, Tesco,Safeway, Casino, Kingfischer	250
CPGMarkets	Agro-alimentaire	Nestlé, Danone	150

NOM	SECTEUR	ACTEURS	POTENTIEL MILLIARD $
CPGMarkets	Agro-alimentaire	Nestlé, Danone	150
Intercontinental Exchange	Pétrole-gaz	Shell, BP Amoco, Repsol, Dow, TotalFinaElf	125
Levelseas	Transport maritime	BP Amoco, Shell, Cargill	100
RubberNetwork	Pneumatique	Michelin, Goodyear, Sumitomo, Pirelli	?

FIGURE 34. **Les principales plates-formes électroniques de marché à ce jour**

Là encore, l'enjeu économique est décisif : en se faisant référencer sur ces plates-formes, les PME auront la possibilité de vendre à de grands donneurs d'ordres sans avoir à supporter de lourds frais commerciaux, notamment à l'international.

Les réseaux privés virtuels

L'importance pour les entreprises de cette approche explique la croissance importante prévue par IDC pour le marché des Intranets Extranets qui serait de plus de 50 % sur la période 1997-2002 et porterait le marché des réseaux privés virtuels (VPN) de ce type à une hauteur de 1,6 milliards de dollars.

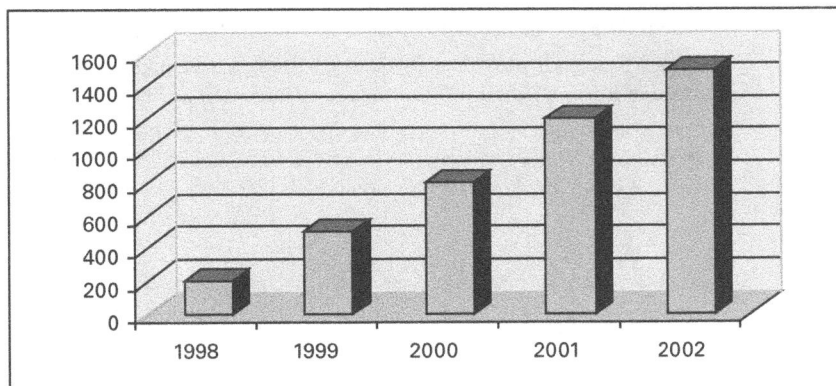

FIGURE 35. **Le marché des VPN Intranets-Extranets, en milliards de dollars (d'après IDC)**

USAGES ET SERVICES POUR LES PARTICULIERS

L'usage des services en ligne par les particuliers représente bien entendu un potentiel énorme de croissance. Strategy Analysis prévoit que le nombre de ménages connectés dépassera 50 % en 2000 pour les États-Unis, et en 2002 pour l'Europe.

Cependant, il ne faudrait pas croire que l'équipement est le seul facteur limitant de la consommation de services en ligne pour les ménages. L'usage des services en ligne est principalement conditionné par le temps de loisir, ce qui provoquera un inévitable arbitrage entre l'ordinateur et la télévision.

Même si la télévision sur le web est érigée par les médias comme « l'application du siècle », il faut souligner que les services offerts aujourd'hui aux particuliers sont extrêmement rares et encore souvent à l'état d'expérimentation, et que le modèle économique des sociétés de production est encore incertain.

La radio en ligne

Rappelons tout d'abord que 8 Français sur 10 écoutent quotidiennement la radio, et ce, en moyenne, 3 heures par jour, 50 % de ce temps d'écoute s'effectuant durant les déplacements.

L'énorme succès des radios « générationnelles » à dominante musicale, notamment sur les cibles jeunes et au détriment de la télévision, a été l'une des surprises des années quatre-vingt-dix.

Les habitudes de consommation de la radio vont se transformer : le choix proposé devient déjà quasiment illimité (plus de 3 000 radios sur Internet), le concept offre la possibilité de configurer de véritables émissions personnalisées (incluant une liste de morceaux musicaux mais aussi des informations locales, la météo, etc.).

Forrester Research prévoit que, en 2005, 41 % de la population fera appel au moins une fois par semaine à ces radios « à la demande » personnalisées.

Les modèles économiques des radios en seront donc transformés. Des formules d'abonnement verront sans doute le jour, notamment pour des services comme l'information financière ou autres contenus spécialisés libres de publicité.

La diffusion vidéo en continu (streaming video)

La nature du terminal, pour l'instant le PC, fait que l'usage du *streaming video* s'effectue encore principalement dans l'entreprise ou à l'université, dans un cadre où il n'y a pas de concurrence de la télévision, et où les connexions sont généralement plus performantes. Ainsi on observe par exemple que le pic d'audience des webTV se fait vers 11 heures du matin !

La volonté de rompre avec la télévision « traditionnelle » pour construire un véritable nouveau média conduit les opérateurs à cibler leurs programmes assez explicitement pour les enfants et adolescents, les jeunes (18-24) et les jeunes adultes (25-34).

Les jeux en ligne

Il est maintenant établi que le jeu interactif est un produit culturel majeur, dont le marché est potentiellement supérieur à la vidéo ou à la musique. L'événement clé de la décennie 2000 sera le basculement du jeu interactif vers Internet. Tous les éditeurs s'y préparent activement.

La télévision en ligne

De nombreuses annonces ont eu lieu dans les derniers mois concernant l'avenir de la télévision sur Internet : le lancement de nouveaux sites (CanalWeb, TV-on-the-Web, etc.) côtoie les déclarations concernant la mort prochaine de la télévision « traditionnelle », remplacée par les télévisions en ligne.

Pourtant, la télévision reste encore un acteur solide du tissu économique, appuyé par un modèle économique éprouvé.

Au-delà de cette agitation, de nombreuses incertitudes planent en effet encore sur la viabilité réelle des opérateurs, ainsi que sur la question juridique concernant l'accès aux contenus. Le chemin vers la viabilité économique reste difficile et passe par de nombreux partenariats, en particulier avec des fournisseurs de contenus.

La notion de télévision sur Internet recouvre des notions et des services fortement différenciés que l'on peut, pour simplifier, ramener à trois grandes variantes :
– la diffusion de programmes généralistes sur Internet, impliquant une audience importante et une couverture nationale ;
– la diffusion de programmes en temps réel pour des audiences ciblées, voire des micro-audiences thématiques ou géographiques ;
– le stockage et la diffusion à la demande de programmes et séquences événementielles pour des publics importants.

La vidéo à la demande (Video on Demand ou VoD)

L'avantage majeur qu'un réseau offre par rapport à la diffusion classique de télévision est l'interactivité et la personnalisation offerte au client. Dans la vidéo à la demande, le client peut choisir quel contenu il désire consulter, et à quel moment.

Bien sûr, la vidéo à la demande n'a pas attendu Internet pour se développer : ce type de service, appelé *near Video on Demand* ou *nVoD*, est déjà fourni par un grand nombre d'hôtels et consiste à diffuser sur des chaînes internes des films à intervalles réguliers.

L'arrêt de l'expérience menée à Orlando a toutefois montré la difficulté de mettre au point un modèle économique viable pour de telles approches dans le grand public, en raison de la faible consommation du public au regard des énormes investissements.

En France, l'expérience menée par TF1 dans le secteur de l'hôtellerie a prouvé que la VoD pouvait être économiquement viable à condition d'être offerte à des publics ciblés, dans un environnement géographique restreint (entreprises, habitat collectif, hôtel, etc.), pour peu que l'on s'appuie sur des boîtiers d'accès et de stockage collectifs (*building gateway*) minimisant les coûts de transport.

Studio à domicile

Le développement de réseaux combinés aux moyens d'enregistrement vidéo personnels (caméras numériques, cartes de capture vidéo, scanners) pourrait amener un développement de contenus personnels riches et innovants.

Les caméras numériques pourraient être raccordées à n'importe quel PC, ce dernier offrant des outils d'édition et de montage quasi professionnels. D'après Forrester Research, dès 2002, 30 % des ménages américains connectés à Internet seront ainsi équipés, et cette proportion atteindra 92 % en 2005, soit 57 % du total des ménages américains.

Certaines analyses vont jusqu'à prédire que, lorsque le studio personnel atteindra un seuil de coût plancher (500 dollars, par exemple), la vidéo remplacera quasiment le traitement de texte, créant ainsi une nouvelle forme d'expression.

Les sites «perso»

La mise en ligne d'un nombre de plus en plus grand de contenus personnels, pour l'instant adaptés à un Internet en moyenne assez lent, est également un phénomène à prendre en compte au niveau des usages. En effet, pour la première fois dans l'histoire des médias, des particuliers créent eux-mêmes des contenus et les diffusent sur toute la planète ; des communautés d'intérêts sont ainsi créées, espace d'expression citoyen.

On peut imaginer qu'avec l'Internet rapide, de plus en plus de contenus personnels sonores ou visuels seront disponibles sur Internet : musiques, vidéos familiales, qui ne sont absolument pas prises en compte aujourd'hui dans les prédictions des opérateurs.

Les communautés virtuelles

À première vue, les communautés virtuelles apparaissent comme les prolongements des communautés réelles. Pourtant, en raison de la liberté par rapport au temps et à l'espace qui caractérise la communication sur Internet, les communautés virtuelles ont leur propres logiques de fonctionnement. Les rencontres contribuent peut-être à dynamiser une communauté, mais l'essentiel se passe en ligne.

Ainsi, à Blacksburg, en Virginie, toute une communauté s'est trouvée branchée grâce à l'initiative de personnes âgées désireuses de surmonter les limites liées à la vieillesse (solitude, impuissance, etc.) : en s'adonnant au courrier électronique, en faisant du commerce électronique, en s'informant sur la vie quotidienne de la communauté et en participant à des forums.

⊃ Zoom sur... la communauté Well en Californie

La communauté virtuelle Well, née autour de la baie de San Francisco et à contre-culture, est aujourd'hui célèbre dans le monde entier, jusqu'au Japon.

Voici comment Howard Reinhold décrit son expérience:

«Depuis l'été 1985, deux heures par jour en moyenne, et sept jours sur sept, je branche mon micro-ordinateur sur la ligne de téléphone et je me connecte au Well (Whole Earth 'Lectronic Link, service électronique de la terre entière), un service de forums électroniques qui permet à des gens du monde entier de tenir des conversations publiques et d'échanger des messages électroniques privés. Au départ, l'idée d'une communauté accessible uniquement à travers l'écran de mon ordinateur me laissait une impression de froideur, mais je me suis rendu compte rapidement que l'on pouvait éprouver de la passion pour le courrier et les forums électroniques. J'ai désormais de l'affection pour les individus que j'ai rencontrés par l'intermédiaire de mon ordinateur, et je me sens profondément concerné par l'avenir de ce moyen de communication qui nous permet de nous rassembler […] En découvrant le Well, j'ai trouvé un monde qui avait déjà commencé à s'épanouir sans moi; et c'est toute une joyeuse compagnie qui m'accueillit après que j'eus trouvé la clé de cette porte secrète. Comme d'autres avant moi, qui étaient tombés dans le puits du Well, je m'aperçus rapidement que j'étais tout à la fois spectateur, acteur et scénariste – comme tous les autres – d'une improvisation permanente. Une contre-culture à part entière s'épanouissait au bout de ma ligne de téléphone, et j'étais invité à y apporter ma contribution.»

Avec la mondialisation de la plupart des sphères de la vie, avec les profondes transformations au niveau esthétique, démographique et structurel que les villes ont subies, les espaces de rencontre virtuels sur Internet sont de plus en plus nombreux. Selon Rheingold, c'est la «disparition progressive des lieux de rencontre publics dans la vie de tous les jours» qui pousse les gens à se servir des réseaux informatiques pour construire des communautés virtuelles. Il affirme aussi que «la télématique ouvre aux individus de nouveaux modes d'interaction et la perspective de nouveaux projets en commun…» Les gens cherchent-ils dans les communautés virtuelles ce qu'ils ne trouvent plus dans les communautés concrètes?

ANNEXE 2

Diagnostic permanent du territoire

LA MOBILISATION DE LA POPULATION ET LA COHÉSION SOCIALE[1]

EXEMPLES DE QUESTIONS À SE POSER	LES THÈMES DE RÉFLEXION	EXEMPLES D'ACTIONS INNOVANTES
1.1 La pratique de participation actuelle des populations se situe-t-elle dans le prolongement des traditions historiques ? 1.2 La participation des populations a-t-elle tendance à se consolider ou à se fragiliser ? 1.3 Quels sont les rapports entre les pouvoirs publics et la société civile ? Comment les citoyens	1. Quel est le niveau de participation de la population locale ?	Améliorer l'information des citoyens sur la vie locale. Consulter les citoyens sur les enjeux du développement local. Associer les citoyens à la définition des orientations de développement local. Former les citoyens à la pratique de la participation active dans leur territoire.

1 Ce document a été réalisé suite au séminaire organisé par l'observatoire européen Leader sur le thème Méthodes et outils de diagnostic permanent de territoire, qui s'est déroulé du 15 au 19 novembre 1995 à Serta (Portugal). Sa rédaction finale a été assurée par Samuel Thirion (Inde, Lisbonne, Portugal), Yves Champetier, Gilda Farrell et Jean-Luc Janot (Observatoire européen Leader, Bruxelles), René Caspar (Esap, Toulouse, France), Pierre Campagne (iam, Montpellier, France).

EXEMPLES DE QUESTIONS À SE POSER	LES THÈMES DE RÉFLEXION	EXEMPLES D'ACTIONS INNOVANTES
sont-ils invités à participer à la vie locale ? 1.4 Quels sont les structures et espaces collectifs qui permettent la participation des populations locales aux décisions ? 2.1 Quelles sont les structures d'animation et de planification du développement local ? Comment sont-elles associées aux prises de décision au niveau local ? 2.2 Qui participe à ces structures ? Quelle est la place des autorités publiques ? Comment sont représentées les entreprises locales ? Quelle est la place d'autres associations de la société civile ? 2.3 En quoi et comment le niveau local peut-il influencer les décisions prises au niveau régional, national ? 2.4 Y a-t-il des obstacles à la formation et/ou consolidation du partenariat entre acteurs au niveau local ?	2. Comment fonctionne le partenariat local ?	Créer des lieux d'échange entre autorités publiques et associations locales. Renforcer les modalités de suivi, par les citoyens, des décisions prises sur la gestion du territoire (réunions, forums de discussion, etc.).
3.1 Quelle est l'importance de l'exclusion sociale ? 3.2 Y a-t-il d'autres clivages sociaux ? 3.3 Quels sont les conflits ? Comment sont-ils gérés au niveau local ? 3.4 Quelle est la place des femmes ? 3.5 Quelle est la place des jeunes ? 3.6 Quelles sont les structures qui favorisent la représentation des citoyens en difficulté dans la solution de leurs problèmes ? 3.7 Quelle est la place des nouvelles populations résidentes dans la zone ?	3. Quel est le niveau de cohésion sociale dans la zone ?	Créer de nouvelles mesures ou des nouvelles formes de partenariat pour favoriser la représentation des citoyens exclus ou en difficulté. Approfondir localement le concept d'égalité des chances ; rechercher un meilleur partage de responsabilités entre hommes et femmes. Rechercher de meilleures possibilités de participation des jeunes à la définition de leur avenir. Créer des espaces de rencontre pour les groupes en conflit.

EXEMPLES DE QUESTIONS À SE POSER	LES THÈMES DE RÉFLEXION	EXEMPLES D'ACTIONS INNOVANTES
4.1 En quoi les écoles sont-elles des lieux de compréhension des problèmes du développement local ? 4.2 Quels rôles jouent dans ce domaine les associations, coopératives, syndicats, municipalités, cercles d'étude, etc. ? 4.3 Quels rôles jouent la presse et les radios locales dans la formation au développement ?	4. Quels sont les lieux de formation à la participation dans le développement du territoire ?	Impliquer les écoles et autres structures éducatives dans la sensibilisation aux enjeux de développement local. Introduire des débats sur des problèmes de développement local dans les médias locaux.

L'IDENTITÉ DU TERRITOIRE

EXEMPLES DE QUESTIONS À SE POSER	LES THÈMES DE RÉFLEXION	EXEMPLES D'ACTIONS INNOVANTES
1.1 Qu'est-ce qui localement reflète l'identité du territoire : – dans ce qui est visible : le paysage, l'architecture, le folklore, le patrimoine historique, les savoir-faire, les produits locaux, les langues, la musique, la peinture, etc. ? – dans la manière d'être : styles de vie, comportements, éthique sociale ? 1.2 Y a-t-il des répercussions de l'identité sur l'économie du territoire ?	1. Quelle est l'identité du territoire ?	Mettre en valeur les spécificités de la zone dans une perspective de développement local. Chercher comment les éléments de l'identité peuvent être incorporés dans les produits du territoire.
2.1 Les caractéristiques de l'identité sont-elles propres au territoire considéré ou se retrouvent-elles également dans des territoires voisins ? Quels sont les éléments communs ? 2.2 Les acteurs locaux ont-ils une perception unanime de l'identité du territoire ?	2. À quel espace territorial correspond cette identité ?	Développer des coopérations avec les territoires proches pour la mise en valeur, au niveau adéquat, des thèmes ou des secteurs communs. Travailler la notion de « géométrie variable » pour mieux mettre en valeur certains atouts du territoire qui sont propres à certaines zones ou villages.
3.1 Quels sont les éléments historiques qui expliquent les caractéristiques de l'identité du territoire ?	3. Quelles en sont les racines historiques ?	Inciter des initiatives de découverte des racines historiques dans les écoles et les associations locales.

EXEMPLES DE QUESTIONS À SE POSER	LES THÈMES DE RÉFLEXION	EXEMPLES D'ACTIONS INNOVANTES
4.1 Quels sont les symboles qui extériorisent l'identité (nom du territoire, logo, image, slogan, proverbes, légendes, etc.) ?	4. Quels sont les symboles de l'identité ?	Réinventer des symboles susceptibles d'ouvrir de nouvelles perspectives au territoire.
5.1 Quels sont les éléments de reconnaissance de l'appartenance au territoire ? 5.2 Existe-t-il de la fierté, de l'indifférence des habitants par rapport à l'identité de leur territoire ? 5.3 Quelle est la capacité d'affirmation de la culture locale face à l'influence des cultures urbaines et des cultures véhiculées par les médias ? Comment les jeunes se situent-ils face à cela ? 5.4 Quels sont les agents culturels du territoire (individus, organisations) ?	5. Quel est le niveau de perception de l'identité ?	Renforcer la vie associative locale et encourager des associations culturelles. Réaliser des manifestations culturelles avec participation de la population locale. Prendre en compte l'identité locale dans les programmes et projets de développement. Renforcer les initiatives d'utilisation du patrimoine culturel pour le développement d'activités économiques.
6.1 Quels sont les lieux de transmission et d'affirmation de l'identité du territoire ? 6.2 En quoi sont-ils des sources de renouvellement de l'identité du territoire ?	6. Quels sont les lieux de transmission de l'identité ?	Encourager la transmission des savoir-faire des anciennes générations aux nouvelles générations.

LES ACTIVITÉS ET LES EMPLOIS

EXEMPLES DE QUESTIONS À SE POSER	LES THÈMES DE RÉFLEXION	EXEMPLES D'ACTIONS INNOVANTES
1.1 Quels sont les principaux secteurs d'activité économique du territoire ? Y a-t-il un secteur prédominant ? Quelle est l'importance du secteur tertiaire ? 1.2 Combien d'entreprises et d'emplois chacun de ces secteurs représente-t-il ? 1.3 Pour chacun de ces secteurs, quels sont les problèmes essentiels ? 1.4 Quelle est la situation des services aux entreprises ? Notamment, les services financiers, de conseil, de formation ?	1. Quels sont les activités et emplois existant dans la zone ?	Introduire des pratiques facilitant la diversification des produits du territoire (liaison avec les centres de recherche technologique ; organisation des producteurs pour atteindre des masses critiques ; investissements immatériels). Soutenir la pluriactivité par la recherche de nouvelles activités complémentaires. Améliorer la capacité de réponse des entreprises locales à la demande de proximité. Introduire la pratique du travail bénévole comme moyen de qua-

EXEMPLES DE QUESTIONS À SE POSER	LES THÈMES DE RÉFLEXION	EXEMPLES D'ACTIONS INNOVANTES
1.5 Quelle est la situation du chômage ? Quelles sont les populations les plus concernées ? 1.6 Quelle est la place du travail bénévole ? 1.7 Quelle est l'importance du télétravail ou du travail à distance ?		lification des chômeurs ou des jeunes. Rechercher comment mettre en place des formations « sur mesure » (« formations développement ») plus adaptées aux savoir-faire locaux.
2.1 Les opportunités pour retenir de la valeur ajoutée localement ont-elles été toutes utilisées (intégration des filières ; mise en valeur des savoir-faire locaux et des éléments d'identité du territoire, organisation de certains producteurs pour atteindre des masses critiques, etc.) ? 2.2 Quelle est la situation des services à la population ? Notamment, les services sociaux, culturels, commerciaux, de transport ? 2.3 Y a-t-il des capitaux disponibles ? Comment est utilisée l'épargne locale ? 2.4 Y a-t-il des besoins locaux non satisfaits en matière de produits et de services ?	2. Toutes les opportunités existantes sont-elles mises à profit ?	Inventorier les idées ou projets d'entreprise qu'ont les acteurs locaux ; favoriser une réflexion collective sur le sujet. Travailler localement la notion d'intégration des filières. Introduire l'idée de préservation du patrimoine et des ressources naturelles comme source d'emplois. Travailler localement la notion de multiservices pour assurer la pérennité des services dans des zones à faible densité de population. Analyser les types et la dimension des services à créer en fonction de la taille et des besoins spécifiques de la population.

MOBILISER L'ÉPARGNE LOCALE

EXEMPLES DE QUESTIONS À SE POSER	LES THÈMES DE RÉFLEXION	EXEMPLES D'ACTIONS INNOVANTES
1.1 Les activités économiques favorisent-elles une gestion durable de l'espace et des ressources naturelles ? 1.2 Y a-t-il des risques de délocalisation des activités vers d'autres zones ? 1.3 Quels sont les motifs d'implantation des nouvelles activités ? Y a-t-il des liens avec les ressources du territoire ? Ou s'agit-il plutôt de délocalisation d'activités qui auparavant étaient dans les villes ?	1. Les activités du territoire favorisent-elles un développement local durable ?	Renforcer les liens entre les produits et l'identité du territoire pour éviter les délocalisations d'activité. Encourager de nouvelles utilisations des savoir-faire anciens. Évaluer comment les handicaps du territoire peuvent se transformer en atouts. Examiner quelles conditions sont nécessaires à l'accueil d'activités de service non traditionnelles.

EXEMPLES DE QUESTIONS À SE POSER	LES THÈMES DE RÉFLEXION	EXEMPLES D'ACTIONS INNOVANTES
4.1 Quelle est la répartition des rôles entre le groupe d'action locale et les organisations publiques ou privées d'appui à la création-consolidation d'activités et d'emplois ?	4. Quelles sont les dynamiques locales pour consolider les activités et les emplois ?	Approfondir – avec des groupes d'entreprises locales – la connaissance de leurs difficultés techniques et financières. Introduire l'idée d'organisation de « pools » flexibles de techniciens au service de groupes d'entreprises.

L'IMAGE DU TERRITOIRE

EXEMPLES DE QUESTIONS À SE POSER	LES THÈMES DE RÉFLEXION	EXEMPLES D'ACTIONS INNOVANTES
1.1 Quelle est l'image du territoire et de ses produits ? 1.2 Quelle est l'image du territoire qui est promue ? 1.3 Sur quoi repose cette image : histoire, culture, environnement naturel ou produits spécifiques ? 1.4 Quelles sont les actions de sensibilisation-information réalisées sur le territoire et ses produits ? 1.5 Ces actions visent-elles uniquement à diffuser une image à l'extérieur ou visent-elles également à renforcer une image positive interne ?	1. Comment le territoire est-il perçu ?	Renforcer les liens entre image et ressources du territoire ; entre image et identité locale.
2.1 Quels sont les obstacles à la promotion de l'image du territoire ? 2.2 L'image du territoire doit-elle être renforcée ou réorientée ? Pourquoi ? 2.3 Quelle est la cohérence entre l'image du territoire et la réalité locale (produits, cohésion sociale, expression culturelle) ? 2.4 Quels sont les autres territoires ou partenaires nécessaires pour réaliser des actions de promotion ?	2. Quels moyens, outils et acteurs pour faire connaître le territoire ?	Développer des collaborations avec d'autres territoires pour accroître l'impact de la promotion de certains produits ou services. Développer des moyens et des canaux pour mieux mettre en valeur la diversité et la différence. Introduire au niveau local des formations à la construction et promotion de l'image du territoire.

Exemples de questions à se poser	Les thèmes de réflexion	Exemples d'actions innovantes
3.1 Par quels canaux est diffusée, promue l'image du territoire et de ses produits ? 3.2 Quels sont les groupes cibles des actions de promotion ? 3.3 Les services et les produits du territoire arrivent-ils différenciés chez les distributeurs ? Et chez les consommateurs ? 3.4 Les symboles du territoire sont-ils utilisés pour cette différenciation ? Si non, pourquoi ? 3.5 Quelle importance est donnée à l'origine des produits ? 3.6 Quelles sont les activités qui ont été utiles à la promotion du territoire ?	3. Comment se réalise la promotion du territoire ?	Développer des labels de qualité permettant une meilleure différenciation des produits du territoire. Développer des formes de collaboration entre producteurs pour atteindre des masses critiques pour la promotion. Mieux profiter des campagnes de promotion des produits pour diffuser une image positive du territoire et de ses ressources.
4.1 Dans quels domaines l'impact de la promotion est-il le plus visible (augmentation de visiteurs, intérêt des médias, etc.) ?	4. Quel impact a la promotion du territoire ?	Rechercher comment mieux cibler les messages et les campagnes de promotion en fonction des objectifs spécifiques du développement local.

LA COMPÉTITIVITÉ ET L'ACCÈS AUX MARCHÉS

1.1 Quel est le positionnement sur le marché des principaux produits et services du territoire ? Est-ce qu'ils sont confrontés à la concurrence ? Si oui, qui sont les concurrents sur le marché local et régional ? Et sur les autres marchés ? 1.2 Comment cette concurrence se manifeste-t-elle (baisse des prix, perte de clients, irrégularités des ventes, etc.) ? 1.3 Quel est le poids des marchés publics ? 1.4 Quel est le niveau d'adéquation des services aux caractéristiques du territoire ?	1. Quelle demande et quelle concurrence pour les produits du territoire ?	Développer des formes de collaboration entre producteurs pour atteindre d'autres marchés que ceux de proximité. Rechercher des solutions pour augmenter la capacité de rétention locale des « revenus de consommation » des familles ainsi que des dépenses du secteur public.
2.1 La production locale est-elle fortement atomisée ? 2.2 Au cours des dernières années, y a-t-il eu des tendances à la concentration des activités ?	2. Comment le territoire produit-il ?	Mettre à profit les marchés où la compétitivité du territoire est mieux assurée (ce sont dans bien des cas les marchés locaux).

EXEMPLES DE QUESTIONS À SE POSER	LES THÈMES DE RÉFLEXION	EXEMPLES D'ACTIONS INNOVANTES
Par rapport à la concurrence, quelle est la situation du territoire en ce qui concerne : 2.3 les qualifications des travailleurs et des chefs des entreprises ? 2.4 l'état (âge) des technologies disponibles ? 2.5 l'efficacité et la rentabilité des différents secteurs ? 2.6 les modalités d'approvisionnement ? 2.7 les services d'entretien et de réparation ? 2.8 les services financiers, d'appui technique et de formation professionnelle ? 2.9 les coûts de production et les coûts d'acheminement ?		Créer des liens avec des centres de recherche pour permettre la prise en compte de la recherche & développement. Améliorer la capacité locale de négociation et d'accès aux crédits (regroupement de demandes du crédit pour négociation commune avec les entités financières, etc.).
3.1 Les produits sont-ils standardisés ? Ou répondent-ils à une demande spécifique ? 3.2 La « différenciation » est-elle un atout des produits locaux ? 3.3 Comment sont effectués les contrôles de qualité ? D'adéquation aux normes ?	3. Quels sont les produits et les services du territoire ?	Introduire des démarches « qualité » et « différenciation » dans les produits et dans les services. Renforcer l'aspect non délocalisable des produits et des services (l'image, la spécificité culturelle, le design, etc.).
4.1 La compétitivité est-elle une préoccupation des acteurs du territoire ? 4.2 Par quels moyens les entreprises suivent-elles l'évolution des marchés ? 4.3 Quel est le niveau de développement des fonctions commerciales ? Quelle est la qualité des services après-vente ?	4. Quels outils pour répondre à la logique du marché ?	Réaliser des études de la clientèle. Faire pénétrer la notion du « besoin de s'adapter au client ». Améliorer, par la formation, la capacité de « veille économique » ou d'anticipation des changements des managers locaux.
5.1 Y a-t-il des modalités informelles ou formelles de coopération entre producteurs ? Quelle est l'importance économique des coopératives ? 5.2 Y a-t-il une culture de la solidarité locale ? 5.3 Quelles sont les formes de coopération existantes avec d'autres territoires ? Quels sont les acteurs et institutions impliqués ?	5. Quelle coopération existe entre les acteurs et entre les territoires ?	Développer la coopération entre producteurs pour : la promotion commerciale commune ; le partage des marchés ; la satisfaction de la clientèle et le renforcement de l'image du territoire. Renforcer les moyens de coopération avec d'autres territoires.

LES MIGRATIONS ET L'INSERTION SOCIALE ET PROFESSIONNELLE

EXEMPLES DE QUESTIONS À SE POSER	LES THÈMES DE RÉFLEXION	EXEMPLES D'ACTIONS INNOVANTES
1.1 Y a-t-il une évolution dans l'exode rural en termes quantitatifs ? Qualitatifs ? Quels sont les facteurs qui influencent cette évolution ? 1.2 Où se trouvent, essentiellement, les personnes qui ont quitté le territoire ? 1.3 Quelle est la répartition hommes-femmes et socioprofessionnelle des personnes qui quittent le territoire ? 1.4 Y a-t-il des migrations journalières de la population ? Vers quelles destinations ?	1. Quelle est l'importance de l'exode rural ?	Déterminer l'impact de l'exode rural en termes socioéconomiques : évolution de la population et des services locaux, abandon des terres, etc, culturels : disparition de savoir faire, socio-politiques : affaiblissement de la présence du territoire. Inciter les jeunes à entreprendre. Améliorer les services locaux (commerces, loisirs, etc.) pour inciter les migrants journaliers à consommer sur place. Créer des liens entre ceux qui sont partis et le territoire d'origine.
2.1 Y a-t-il des cas d'immigration dans la zone ? Depuis quand ? 2.2 De quel type d'immigration s'agit-il (néoruraux, retraités, cadres du tertiaire, résidents secondaires, chômeurs, etc.) ? 2.3 Les nouveaux venus apportent-ils de nouveaux atouts pour le territoire (moyens financiers, savoir technique, capacité de gestion, etc.) ? Ou s'agit-il seulement d'un retour « passif » (maison de campagne, résidence secondaire, etc.) ? 2.4 Quelles sont les mesures adoptées pour favoriser l'insertion des nouveaux venus ? Quels acteurs participent à ces mesures ? La population locale se sent-elle concernée ? 2.5 Y a-t-il des formes de coopération entre les zones d'origine et le territoire pour préparer les nouveaux venus ou favoriser leur installation ?	2. Quelle est l'importance de l'immigration ?	Mettre en place des services d'organisation et d'accueil des nouvelles populations. Rendre positif pour le territoire l'impact des nouveaux arrivés par : la récupération des maisons abandonnées, des terres en friches, l'intégration sociale et culturelle, etc. Rechercher des modalités de collaboration avec les centres urbains pour l'insertion de chômeurs ou d'autres publics dans le territoire. Analyser les possibilités de création des services appropriés aux caractéristiques et exigences des nouveaux arrivés comme sources d'emplois (les services pour les retraités, par exemple).

EXEMPLES DE QUESTIONS À SE POSER	LES THÈMES DE RÉFLEXION	EXEMPLES D'ACTIONS INNOVANTES
3.1 Quelles sont les activités qui offrent des possibilités d'insertion professionnelle dans le secteur privé ? 3.2 L'administration publique offre-t-elle des possibilités d'insertion ? Et les secteurs de l'économie sociale ? 3.3 Y a-t-il des mécanismes financiers, de conseil et d'appui technique au démarrage d'activités par des jeunes ?	3. Quelles sont les possibilités et les mesures pour l'insertion sociale et professionnelle sur le territoire ?	Promouvoir le travail bénévole comme source de formation et d'intégration sociale. Utiliser les secteurs de l'économie sociale pour aider les jeunes à démarrer dans la vie professionnelle. Adapter les systèmes de formation aux exigences des nouvelles technologies. Mettre en place des modalités d'intermédiation (points de conseil et de soutien, formation adéquate, etc.) pour soutenir l'auto-emploi des jeunes. Organiser de la « formation développement » pour les jeunes. Stimuler la transmission des savoir-faire par l'emploi des jeunes comme apprentis.

L'ENVIRONNEMENT, LA GESTION DE L'ESPACE ET DES RESSOURCES NATURELLES

EXEMPLES DE QUESTIONS À SE POSER	LES THÈMES DE RÉFLEXION	EXEMPLES D'ACTIONS INNOVANTES
1.1 Comment caractériser les ressources naturelles et le patrimoine architectural du territoire ? Quelle est leur évolution récente ? 1.2 Y a-t-il des ressources qui sont menacées et qui doivent être préservées en priorité ? Y a-t-il eu des évolutions irréversibles ?	1. Quelles sont les ressources naturelles et culturelles du territoire ?	Établir des groupes de travail locaux pour identifier les milieux concernés par les différentes activités (pêche, chasse, sylviculture, tourisme, etc.) et les risques et perspectives d'évolution des ressources et de l'espace.
2.1 La structure foncière et les systèmes d'usage permettent-ils la mise en valeur des ressources ? Y a-t-il des terrains abandonnés ? 2.2 Comment est utilisé et entretenu le patrimoine architectural ? Existe-t-il du patrimoine abandonné ? Quelles sont les pratiques de mise en valeur du	2. Quels sont les modes d'utilisation de l'espace et des ressources ?	Faire évoluer les systèmes et techniques d'utilisation de l'espace et des ressources : pour préserver les ressources naturelles et mieux contrôler les risques de destruction de ces ressources (risques d'incendies de forêts, d'érosion des sols, de pollution, etc.) ; pour préserver une harmonie

EXEMPLES DE QUESTIONS À SE POSER	LES THÈMES DE RÉFLEXION	EXEMPLES D'ACTIONS INNOVANTES
patrimoine bâti ? Quels sont les acteurs et institutions concernés par la démarche ? 2.3 Y a-t-il eu des changements dans les systèmes et techniques d'utilisation de l'espace et des ressources ? Avec quelles conséquences ? 2.4 Existe-t-il des espaces protégés et des aires de loisirs ? 2.5 L'esthétique du territoire est-elle préservée (paysage et architecture) ? Et la biodiversité ? 2.6 La valorisation des ressources naturelles est-elle encouragée ? Y a-t-il des programmes de commercialisation de produits de la sylviculture, etc. ?		spatiale et le patrimoine bâti. Rechercher des sources et modes d'utilisation d'énergies alternatives.
3.1 Quels sont les cadres législatifs et les outils de gestion et d'aménagement local de l'espace et des ressources ? 3.2 Quels sont les acteurs et institutions concernés par sa gestion ? 3.3 Quels sont les outils locaux de contrôle de la pollution ? Qui est responsable localement du traitement des eaux, des déchets, du recyclage de matériaux, etc. ?	3. Quelles sont les caractéristiques de la gestion de l'espace et des ressources ?	Améliorer les connaissances des populations locales sur l'espace et les ressources au moyen d'outils appropriés (programmes d'information, etc.) pour assurer leur participation à une meilleure gestion du territoire.
4.1 Existe-il des conflits d'intérêts entre différents acteurs concernés par l'utilisation de l'espace et des ressources ? Y a-t-il des instances pour créer une convergence d'intérêts ? 4.2 Quels sont les instruments d'évaluation d'impact introduits dans le territoire ? 4.3 Quelles sont les pratiques d'éducation à l'environnement ? Comment les écoles, associations, etc. s'impliquent-elles dans ce processus ?	4. Quel est le niveau de conscience collective face à la gestion de l'espace et des ressources ?	Augmenter l'intérêt des institutions et des acteurs locaux, en particulier au niveau de la société civile, pour la maîtrise de l'utilisation de l'espace et des ressources. Mobiliser et former la population autour de l'idée de protection de l'environnement comme élément intégrant des pratiques quotidiennes des populations locales. Organiser des formations et des activités d'information sur l'environnement local pour la population locale et les touristes. Encourager la réhabilitation du patrimoine bâti, en recherchant des nouvelles formes d'utilisation socio-économique.

L'ÉVOLUTION DES TECHNOLOGIES

EXEMPLES DE QUESTIONS À SE POSER	LES THÈMES DE RÉFLEXION	EXEMPLES D'ACTIONS INNOVANTES
1.1 Certains procédés de production utilisés sur le territoire sont-ils inadaptés ? Disparaissent-ils ? Quels sont les secteurs d'activités concernés ? Quelles sont les raisons de cette inadaptation ? 1.2 Y a-t-il un renouvellement technologique dans les secteurs traditionnels ? 1.3 Quelle est l'évolution récente des nouvelles technologies au niveau local ? Comment le transfert technologique s'est-il opéré ? 1.4 Quels sont les secteurs qui ont du potentiel pour introduire de nouvelles technologies ? 1.5 Quels sont les obstacles à l'introduction des nouvelles technologies ?	1. Quelles devraient être les nouvelles technologies à introduire dans la zone ?	Appuyer l'expérimentation visant l'adaptation de nouvelles technologies dans les secteurs traditionnels de production. Rechercher dans quels secteurs l'absence de nouvelles technologies constitue une contrainte pour l'installation d'entreprises.
2.1 Quels sont les moyens dont disposent les acteurs locaux pour accéder à l'information sur les nouvelles technologies ? 2.2 Y a-t-il une réflexion sur l'impact des nouvelles technologies (de communication, biotechnologies et autres) en matière d'aménagement du territoire, de développement des entreprises, de travail à distance ?	2. Quel accès à l'information sur les nouvelles technologies est-il disponible ?	Intégrer le territoire dans des réseaux d'information sur les nouvelles technologies. Créer des liens avec des « pools » d'experts et des services de recherche pour assurer l'information sur les opportunités de transfert technologique.
3.1 Quels sont les critères prédominants dans le choix des nouvelles technologies ? 3.2 Ces critères sont-ils compatibles avec une gestion durable de l'espace et des ressources, le maintien et la création d'emplois, la préservation du patrimoine et de la culture ? 3.3 Le remplacement des technologies traditionnelles par des nouvelles technologies a-t-il provoqué des déséquilibres dans certains secteurs ?	3. Comment s'opère le choix des nouvelles technologies ?	Rechercher comment les nouvelles technologies peuvent contribuer à mettre en valeur l'identité et la culture du territoire, à améliorer la qualité des rapports sociaux entre les groupes, l'information et le débat entre les citoyens. Rechercher les possibilités de réhabilitation des technologies traditionnelles. Déterminer les besoins de formation en matière de nouvelles technologies ou de savoir-faire traditionnels en voie de disparition.

EXEMPLES DE QUESTIONS À SE POSER	LES THÈMES DE RÉFLEXION	EXEMPLES D'ACTIONS INNOVANTES
4.1 Existe-t-il dans la zone des personnes ressources compétentes en la matière (production, service conseil, etc.) ? 4.2 Existe-t-il des moyens d'accompagnement techniques et financiers pour le transfert de technologie ? 4.3 Existe-t-il des programmes expérimentaux ? 4.4 Quelles sont les possibilités de coopération avec d'autres territoires pour des transferts de savoir-faire et technologiques ?	4. Comment sont mises en œuvre les nouvelles technologies ? Créer des liens avec des « pools » d'experts pour assurer le suivi dans le transfert technologique.	Créer des liens avec d'autres territoires pour améliorer les possibilités de transfert dans des secteurs spécifiques. Créer des outils d'évaluation de l'impact des nouvelles technologies et des ressources qui y sont consacrées.

BIBLIOGRAPHIE GÉNÉRALE

Livres et guides

ARGYRIS C., *Knowledge for Action, A guide to Overcoming Barriers to Organizational Change*, Jossey Bass Inc., San Francisco, 1993.

BANQUE MONDIALE, *Le savoir au service du développement. Rapport sur le développement dans le monde*, Eska, Paris, 1998-1999.

CALAME P. et TALMANT A., *L'État au cœur,* Desclée de Brouwer, Paris, 1997.

CARTIER M., *Le nouveau monde des infostructures,* Fides, Québec, 1997.

CASTELLS M., *L'ère de l'information*, vol. 1 : La société en réseaux, Fayard, Paris, 1998.

DATAR, *Guide du développement local*, DATAR/Ministère du Plan et de l'Aménagement du territoire, Syros, Paris, 1986.

DIRE, *Développer un Système d'information territorial (SIT),* guide de la direction interministérielle à la Réforme de l'État, 1999.

DGUHC, *Gouvernance*, dossier réalisé par le CDU du ministère de l'Équipement, Paris, 1999.

GUIGOU J.-L., Aménager la France de 2020, mettre les territoires en mouvement. La Documentation française, Paris, 2000.

MICHAUD Y., *Université de tous les savoirs*, tome 3 : Qu'est-ce que la société ? Odile Jacob, Paris, 2000.

PORTER M., *The Competitive Advantage of Nations*, The Free Press, New York, 1990.

PRAX J.-Y., *Manager la connaissance dans l'entreprise,* INSEP Éditions, Paris, 1997.

PRAX J.-Y., *Le Guide du Knowledge Management,* Dunod, Paris, 2000.

RAFFARIN J.-P., *Pour une nouvelle gouvernance*, L'Archipel, Paris, 2002.

SANDOVAL V., *La ville numérique,* Hermès, Paris, 2000.

SHIBA S., *La conception à l'écoute du marché*, INSEP Éditions, Paris, 1995.

Articles et conférences

BASSI L. et VAN BUREN M., *Investments in Intellectual Capital : creating Methods*, conférence présentée au World Congress on Management of Intellectual Capital, 1998.

BOURDIER J.-C., *Réseaux à haut débit, nouveaux contenus, nouveaux services, nouveaux usages,* rapport présenté à Christian Pierret, secrétaire d'État à l'Industrie.

CALAME P., *Questions sur la gouvernance et la subsidiarité active*, Débats du Caire, 1999.

CARLUER F. et LE GOFF R., *NTIC et apprentissage multimodal localisé : vers la constitution d'un espace serviciel ?* 26e colloque de l'association de science régionale de langue française, Crans-Montana, Suisse, 2000.

CASSETTE B. et NOISETTE P., *Les enjeux des technologies et des services de l'information et de la communication pour les missions et l'organisation des collectivités locales,* groupe parlementaire sur l'Espace, Paris, 2000.

EVENA E. et JAËCKLÉ L., *Parthenay, modèle de ville numérisée*, rapport MIND, 1997.

GRAND LYON PROSPECTIVE, *La gouvernance*, direction de la communication du Grand Lyon, 1998.

GRAND LYON PROSPECTIVE, *Métropoles européennes en projet*, Newsletter du groupe de travail Stratégies de développement des grandes villes européennes, Eurocités/EDURC, 2000.

HERVÉ Michel, « *Nouvelles technologies de l'information et démocratie : les expériences menées à Parthenay* », Transversales, Science et Culture, n° 46, juillet-août 1997.

IRIBARNE A. d', « *Pour une approche socioculturelle des autoroutes de l'information* », Transversales, Science et Culture, n° 30, déc. 1994.

LEFEVRE C., *Gouvernance métropolitaine*, Institut d'urbanisme de Paris.

LEVESQUE B. et *al.*, « *Systèmes locaux de production : Réflexion-synthèse sur les nouvelles modalités de développement régional/local* », Cahiers de Recherches, n° 9601 CRISES.

Ministère de l'Intérieur, direction générale des collectivités locales, *Loi relative au renforcement et à la simplification de la coopération intercommunale*, document de mise en œuvre, 1999.

PRAX J.-Y., « *L'impact des NTIC sur la gestion des ressources humaines* », avec le concours des professeurs chercheurs de l'EM Lyon, ESC Grenoble, IAE Lyon, université de Liège, université du Québec, in Management et conjoncture sociale, 2000.

PRAX J.-Y., « *Contribution à une économie de la société du savoir* », in Management et conjoncture sociale, mai 2000.

PRAX J.-Y., *La dimension humaine par rapport aux conditions de l'efficacité future des institutions*, participation au projet territorial Limousin 2017, 2000.

PRAX J.-Y., « *Comment faire du portail d'entreprise un outil de management des connaissances* », Veille Magazine, 2000.

PRAX J.-Y., « *Manager dans l'économie du savoir* », revue Personnel, 2001.

TUCKER P., « *Knowledge Management in the automotive industry* », Financial Times, Londres 1999.

Sites Internet

http ://www.etd.asso.fr/ : site de l'association Entreprise Territoires et Développement

http ://www.uzine.net/plan.php3 : site web indépendant, web citoyen

http ://www.millenaire3.com/ : site de la communauté urbaine du Grand Lyon, les cahiers du millénaire

http ://www.atica.pm.gouv.fr/index.shtml : site de l'Agence pour les TIC dans l'Administration (ex MTIC)

http ://www.worldbank.org/wdr/wdr98/contents.htm : site des rapports de la Banque mondiale sur le développement dans le monde

http ://www.rural-europe.aeidl.be/rural-fr/biblio/metho/contents.htm : site de Rural europe : la mise en œuvre du projet de développement local, l'expérience de Leader I

http ://www.admiroutes.asso.fr/mission/index.htm : site de Jean-Paul Baquiast, rapport sur l'Administration à l'heure de l'Internet

http ://www.marseille-innov.asso.fr/CRIES/ : définition des Systèmes productifs locaux

www.mmedium.com : site de Michel Cartier, professeur à l'université du Québec à Montréal

www.polia-consulting.com : articles en ligne accessibles sur le site de la société Polia Consulting, dirigée par Jean-Yves Prax

INDEX

www.ingramcontent.com/pod-product-compliance
Lightning Source LLC
Chambersburg PA
CBHW080538220326
41599CB00032B/6309